高等职业教育
工程造价专业系列教材
GAODENG ZHIYE JIAOYU
GONGCHENG ZAOJIA ZHUANYE XILIE JIAOCAI

建筑经济基础

JIANZHU JINGJI JICHU

主　编 / 李　茜　高　琴
副主编 / 颜　安　胡迎春　朱　进　戴宏赟
主　审 / 龚桂林

重庆大学出版社

内容提要

本书按照高等职业教育工程造价专业教学基本要求编写，为了使工程造价专业的学生能在有限的教学时数内尽可能多地了解建筑工程经济类相关知识，将有关经济、会计、财务和经济活动分析等知识优化整理为本教材。整合后的本教材，具有建筑类专业的鲜明特色，能更适应专业发展的需要，与核心专业课之间的内容整体协调、相互渗透，让学生在获取工程经济类系统理论知识的同时，能够更快更好地进入到工程造价核心课程的学习中去。

图书在版编目(CIP)数据

建筑经济基础/李茜，高琴主编.—重庆：重庆大学出版社，2016.2(2024.1 重印)
高等职业教育工程造价专业规划教材
ISBN 978-7-5624-9670-0

Ⅰ.①建… Ⅱ.①李…②高… Ⅲ.①建筑经济—高等职业教育—教材 Ⅳ.①F407.9

中国版本图书馆 CIP 数据核字(2016)第 028615 号

高等职业教育工程造价专业系列教材
建筑经济基础
主　编　李　茜　高　琴
副主编　颜　安　胡迎春
　　　　朱　进　戴宏贤
主　审　龚桂林
策划编辑：林青山　刘颖果
责任编辑：王　婷　　版式设计：王　婷
责任校对：贾　梅　　责任印制：赵　晟
*
重庆大学出版社出版发行
出版人：陈晓阳
社址：重庆市沙坪坝区大学城西路 21 号
邮编：401331
电话：(023) 88617190　88617185(中小学)
传真：(023) 88617186　88617166
网址：http://www.cqup.com.cn
邮箱：fxk@cqup.com.cn (营销中心)
全国新华书店经销
POD：重庆新生代彩印技术有限公司
*
开本：787mm×1092mm　1/16　印张：13.75　字数：300千
2016 年 2 月第 1 版　　2024 年 1 月第 6 次印刷
ISBN 978-7-5624-9670-0　定价：35.00元

前言

伴随改革开放的伟大历史进程，我国建筑业的发展也由此步入快车道，国家对高层次建筑人才的需求日益迫切。不仅要求他们精通本专业的科学知识和专业技能，而且还应掌握能适应市场多元化和国际化趋势的相关知识和技能，如经济、管理、社会、法律和生态等影响人类可持续发展前景的基本学科及其基础知识。仅仅具备施工管理的经验和技能，已经远远不能满足现代工程管理对一名高级工程管理人员所提出的要求。

江西建设职业技术学院现行工程造价专业人才培养方案中经济类课程包括基础会计、会计电算化、统计学和工程经济学等，为更好地服务于专业发展以及学生后续发展需要，我们将该专业经济类课程整合为《建筑经济基础》和《工程经济概论》。《建筑经济基础》教学内容以造价员、造价师和建造师考试大纲要求的相关内容为主，增加基础会计学中会计基本理论和会计报表内容。《工程经济概论》着重从经济学的角度分析建设行为的合理有效性及其优化。这些都是建筑工程技术人员应知应会的经济基础知识。

本书在编写过程中力求经济类课程设置更适应专业发展的需要，与核心专业课之间的内容整体协调、相互渗透、交叉式教学，让学生在获取工程经济类系统理论知识的同时，能够更快更好地进入工程造价专业核心课程的学习中；在课程整合过程中不断加入学生的核心技能训练方法，使得在不增加课程或课时数量的情况下，增强学生对专业知识的整体把握，提高学生对知识的综合运用能力，把课堂教学引入深入研究、广泛应用、积极创新的氛围中，从而提高学生学习效率，增强学习效果，有利于学生参加造价员上岗证的考试，并为将来成为造价师、建造师奠定基础。本书还免费提供了配套的电子课件、习题答案，以及两套试卷和答案，在重庆大学出版社教学资源网上供教师下载(网址：http://www.cqup.net/edustrc)。

本书现阶段作为江西建设职业技术学院校本教材，拟在修订完善之后运用于高等院校土木建筑类专业的专本科生教材或参考书。

本书由江西建设职业建设学院李茜、高琴担任主编；颜安、胡迎春、朱进和戴宏赟担任副主编，江西省建设工程造价管理局龚桂林担任主审。

由于编者水平有限，在对全书的内容驾驭、文字写作和观点评价上定会存在错讹缺漏，敬请读者批评指正。

编　者

2015 年 8 月

目 录

学习情境一　建筑业的基本知识

【知识目标】

(1)了解建筑业；

(2)了解建筑生产的主要活动及相关机构；

(3)了解建筑产品和建筑市场；

(4)了解建筑经济学的内容。

【能力目标】

(1)熟悉建筑生产活动的过程；

(2)理解建筑经济研究的内容。

【问题引入】

请根据图1.1,分析工程项目建设程序中体现的经济关系。

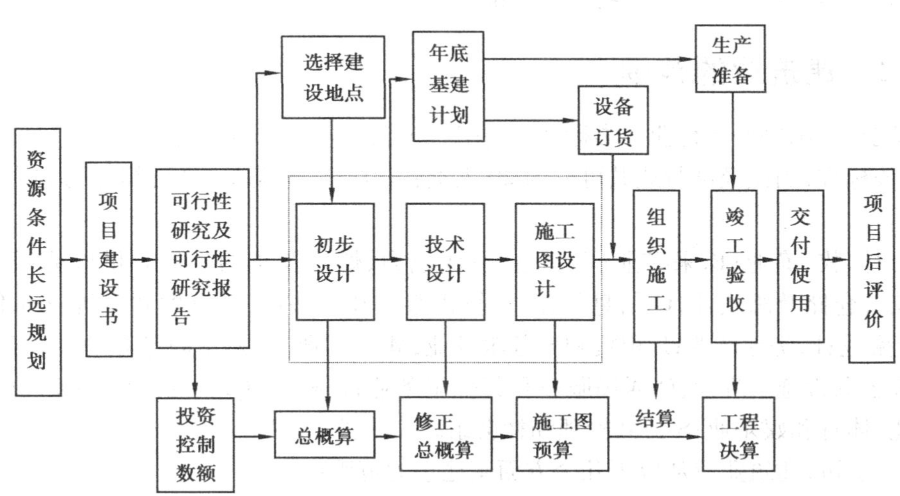

图1.1　建设程序示意图

任务1.1 建筑业的含义和范围

1.1.1 建筑活动和建筑业

1)建筑活动的定义

①广义(从建筑行业的整体上看):建筑活动包括一切土木工程以及附属设施的建造,线路、管道和设备的安装以及装饰装修活动。它包括两个方面的含义:一是指工程类型的范围,即全部土木工程、安装工程和装饰装修工程;二是指工程实施过程的范围,包括围绕上述各类工程开展的勘察、设计、施工、监理、采购以及有关的招标投标等活动。这种观点强调的是建筑活动的共性和内在的统一性。

②狭义(从建设过程的实施环节上看):建筑活动包括房屋建筑和附属设施的建造活动,以及与房屋建造相关的设施、设备的安装工程。这种观点强调的是建筑活动的个性和各类专业建筑工程的相对独立性。

③《中华人民共和国建筑法》中的定义:建筑活动是指各类房屋建筑及其附属设施的建造和与其配套的线路、管道、设备的安装工程。

2)建筑业的定义

建筑业是专门从事土木工程、房屋建设和设备安装以及工程勘察设计工作的生产部门。其产品是各种工厂、矿井、铁路、桥梁、港口、道路、管线、住宅以及公共设施的建筑物、构筑物和设施。建筑业是国民经济的重要物质生产部门。

1.1.2 建筑业的范围

我国现行的国民经济行业分类标准是《国民经济行业分类与代码》(GB/T 4754—2002)。

根据该标准,国民经济行业共可分为20大类:其中“E.建筑业”又可细分为如表1.1所示的各类别。

A.农、林、牧、渔业;B.采矿业;C.制造业;D.电力、燃气及水的生产和供应业;E.建筑业;F.交通运输、仓储及邮政业;G.信息传输、计算机服务和软件业;H.批发和零售业;I.住宿和餐饮业;J.金融业;K.房地产业;L.租赁和商务服务业;M.科学研究、技术服务和地质勘察业;N.水利、环境和公共设施管理业;O.居民服务和其他服务业;P.教育;Q.卫生、社会保障和社会福利业;R.文化、体育和娱乐业;S.公共管理和社会组织;T.国际组织。

从广义上讲,建筑业应从以下几个方面阐述它的范围:

①工程范围——房屋工程建筑、土木工程建筑、安装工程和装饰装修工程。

②活动范围——勘察设计活动、施工活动、监理活动、咨询服务活动和管理活动。

③主体范围——勘察设计单位、施工单位、监理单位、咨询服务机构、政府管理机关和行业管理机构。

表 1.1　建筑业的范围

代码				类别名称	说明
门类	大类	中类	小类		
E	47			房屋和土木工程建筑业	指建筑工程从破土动工到工程主体结构竣工（或封顶）的活动过程。不包括工程的内部安装和装饰活动。
		471	4710	房屋工程建筑	指房屋主体工程的施工活动。不包括主体工程施工前的工程准备活动。
		472		土木工程建筑	指土木工程主体的施工活动。不包括施工前的工程准备活动。
			4721	铁路、道路、隧道和桥梁工程建筑	
			4722	水利和港口工程建筑	
			4723	工矿工程建筑	指除厂房外的矿山和工厂生产设施、设备的施工和安装，以及海洋石油平台的施工。
			4724	架线和管道工程建筑	指建筑物外的架线、管道和设备的施工。
			4729	其他土木工程建筑	
	48			建筑安装业	
		480	4800	建筑安装业	指建筑物主体工程竣工后，建筑物内各种设备的安装活动，以及施工中的线路敷设和管道安装。不包括工程收尾的装饰，如对墙面、地板、天花板、门窗等处理活动。
	49			建筑装饰业	
		490	4900	建筑装饰业	指对建筑工程后期的装饰、装修和清理活动，以及对居室的装修活动。
	50			其他建筑业	
		501	5010	工程准备	指房屋、土木工程建筑施工前的准备活动。
		502	5020	提供施工设备服务	指为建筑工程提供配有操作人员的施工设备的服务。
		509	5090	其他未列明的建筑活动	指上述未列明的其他工程建筑活动。

任务 1.2　我国建筑业的形成与发展的过程

1.2.1　我国建筑业形成前的建筑活动

①原始社会:出现了天然洞穴(坑穴)、半洞穴(地面建筑),标志着建筑活动在人类社会中出现了。

②奴隶社会:运用到金属工具,出现了城郭、宫殿、庙宇、道路、桥梁、陵墓,建筑活动进一步发展。

③封建社会:建筑活动迅速发展。

a.春秋时代末期至隋唐:城市建设、宫殿建筑、水利工程(都江堰水利工程)、城墙建筑(万里长城)、秦砖汉瓦、木结构逐渐成熟。

b.隋唐至宋代:古典建筑逐步形成。此时的建筑活动规模宏大、规划严整、工艺规范、艺术风格成熟,形成中国特色的建筑体系。诞生了中国第一部建筑文献《营造法式》(宋崇宁二年,公元 1103 年)

c.明清时代:中国古典建筑发展的鼎盛时期,形成各具特色的建筑群。建筑工具也得到了很大发展,如"千斤顶""神仙葫芦"等。

1.2.2　我国建筑业的形成与发展

我国封建社会以前的建筑活动,虽然已经具备了相当的规模并达到了一定的水平,但并没有脱离农业,建筑业的形成则更是近一二百年的事情。

我国建筑业的早期发展以沿海一些大城市为代表,如上海、天津等地。上海市旧城区的建设规模就是 20 世纪初形成的。1880 年上海出现第一家"杨瑞记"营造厂,此为近代建筑业的雏形。1933 年上海的营造厂已达 2 000 家。与此同时,设计事务所、土木工程事务所(专门估价、监工等)、材料供应商、油漆、石作、脚手架、水电安装等专业队伍,招标投标制、承包制也已出现,中国建筑业开始形成。

1949 年中华人民共和国成立以后,中国建筑业迅速发展。20 世纪 80 年代社会主义市场经济体制建立以后,建筑业的各种法律、法规逐步完善,有了系统的管理制度,建筑规模迅速扩大,新技术、新工艺、新材料不断涌现,出现了中国历史上的建筑高峰,建筑业成为国民经济的支柱产业。

1.2.3　建筑活动的管理方式

①自建方式:是指业主自己组织进行工程项目管理过程的全部建筑活动的一种管理方式,即业主自行设计、自行施工。适用于没有专门的设计单位、施工单位的情况,或者有特殊要求的工程项目的建设。

②承发包方式:是指业主将工程建设中的设计、施工业务发包给设计、施工单位的一种建筑活动的管理方式,即业主自己不直接从事设计、施工工作,而是交给专门的设计单位、施工单位完成。

1.2.4 建筑业的特点

建筑业的特征是由建筑产品和建筑生产的特点决定的。

(1)建筑业属于劳动密集型行业

建筑产品的生产在很大程度上依靠手工操作,需要大量的劳动力,属于劳动密集型行业。但随着建筑工程、建筑材料、施工工艺的发展,以及现代化科学技术在建筑领域的应用,建筑行业在不断地向技术密集型发展。

(2)建筑业的物质资源消耗量大

建筑产品体型庞大,生产中将消耗大量的物质资源,同时建筑产品需占用大量的土地资源,因此要合理有效地利用资源。

(3)建筑业受国家经济政策影响大

当国家为了启动经济复苏时,往往增加固定资产投资,通过建筑业拉动相关行业的发展;当国家为了抑制通货膨胀时,往往紧缩信贷、减少投资,自然就限制了建筑业的发展;国家处于战争和政治动荡时,对建筑业的影响就更大。

(4)建筑业与环境密切相关

无论建筑生产中还是建筑生产后,都会对自然环境和社会环境产生重大影响。

1.2.5 建筑业在国民经济中的地位和作用

①建筑业在国民收入中占重要地位,能为社会创造新价值,提供积累。

②建筑业为社会和国民经济各部门提供生产用和生活用固定资产。

③从整体看,建筑业是劳动密集型部门,能容纳大量的就业队伍。

④建筑业涉及面广泛,能带动许多关联产业的发展。

⑤建筑业向高空和地下施工技术的发展,为人类扩展了活动场所。

1.2.6 建筑业的运行机制

1)经济运行和经济运行机制

经济运行是指在一定社会环境下进行的经济活动,该活动的过程也反映为再生产过程。经济运行机制是经济活动健康、有效运行的前提条件和保证。

2)建筑业的经济运行和经济运行机制

建筑业的经济运行是指建筑业在一定的社会环境下进行的经济活动,活动的过程反映为建筑业的再生产过程。建筑业的经济运行机制是指建筑业在经济运行过程中,各个部分相互制约和联系的方式。

建筑业在运行过程中各主体间发生的经济关系主要体现在以下5方面。

①建筑业企业和政府之间的关系：建筑业企业必须服从政府的宏观调控和管理，照章纳税。

②建筑业企业和业主之间的关系是建筑业运行中的主要经济关系：业主是建筑业企业的顾主，是建筑商品的购买者，建筑业企业和业主构成建筑商品的买卖关系。

③建筑业企业和其他相关行业企业之间的关系：一般构成商品的买卖关系，有两种情况：一是建筑业企业购买其他相关行业企业的产品，二是建筑业企业的一些辅助生产单位将生产的某些产品直接销售给其他相关行业的企业。

④建筑业企业和行业管理机构的关系：行业机构和建筑业企业构成业务指导和活动监督关系。

⑤建筑业企业内部的关系：主要体现在企业与职工之间及职工之间的相互关系。

3）建筑业运行机制的模式

在市场经济条件下，建筑业完全按照市场规则运行，其特点如下：

①建筑业企业、业主都是独立的建筑市场主体。

②建筑业企业是具有独立法人地位的经济组织。

③政府对建筑业实施宏观控制。

④行业机构对建筑业进行业务管理。

任务1.3　建筑生产的主要活动及相关机构

1.3.1　建筑生产的主要活动

1）建设工程勘察设计

①建设工程勘察：踏勘、初勘、详勘。

②建设工程设计：初步设计、技术设计、施工图设计。

2）施工准备

①调查研究、收集资料。

②技术经济文件准备。

③施工现场准备。

④物质准备。

⑤施工队伍准备。

⑥冬、雨期施工准备。

⑦申请开工。

3）施工进度控制

①确定控制目标：为保证实现合同工期，必须分阶段明确施工进度的目标，并用施工进度计划的形式表现出来。

②施工进度计划实施中的控制:落实施工进度计划的执行者并定期检查施工进度计划的执行情况。

4)施工质量和安全控制

①施工质量控制:内容、依据、程序和方法。

②施工安全控制:组织保障、主要措施。

5)施工成本控制

①施工成本预测:依据、程序。

②施工成本计划:分解施工成本目标,形成成本目标体系;制定成本降低措施,明确评价方案。

③施工成本形成过程控制:落实施工成本责任制,实施成本归口管理和分级管理;严格执行成本计划。

④施工成本核算和分析:运用会计核算和分析来完成,以财务报告的指标确定。

6)竣工验收

①查验竣工验收资料。

②竣工验收。

③工程交接。

1.3.2　建筑活动的相关机构

①业主:又称建设单位,是建筑产品的购买者,负责工程项目建设过程中的组织工作。

②勘察设计单位:根据建设工程的要求,从事查明、分析、评价建设场地的地质环境特征和岩土工程条件、编制建设工程勘察文件等活动的企业,以及从事对建设工程所需的技术、经济、资源、环境等条件进行综合分析、论证、编制建设工程设计文件等活动的企业。

③施工单位:各类建筑业企业的总称。

④监理单位:依法取得监理资质证书,具有法人资格的工程监理企业。

⑤咨询单位:提供技术、经济咨询的机构,如招投标公司、造价咨询公司。

⑥管理机构:包括政府管理机构和行业管理机构,负责对建筑行业的运行、建筑市场的规范、建筑活动的开展等有关方面进行管理和监督。

任务 1.4　建筑经济学的内容

建筑经济是研究建筑业部门生产组织与管理的学科,是将建筑业这个产业部门作为一个整体来研究有关的经济问题。它包含建设领域内关于建设项目的经济方面的预测、决策、实施、分析、评估等活动。

建筑经济学的研究内容包括建筑经济学的性质、理论、方法,建筑业的宏观经济问题,建筑企业的经济问题,建筑市场的建立与发展问题等。

1.4.1 产生和发展

社会主义建筑经济学是随着社会主义建筑业的发展而逐步形成和发展起来的。苏联在20世纪20年代末30年代初就开始了建筑经济问题的研究。第二次世界大战后，伴随经济恢复和建设工作大规模展开，这类问题的研究更显迫切，于是在各类大专院校的土建专业陆续开设了建筑经济方面的课程，接着又创办了建筑经济专业，并于1958年出版了《建筑工业经济学》专著，开始了学科的创建工作。

中华人民共和国成立后，为了适应社会主义建设的需要，我国大力发展建筑业，并开始对建筑业的经济与管理问题进行深入的研究，探索建筑业合理组织生产的规律性，为改进管理工作和指导实践提供理论依据。1956年以后，我国在一些高等学校设立了建筑经济专业（系、科），开设了建筑经济学以及其他有关的建筑经济课程，随后又陆续成立了专门的建筑经济研究机构，形成了一支建筑经济的教学与研究队伍。1978年以后，在城市经济体制改革中，建筑业被列为首先进行全行业改革的部门，建筑经济问题更引起了各方的重视，因此更有力地推动了建筑经济学研究的发展。

1.4.2 研究对象和内容

社会主义建筑经济学研究的对象是建筑业部门生产合理组织的规律性。它研究建筑业内部设计与施工、建设与安装、供应与需求以及各种生产要素之间的比例关系和相互结合的形式与方法。建筑经济学研究的主要内容包括：

①建筑业的技术经济特点及其对建筑事业发展的影响。

②建筑业生产力的组织，内部结构与各种施工比例关系。

③建筑业的投入与产出。

④建筑业在组织生产的过程中同各方面的相互关系。

⑤建筑业的经济效果及其评价方法。

⑥国家有关建筑业的方针政策和法规条令，以及管理体制等上层建筑问题的研究。

建筑经济学研究的目的在于探求建筑业发展的经济规律，改进管理，完善生产关系，以促进建筑生产技术的发展和提高建筑业活动的经济效果。

1.4.3 主要特点

与其他建筑学科比较，建筑经济学具有以下主要特点：

(1)综合性

建筑经济学是在自然科学与社会科学基础上逐步发展形成的交叉科学，它既属于自然科学范畴，也属于社会科学范畴，这就决定了这门学科的综合性。在研究中，建筑经济学既涉及建筑业中宏观与微观的经济问题，也涉及近期与远期的经济效益问题，还涉及资源利用、环境、社会效益等，因此它是一门综合性的研究学科。

(2)应用性

建筑经济学的应用性表现在以下几个方面：

①研究过程必须密切结合我国国情和每个地区的特点，并考虑到建筑业在整个国家经济中的位置，以及与宏观经济的联系，以保证研究结果的正确和可操作性。

②建筑经济研究的主要任务是揭示建筑产业经济活动的内在联系及其运行规律，对技术路线作出评价，为建筑业的发展和技术政策的制定提出理论依据。因此，在经济学科中，它更多地属于实用经济学。

③由于研究建筑经济的问题并进行分析论证的大量数据、信息和各种资料来源于生产实践，因此所作出的理论判断也都要通过实践的检验。

(3)预测性

在研究建筑经济问题时，必须着眼于未来，因为对建筑生产活动进行分析研究的目的是在于提出正确的发展方针和技术政策，选用正确的技术方案，这一切都必须以建筑业未来的发展趋势为出发点。由于建筑经济学具有预测性这一特点，因此可以尽量减少决策失误所造成的损失。

(4)计量性

当代建筑经济学，已经由论述说理的定性分析逐步进入定量分析。在研究建筑经济活动时，除了要有足够的理论分析之外，还常常要进行定量计算，以减少人们主观因素的影响。因此，建筑经济学与统计学、概率论、运筹学等有着密切联系。

(5)系统性

在进行建筑经济研究时，要将建筑产业本身视为一个大系统，其中的各类问题视为子系统，因为这些研究对象都是由若干相互联系的因素构成的有机整体。因此，研究人员必须具有系统分析的思想和能力，从事物的总体出发，认真研究分析各有关因素，通过系统综合实现整体优化。

思考与练习

1.结合本课内容和课外资料，举例介绍你所了解的建筑业问题。

2.结合本课内容和课外资料，举例介绍你所了解的建筑经济学问题。

学习情境二　会计基础

【知识目标】

(1)了解会计的概念和基本职能;

(2)理解会计要素的内容和会计等式;

(3)理解经济业务的类型与会计等式的关系;

(4)掌握账户的结构和复式记账的基本原理。

【能力目标】

(1)具有经济业务的分析能力;

(2)具有较好的解决问题的能力;

(3)具有较好的知识拓展能力和较强的自学能力;

(4)能分析判断经济业务对会计等式的影响;

(5)能简单运用借贷记账法;

(6)能编制总分类账户本期发生额及余额试算平衡表。

【问题引入】

会计的发展经历了很长的历史时期。最早的会计只是生产职能的附带部分。当社会生产发展到一定阶段后,会计才逐渐从生产职能中分离出来,成为一种具有独立职能的管理活动。1854年,苏格兰爱丁堡会计师公会的成立,标志着会计开始作为一种专门职业而存在。近百年来,会计的迅速发展反复证明了这样一条历史规律:“天下未乱计先乱,天下欲治计及治。”正所谓“经济越发展,会计越重要”。但不可否认,目前人们对会计及其重要性的认识和理解仍智者见智、仁者见仁。有人说:“会计工作太简单了,不就是点点钱、数数票子、报销差旅费、发放工资薪酬、支付水电费,哪需要学几年,更不需要考证评职称。”有人说:“由于市场竞争压力大,企业纷纷精简机构以求降低成本,作为财务部门要不了几个会计,只要一两个就足够了。”也有人说:“会计是国际通用的一种商业语言,是一门科学,会计工作很重要。现代会计人员不仅要学会记账、算账和报账,而且还要学会管账和用账,正如俗语说得好——会计是内当家、是领导的左右臂,工作既要扎实,又要创新,一点都不能马虎。”

要求:请结合自己的学习体会,谈谈你对会计及其重要性的认识和理解。

任务 2.1　会计的含义

2.1.1　概念

现代会计是经济管理的重要组成部分，它是以货币作为主要计量单位，以真实合法的凭证为依据，通过采用一系列专门方法，对企业等经济组织的经济活动进行全面、连续、系统和综合的核算和监督，生产出可靠、相关的信息，以满足信息使用者经济决策需要的一项管理活动。

2.1.2　特征

(1)以货币作为主要计量单位

会计对经济活动进行计量和记录时，可以采用实物、劳动和货币 3 种计量单位。其中，实物计量单位可以为经济管理提供必需的实物量指标，但无法进行综合；劳动计量单位可以为经济管理提供劳动消耗量指标，但现阶段同样不具有综合性；唯一有综合性的就是货币计量单位，因为它综合地反映了商品的价值，可以将复杂的不同质的经济活动加以计量和综合，以取得各种总括的价值指标。对经济活动实施价值管理，是会计与其他经济管理活动最主要的区别。

(2)对经济活动进行综合、连续、系统和全面的核算和监督

综合是指以货币作为统一的计量单位；连续是指按照经济活动发生的时间顺序作不间断的记录，不允许中断和间断；系统是指对各种经济活动的记录要采用一系列专门的方法，遵循一定的处理程序，科学有序地进行，以取得分门别类的有用信息；全面是指对各种经济活动都要能反映其来龙去脉，不可任意取舍，不能遗漏。

(3)以合法凭证为依据

企业等经济组织发生的任何经济活动都会留下自己的痕迹，而会计就是以这些痕迹(即交易或事项发生或完成的书面凭证)为依据进行核算和监督的。为了保证会计信息的可靠性，对于取得或填制的书面凭证，必须经过审核后方能作为核算和监督的依据。因此，会计提供的信息具有可验证性。

(4)有一套完整的方法体系

会计方法是由各种相互联系、相互区别而又相互制约的专门技术方法组成的一个完整的方法体系。在这个方法体系中，各种方法从不同的侧面对企业等经济组织发生的经济活动进行核算和监督。应该说，这些方法是经过长期会计实践活动总结出来的，是其他管理活动领域所不用或很少采用的。

2.1.3　会计的基本职能

会计的职能是指会计自身所具有的功能。我国《会计法》将会计的基本职能界定为核算和监督，即进行会计核算和实行会计监督。

会计核算职能是指会计运用一系列专门方法，主要利用货币计量单位，对经济活动过程和结果进行确认、计量、记录和报告，为有关方面提供有用的信息。会计监督职能是指会计人员通过会计工作，按照预先确定的目标和要求，利用会计核算所提供的信息，对经济活动过程和结果进行检查、分析、控制和指导，以便合理地组织经济活动，取得更好的经济效益。会计监督包括事前监督、事中监督和事后监督。

会计核算和会计监督两个职能的关系是不可分割、相辅相成的。会计核算是会计监督的基础，只有正确地进行会计核算，会计监督才能有真实可靠的依据；会计监督是会计核算的继续，如果只有会计核算而不进行严格的监督，会计核算所提供的信息质量就难以保证，甚至会变得毫无意义。因此，会计核算和会计监督两个职能贯穿于会计工作的始终，只有二者有机地结合起来，才能充分发挥会计在经济管理中的作用。

任务 2.2　会计要素和会计等式

2.2.1　会计的对象

1）会计的一般对象

会计对象是指会计所要核算和监督的内容。会计的对象存在于社会再生产过程之中。社会再生产过程分为生产、分配、交换和消费 4 个环节，它包括多种多样的经济活动，具体表现为价值运动和使用价值运动。因为使用价值没有统一的标准和计量尺度，不便于比较和汇总，而会计是以货币作为主要的计量单位，则找出了各种再生产过程中的共同点，即价值运动，借助价值形式能达到会计确认、计量和报告交易或事项的目的。所以，会计所核算和监督的是社会再生产过程中的价值运动，这种价值运动是能用货币连续、系统、全面、综合表现的，也可以称为资金运动，这就是会计对象的最一般表述。

2）制造业企业的资金运动

社会再生产过程中的资金运动，在不同的单位里，其表现方式是不完全相同的。本书主要研究企业单位的资金运动。由于制造业企业生产经营过程比较复杂又最为完整，下面就以制造业企业为例，来阐述其资金运动的具体表现方式（如图 2.1 所示）。

（1）资金进入企业

企业存在的前提是必须拥有一定数量的资金。企业通过各种方式筹集资金，便形成了资金进入企业。进入企业的资金来源主要包括所有者的资金投入和债权人的资金投入，前者构成了企业的所有者权益，后者则形成了企业的负债。

（2）资金在生产经营过程中的循环与周转

企业的生产经营过程包括供应、生产和销售等环节。在供应过程中，企业要用筹集到的货币资金去购买材料物资，企业资金由货币资金形态转化为储备资金。进入生产过程后，生产部门领取和耗用各种材料物资，这时储备资金又转变为生产资金。产品生产完工后，生产资金又转化为成品资金。将库存商品出售后，成品资金又转化为货币资金。企业的资金，随着供、产、销3个过程的进行，从货币资金开始，依次转化为储备资金、生产资金、成品资金，最后又回到货币资金，这一转化过程称为资金循环。资金周而复始的循环称为资金周转。资金的循环与周转就是各种资金形态在生产过程中的相继进行和并列存在的对立统一。

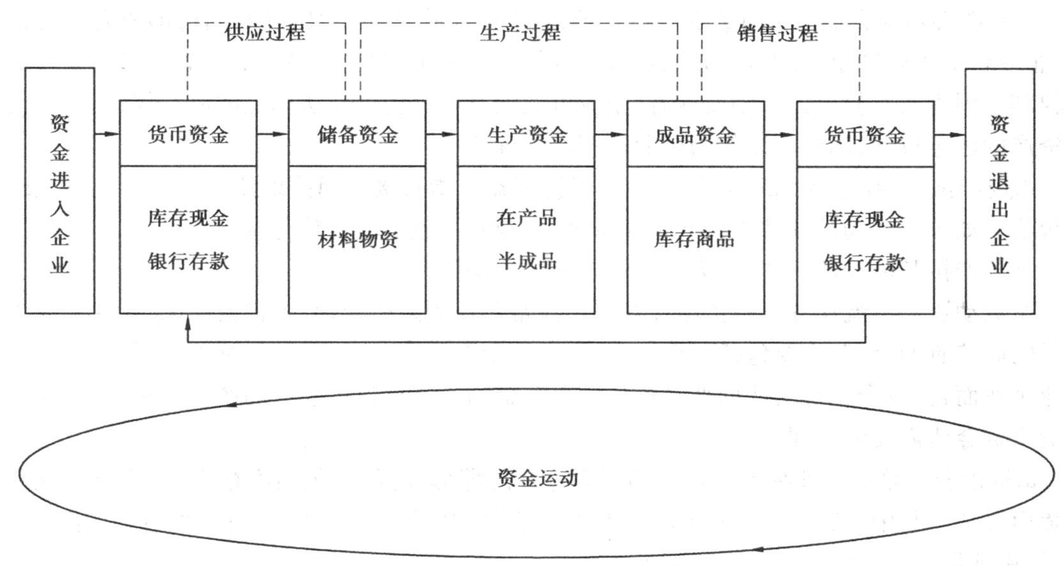

图2.1　制造业企业的资金运动

(3)资金退出企业

资金退出企业是指企业的资金不再参加生产经营过程中资金的循环与周转，而游离于企业资金运动之外，如上交税费、偿还各项债务、向投资者分配利润等。

2.2.2　会计要素

会计要素是对会计对象进行的基本分类，是会计核算对象的具体化，又称为会计对象要素。

我国《企业会计准则》将会计要素分为六大类，即资产、负债、所有者权益、收入、费用和利润。其中，前三类表现资金运动的相对静止状况，属于反映企业在某一特定日期财务状况的会计要素；后三类表现资金运动的显著变动状态，属于反映企业在一定时期内经营成果的会计要素。

1)反映企业财务状况的会计要素

(1)资产

资产是指企业过去的交易或者事项形成的、由企业拥有或者控制的、预期会给企业带来经济利益的资源。

①作为一项资产，应具有以下几个特征：

a.资产从本质上来说是一种经济资源，可以作为要素投入生产经营中去。就其存在形态来看，既有有形的，也有无形的；既可以是货币形式的，也可以是实物形式的。

b.资产是由过去的交易或事项形成的。资产必须是现实的资产，曾经拥有但在过去已消失的经济资源，不能再列作企业的资产；资产也不能是预期的，未来交易或事项以及未发生的交易或事项可能产生的结果不能确认为企业的资产。

c.资产必须为企业所拥有或者控制。所谓拥有，是指法律意义上的拥有，即所有权全部转移、企业付清了资产全部的价款并取得所有权凭证。所谓控制，是指企业持有资产所有权的法定权利。因为所有权可以分割或共有，企业可能没有取得资产在法律上的所有权，但拥有使用该资产的法定权利，同样可以作为企业的资产来确认。

d.资产预期会给企业带来经济利益。经济利益是指直接或间接地流入企业的现金或现金等价物。如果某项物品预期不能为企业带来经济利益，就不能确认为企业的资产。

②资产按其流动性不同，分为流动资产和非流动资产。

A.流动资产。流动资产是指预计在一个正常营业周期中变现、出售或耗用，或者主要为交易目的而持有的资产，主要包括货币资金、交易性金融资产、应收及预付款项、存货等。对于制造业企业而言，一个正常营业周期是指从货币资金购买原材料到生产的产品销售出去，并转化为货币资金所需要的时间。

a.货币资金是指企业拥有的以货币形态存在的那部分资产，包括库存现金、银行存款和其他货币资金。其中，其他货币资金又包括外埠存款、银行汇票存款、银行本票存款、信用卡存款、信用证保证金存款和存出投资款等。

b.交易性金融资产是指企业为了近期内出售而持有的金融资产，如企业以赚取差价为目的从二级市场购入的各种股票、债券、基金等。

c.应收及预付款项是指企业在日常经营过程中发生的各种债权，包括应收票据、应收账款、预付账款和其他应收款等。

d.存货是指企业在日常活动中持有以备出售的产品或商品、处在生产过程中的在产品、在生产过程或提供劳务的过程中耗用的材料和物料等，主要包括各类材料、包装物、低值易耗品、在产品、库存商品、委托代销商品等。

B.非流动资产。非流动资产是指流动资产以外的资产，主要包括长期股权投资、固定资产、无形资产、其他资产等。

(2)负债

负债是指企业过去的交易或者事项形成的、预期会导致经济利益流出企业的现时义务。

①作为一项负债，应具有以下几个特征：

a.负债是由过去的交易或者事项形成的，是企业当前承担的一项经济责任。凡是企业将来发生的交易或事项可能产生的义务，不应确认为负债。

b.负债的清偿预期会导致经济利益流出企业。在大多数情况下，企业往往需要用资产或提供劳务方式偿付债务。有时，企业可以通过承诺的负债或转化为所有者权益来了结一项现有的负债。

c.负债反映了债权人对企业资产的要求权。负债一般都有确切的债权人、到期值和到期日。

②负债按其流动性不同,分为流动负债和非流动负债。

A.流动负债。流动负债是指预计一个正常营业周期中清偿或者主要为交易目的而持有的负债,主要包括短期借款、应付账款、预收账款、应付职工薪酬、应交税费、其他应付款等。

a.短期借款是指企业为维持正常生产经营周转而向银行或其他金融机构借入的期限在1年(含1年)以内的各种借款。

b.应付账款是指企业由于购买材料、商品或者接受劳务等而发生的债务。

c.预收账款是指销货单位按照合同或协议规定,预先向购货单位或个人收取的货款或定金。

d.应付职工薪酬是指企业根据有关规定应付给职工的各种薪酬,包括职工工资、奖金、津贴和补贴,职工福利费,医疗、养老、失业、工伤、生育等社会保险费,住房公积金,工会经费,职工教育经费和非货币性福利等。

e.应交税费是指企业应交纳的各种税费,如增值税、消费税、营业税等。

f.其他应付款是指企业除以上各项债务以外的负债,如应付租入包装物租金、存入保证金等。

B.非流动负债。非流动负债是指流动负债以外的负债,主要包括长期借款、应付债券、长期应付款等。

a.长期借款是指企业向银行或其他金融机构借入的期限在1年以上(不含1年)的各种借款。

b.应付债券是指企业为筹集长期资金而对外发行债券所形成的一种负债。

c.长期应付款是指企业除长期借款、应付债券以外的其他一切长期应付款项。

(3)所有者权益

所有者权益是指企业资产扣除负债后由所有者享有的剩余权益。对于公司来说,所有者权益又称为股东权益。

①所有者权益具有以下几个特征:

a.它是一项永久性投资,除非发生减资、清算或分派现金股利,所有者权益一般不需要由企业归还给投资者。

b.企业清算时,所有者权益置于债权人权益之后,所有者权益只有在清偿所有的负债之后才返还给所有者。

c.所有者凭借所有者权益,有权参与企业管理和利润分配。

②所有者权益一般分为实收资本、资本公积、盈余公积和未分配利润。其中,盈余公积和未分配利润又合称为留存收益。

a.实收资本是指投资者按照企业章程或合同、协议的约定,实际投入企业的资本。

b.资本公积是指所有者投入但不构成实收资本,以及直接计入所有者权益的利得和损失等,包括资本溢价(或股本溢价)和直接计入所有者权益的利润和损失等。

c.盈余公积是指企业按照有关规定,从税后利润中提取的各种公积金,包括法定盈余公积、任意盈余公积等。

d.未分配利润是指企业留存于以后年度分配或待分配利润。

2)反映企业经营成果的会计要素

(1)收入

收入是指企业在日常活动中形成的、会导致所有者权益增加的、与所有者投入资本无关的经济利益的总流入,包括销售商品收入、劳务收入、租金收入等,不包括为第三方或客户代收的款项。

①收入具有以下几个特征:

a.收入是从企业的日常活动中产生,而不是从偶发的交易或事项中产生,如企业销售商品、提供劳务的收入等。企业出售固定资产和无形资产、取得罚款收入也能给企业带来经济利益,但由于不属于企业的日常活动,所以不属于收入的范畴,而是属于企业的利得。

b.收入可能表现为企业资产的增加,如增加银行存款、应收账款等;也可能表现为企业负债的减少,如以商品或劳务抵偿债务;或者二者兼而有之,如商品销售的货款中部分收取现金,部分抵偿债务。

c.收入能导致所有者权益的增加。这里所说的收入能增加所有者权益,仅指收入本身的影响,而收入扣除与之相配比的费用后的净额,既可能增加所有者权益,也可能减少所有者权益。

d.收入只包括本企业经济利益的流入,不包括为第三方或客户代收的款项。

e.收入与所有者投入资本无关。所有者投入资本形成的经济利益的总流入不构成收入,而应确认为企业所有者权益的组成部分。

②收入按企业经营业务的主次,分为主营业务收入和其他业务收入。

a.主营业务收入是指企业为完成其经营目标所从事的经常性活动而实现的收入。主营业务收入一般占企业总收入的比重较大,对企业的经济效益会产生较大影响。不同的行业,其主营业务收入有所不同。如工业企业的主营业务收入主要包括销售商品、自制半成品、提供工业性劳务等取得的收入。

b.其他业务收入是指企业为完成其经营目标所从事的与经常性活动相关的活动而实现的收入,其他业务收入属于企业日常活动中次要交易实现的收入,一般占企业总收入的比重较小,主要包括技术转让收入、销售材料收入、出租包装物收入等。

(2)费用

费用是指企业在日常活动中发生的、会导致所有者权益减少的、与向所有者分配利润无关的经济利益的总流出。

①费用具有以下几个特征:

a.费用是在企业日常经营活动中(如购买原材料、支付工人工资等)发生的经济利益的流出。有些偶发的交易或事项虽然也会导致经济利益的流出,但不属于企业的日常经营活动,所以不属于费用,而是属于企业的损失,如出售固定资产净损失、因违约支付罚款、对外捐赠、自然灾害净损失等。

b.费用的发生可能表现为资产的减少,如生产产品耗用材料等;也可能表现为负债的增加，如负担长期借款利息等；也可能二者兼而有之，如发生某笔费用支付部分现金，同时承担部分债务等。

c.费用最终会导致企业所有者权益的减少。一般而言，在费用一定的情况下，企业收入增长，会使利润增加，从而增加所有者权益；在收入一定的情况下，费用增加，会使利润减少或亏损增加，从而减少所有者权益。

d.费用与向所有者分配利润无关。向所有者分配利润属于企业利润分配的内容，不构成企业的费用。

②费用可以按照不同的标准进行分类：

A.费用按其经济内容可分为外购材料、外购燃料、外购动力、工资薪酬、折旧费、利息支出、税金、其他费用等。

B.费用按其经济用途可分为直接费用、制造费用和期间费用。

a.直接费用是指直接为生产产品而发生的各项费用，包括直接材料、直接人工和其他直接费用。

b.制造费用是指企业为生产产品和提供劳务而发生的各项间接费用，包括生产车间管理人员的工资薪酬、折旧费、修理费、水电费、保险费等。

c.期间费用是指企业在日常经营活动中发生的，应当计入当期损益的费用，包括营业费用、管理费用和财务费用。其中，营业费用是指企业在销售商品和材料、提供劳务等日常经营活动中发生的各项费用以及专设销售机构的各项经费，如展览费、广告宣传等；管理费用是指企业行政管理部门为组织和管理生产经营活动而发生的各项费用，如由企业统一负担的公司经费、业务招待费、咨询费等；财务费用是指企业为筹集生产经营资金等理财活动而发生的各项费用，如利息支出等。

(3)利润

利润是指企业在一定会计期间的经营成果，包括企业在一定会计期间内实现的收入减去费用后的净额、直接计入当期利润的利得和损失等。利润是企业生存和发展的基础，是企业扩大再生产的主要资金来源。它体现了投资者权益，是吸引所有者投资的动力和根源。企业实现的利润不仅是反映企业经营成果资金运动的动态形式的一个基本指标，而且是衡量、评价企业经营成果与管理效率的最综合的尺度。从理论上讲，企业在权责发生制前提下，通过配比原则的恰当运用，可以确定某一会计期间的利润。但在现实经济生活中，企业利润的高低往往受主客观多种因素的影响，因而利润又具有不确定性。

企业利润是企业生产经营过程中各种收入减去费用后的净额并加上各种利得和损失后的余额。不同的企业有着不同的利润构成。企业利润有营业利润、利润总额和净利润3种。其中，营业利润是指企业在销售商品、提供劳务等日常活动中所产生的利润；营业利润加上营业外收入，减去营业外支出后的数额称为利润总额；营业外收入和营业外支出是指企业发生的与其生产经营无直接关系的各项收入和支出，如处置固定资产净收益或净支出、罚款净收入或净支出等；利润总额减去所得税费用后的数额即为企业的净利润。所得税费用是指企业确认的应从当期利润总额中扣除的所得税费用。

2.2.3　会计等式

1)会计等式的意义

会计等式是表明各会计要素之间内在联系的数学表达式,又称为会计恒等式。

企业为了进行生产经营活动,必须要拥有或控制一定数量的、能满足其生产经营需要的经济资源(即资产),如库存现金、厂房、机器设备、原材料等。然而,企业的这些资产不是凭空而来的,它们最初进入企业的来源不外乎有两个方面:一是所有者以投资的方式投入;二是由债权人提供,如银行借款等。由于企业的所有者和债权人为企业提供了全部资产,它们对企业的资产就应该享有要求权。这种对企业资产的要求权,在会计上总称为“权益”。其中,属于所有者的部分,称为“所有者权益”;属于债权人的部分,称为“负债”。可见,资产和权益实质上是同一事物(经济资源)的两个不同侧面。资产表明企业拥有或控制什么经济资源;权益则表明谁提供了这些经济资源,谁对这些经济资源拥有要求权。因此,资产和权益必须同时存在,有一定数额的资产,就必然有一定数额的权益;反之,有一定数额的权益,也必然有一定数额的资产。从数量上看,在任何一个时点上,一个企业所拥有或控制的资产总额必定等于权益总额,用公式表示如下:

资产 = 权益 = 负债 + 所有者权益

上述公式揭示了资产、负债和所有者权益 3 个要素之间的内在联系,它是设置账户、复式记账、试算平衡和编制会计报表的理论依据。会计等式的这种平衡关系,可以用一张简略的资产和权益平衡表来反映。

例如,东方公司 2006 年 12 月 1 日有关资产权益的资料如表 2.1 所示。

表 2.1　资产和权益平衡表

2006 年 12 月 1 日　　　　单位:元

资　产	金　额	负债及所有者权益	金　额
库存现金	2 200	负债:	
银行存款	55 000	短期借款	30 000
应收账款	18 000	应付账款	20 000
原材料	200 000	预收账款	58 200
库存商品	40 000	应付利润	100 000
短期投资	82 000	长期借款	389 000
固定资产	800 000	小　计	597 200
		所有者权益:	
		实收资本	420 000
		资本公积	100 000
		盈余公积	80 000
		小　计	600 000
合　计	1 197 200	合　计	1 197 200

由表2.1可知,东方公司12月1日拥有资产总额1 197 200元,这些资产是从不同渠道取得的;负债597 200元,其中短期借款30 000元,应付账款20 000元,预收账款58 200元,应付利润100 000元,长期借款389 000元;所有者权益600 000元,其中实收资本420 000元,资本公积100 000元,盈余公积80 000元。该公司从不同渠道取得或形成的这些资产又具体分布和占用在以下方面:库存现金2 200元,银行存款55 000元,应收账款18 000元,原材料200 000元,库存商品40 000元,短期投资82 000元,固定资产800 000元。可见,对于东方公司来说,在2006年12月1日这一特定的时点上,资产和权益总额都是1 197 200元,二者保持平衡关系。

2)经济业务对会计等式的影响

经济业务是指企业在生产经营过程中发生的、能引起会计要素增减变化的经济活动,也称为会计事项。资产和权益的数量不是静止不变的,经济业务的发生必然会影响资产和权益在数量上的变化,但无论怎样变化,都不会破坏会计等式的平衡关系。

下面结合表2.1,分析东方公司12月份发生的如下经济业务对会计等式的影响,以说明经济业务的类型及其对会计等式的影响。

【例1】2日,收到宏达公司无偿捐赠的资金100 000元,存入公司银行存款户。

【解析】这项业务的发生,一方面引起资产——银行存款增加100 000元;另一方面使所有者权益——资本公积也增加100 000元。由于资产总额和所有者权益总额同时增加100 000元,因此会计等式的平衡关系依然成立。经过这一变化,会计等式的平衡关系变为:

资产(1 197 200+100 000)= 负债(597 200)+所有者权益(600 000+100 000)
= 1 297 200(元)

【例2】5日,公司用银行存款归还银行短期借款20 000元。

【解析】这项业务的发生,一方面引起资产——银行存款减少20 000元,另一方面使负债——银行短期借款也减少20 000元。由于资产和负债总额同时减少20 000元,因此会计等式的平衡关系依然成立。经过这一变化,会计等式的平衡关系变为:

资产(1 297 200−20 000)= 负债(597 200−20 000)+所有者权益(700 000)
= 1 277 200(元)

【例3】10日,公司收到南方公司预付购货款100 000元,存入公司银行存款户。

【解析】这项业务的发生,一方面引起资产——银行存款增加100 000元;另一方面引起负债——预收账款增加100 000元。由于资产和负债总额同时增加100 000元,因此会计等式的平衡关系依然成立。经过这一变化,会计等式的平衡关系变为:

资产(1 277 200+100 000)= 负债(577 200+100 000)+所有者权益(700 000)
= 1 377 200(元)

【例4】15日,公司用银行存款60 000元购买原材料,材料已验收入库。

【解析】这项业务的发生,一方面引起资产——原材料增加60 000元;另一方面又同时引起另一项资产——银行存款减少60 000元。由于资产内部两个项目一增一减,增减金额都是60 000元,因此会计等式的平衡关系依然成立。经过这一变化,会计等式的平衡关系变为:

资产(1 377 200+60 000−60 000)=负债(677 200)+所有者权益(700 000)
=1 377 200(元)

【例5】20日,经与北辰公司协商,同意将所欠北辰公司应付账款10 000元转作对本公司的投资。

【解析】这项业务的发生,一方面引起负债——应付账款减少10 000元;另一方面又引起所有者权益——实收资本增加10 000元。由于负债和所有者权益两个项目一增一减,增减金额都是10 000元,因此会计等式的平衡关系依然成立。经过这一变化,会计等式的平衡关系变为:

资产(1 377 200)=负债(677 200−10 000)+所有者权益(700 000+10 000)
=1 377 200(元)

【例6】30日,公司用资本公积100 000元转增资本。

【解析】这项业务的发生,一方面引起所有者权益——实收资本增加100 000元;另一方面又同时引起另一项所有者权益——资本公积减少100 000元。由于所有者权益内部两个项目一增一减,增减金额都是100 000元,因此会计等式的平衡关系依然成立。经过这一变化,会计等式的平衡关系变为:

资产(1 377 200)=负债(667 200)+所有者权益(710 000+100 000−100 000)
=1 377 200(元)

【例7】31日,根据公司董事会决议,用盈余公积分配利润60 000元。

【解析】这项业务的发生,一方面引起负债——应付利润增加60 000元;另一方面又引起所有者权益——盈余公积减少60 000元。由于负债和所有者权益两个项目一增一减,增减金额都是60 000元,因此会计等式的平衡关系依然成立。经过这一变化,会计等式的平衡关系变为:

资产(1 377 200)=负债(667 200+60 000)+所有者权益(710 000−60 000)
=1 377 200(元)

【例8】31日,本公司按法定程序减资80 000元,用银行存款予以支付。

【解析】这项业务的发生,一方面引起资产——银行存款减少80 000元;另一方面使所有者权益——实收资本也减少80 000元。由于资产和所有者权益总额同时减少80 000元,因此会计等式的平衡关系依然成立。经过这一变化,会计等式的平衡关系变为:

资产(1 377 200−80 000)=负债(727 200)+所有者权益(650 000−80 000)
=1 297 200(元)

通过分析可以看出,无论哪一类型的经济业务的发生,都不会破坏会计等式的平衡关系。

汇总东方公司12月份发生的经济业务所引起的资产和权益的增减变化及其结果如表2.2所示。

表 2.2 资产和权益平衡表

2006 年 12 月 31 日 单位:元

资产	变化前金额	增加金额	减少金额	变化后金额	负债及所有者权益	变化前金额	增加金额	减少金额	变化后金额
库存现金	2 200			2 200	负债:				
银行存款	55 000	200 000	160 000	95 000	短期借款	30 000		20 000	10 000
应收账款	18 000			18 000	应付账款	20 000		10 000	10 000
原材料	200 000	60 000		260 000	预收账款	58 200	100 000		158 200
库存商品	40 000			40 000	应付利润	100 000	60 000		160 000
短期投资	82 000			82 000	长期借款	389 000			389 000
固定资产	800 000			800 000	小 计	597 200			727 200
					所有者权益:				
					实收资本	420 000	110 000	80 000	450 000
					资本公积	100 000	100 000	100 000	100 000
					盈余公积	80 000		60 000	20 000
					小 计	600 000			570 000
合计	1 197 200	260 000	160 000	1 297 200	合计	1 197 200	370 000	270 000	1 297 200

任务 2.3 账户与复式记账

2.3.1 会计科目

1)会计科目的概念

会计要素是对会计对象的基本分类,然而只有基本的分类是无法满足经济管理和会计信息使用者的要求,还必须采用一定的科学方法对会计要素的具体内容作进一步的分类。这种科学的分类方法,在会计上称为设置会计科目。

会计科目是指对会计要素的具体内容进行分类核算和监督的项目名称。

2)会计科目的分类

(1)按其反映的经济内容分类

会计科目按其反映的经济内容不同,分为资产类、负债类、共同类、所有者权益类、成本类和损益类科目。

①资产类科目。按资产的流动性,可分为反映流动资产、长期股权投资、固定资产、无形资产和长期待摊费用等的科目。其中,反映流动资产的科目又可划分为库存现金、银行存款、交易性金融资产、应收账款、预付账款、原材料、库存商品、其他应收款等。

②负债类科目。按负债的流动性,可分为反映流动负债和非流动负债的科目。其中,反映流动负债的科目又分为短期借款、应付账款、预收账款、应付职工薪酬、应交税费、其他应付款等;反映非流动负债的科目又分为长期借款、应付债券、长期应付款等。

③共同类科目。共同类科目主要包括清算资金往来、货币兑换、衍生工具等科目。该类科目本书暂不涉及,因此不作介绍。

④所有者权益类科目。按所有者权益的形成和性质,可分为实收资本、资本公积、盈余公积和未分配利润等科目。

⑤成本类科目。成本类科目主要反映企业在生产产品和提供劳务过程中所发生的与成本有关的内容,如生产成本、制造费用、劳务成本等科目。

⑥损益类科目。损益类科目主要反映企业在生产经营过程中取得各项收入和发生的各项费用。前者如主营业务收入、营业外收入、其他业务收入等科目;后者如主营业务成本、营业外支出、其他业务成本、管理费用、财务费用、销售费用等科目。

(2)按其所提供信息的详细程度及其统驭关系分类

会计科目按其所提供信息的详细程度及其统驭关系,分为总分类科目和明细分类科目。

①总分类科目。总分类科目又称总账科目或一级科目,是指对会计要素具体内容进行总括分类核算的科目。它提供总括性资料,如“原材料”“应收账款”等科目。

②明细分类科目。明细分类科目又称明细科目,是指对总分类科目所包含的内容所作的进一步分类的科目,它提供详细核算资料。明细分类科目按照其分类的详细程度不同,又可分为子目和细目。子目又称二级科目,它是介于总分类科目与细目之间的科目,它所提供的核算资料比总分类科目详细,但比细目提供的资料概括;细目又称三级科目,是指对某些二级科目所作的进一步分类。

③总分类科目与明细分类科目的关系。总分类科目对其所属明细分类科目起着统驭控制作用,明细分类科目则对总分类科目起着补充说明作用。

3)会计科目的编号

企业在进行会计核算时,所运用的会计科目很多。为了表明会计科目的性质及其所属的类别和关系,并方便会计电算化,必须对会计科目进行统一编号。

会计科目的编号由国家财政部颁布的《企业会计准则——应用指南》统一规定,常用的方法是数字编号法,一般用4位数字,每一位数字都有其特定的含义。从左至右的第1位数字表示会计科目的主要大类。例如,1表示资产类,2表示负债类,3表示共同类,4表示所有者权益类,5表示成本类,6表示损益类。第2位数字表示每一大类内部的顺序编号,第3位和第4位数字表示具体科目名称。如用001表示库存现金,用002表示银行存款等。所有会计科目数字编号见表2.3。

企业不应当随意打乱科目编号,某些会计科目之间留有空号,供增设会计科目之用。

表 2.3 企业会计科目表

序号	编号	会计科目名称	序号	编号	会计科目名称	序号	编号	会计科目名称
		一、资产类	30	1405	★库存商品	60	1631	油气资产
1	1001	★库存现金	31	1406	发出商品	61	1632	累计折耗
2	1002	★银行存款	32	1407	商品进销差价	62	1701	★无形资产
3	1003	存放中央银行款项	33	1408	委托加工物资	63	1702	累计摊销
4	1011	存放同业	34	1411	周转材料	64	1703	无形资产减值准备
5	1012	其他货币资金	35	1421	消耗性生物资产	65	1711	商誉
6	1021	结算备付金	36	1431	贵金属	66	1801	★长期待摊费用
7	1031	存出保证金	37	1441	抵债资产	67	1811	递延所得税资产
8	1101	交易性金融资产	38	1451	损余资产	68	1821	独立账户资产
9	1111	买入返售金融资产	39	1461	融资租赁资产	69	1901	★待处理财产损益
10	1121	★应收票据	40	1471	存货跌价准备			二、负债类
11	1122	★应收账款	41	1501	持有至到期投资	70	2001	★短期借款
12	1123	★预付账款	42	1502	持有至到期投资减值准备	71	2002	存入保证金
13	1131	应收股利	43	1503	可供出售金融资产	72	2003	拆入资金
14	1132	应收利息	44	1511	长期股权投资	73	2004	向中央银行借款
15	1201	应收代位追偿款	45	1512	长期股权投资减值准备	74	2011	吸收存款
16	1211	应收分保账款	46	1521	投资性房地产	75	2012	同业存放
17	1212	应收分保合同准备金	47	1531	长期应收款	76	2021	贴现负债
18	1221	★其他应收款	48	1532	未实现融资收益	77	2101	交易性金融负债
19	1231	坏账准备	49	1541	存出资本保证金	78	2111	卖出回购金融资产款
20	1301	贴现资产	50	1601	★固定资产	79	2201	★应付票据
21	1302	拆出资金	51	1602	★累计折旧	80	2202	★应付账款
22	1303	贷款	52	1603	固定资产减值准备	81	2203	★预收账款
23	1304	贷款损失准备	53	1604	★在建工程	82	2211	★应付职工薪酬
24	1311	代理兑付证券	54	1605	工程物资	83	2221	★应交税费
25	1321	代理业务资产	55	1606	固定资产清理	84	2231	应付利息
26	1401	★材料采购	56	1611	未提保余值	85	2232	应付股利
27	1402	在途物资	57	1621	生产性生物资产	86	2241	其他应付款
28	1403	★原材料	58	1622	生产性生物资产累计折旧	87	2251	应付保单红利
29	1404	材料成本差异	59	1623	公益性生物资产	88	2261	应付分保账款

续表

序号	编号	会计科目名称	序号	编号	会计科目名称	序号	编号	会计科目名称
89	2311	代理买卖证券款	110	4001	★实收资本	131	6111	公允价值变动损益
90	2312	代理承销证券款	111	4002	★资本公积	132	6201	★投资收益
91	2313	代理兑付证券款	112	4101	★盈余公积	134	6202	摊回保险责任准备金
92	2314	代理业务负债	113	4102	一般风险准备	135	6203	摊回分保费用
93	2401	递延收益	114	4103	★本年利润	136	6301	★营业外收入
94	2501	★长期借款	115	4104	★利润分配	137	6401	★主营业务成本
95	2502	应付债券	116	4201	库存股	138	6402	★其他业务成本
96	2601	未到期责任准备金			五、成本类	139	6403	★营业税金及附加
97	2602	保险责任准备金	117	5001	★生产成本	140	6411	利息支出
98	2611	保户储金	118	5101	★制造费用	141	6421	手续费及佣金支出
99	2621	独立账户负债	119	5201	劳务成本	142	6501	提取未到期责任准备金
100	2701	长期应付款	120	5301	研发支出	143	6502	提取保险责任准备金
101	2702	未确认融资费用	121	5401	工程施工	144	6511	赔付支出
102	2711	专项应付款	122	5402	工程结算	146	6531	退保金
103	2801	预计负债	123	5403	机械作业	147	6541	分出保费
104	2901	递延所得税负债			六、损益表	148	6542	分保费用
		三、共同类	124	6011	★主营业务收入	149	6601	★销售费用
105	3001	清算资金往来	125	6021	利息收入	150	6602	★管理费用
106	3002	货币兑换	126	6031	手续费及佣金收入	151	6603	★财务费用
107	3101	衍生工具	127	6041	保费收入	153	6701	资产减值损失
108	3201	套期工具	128	6051	租赁收入	154	6711	★营业外支出
109	3202	被套期项目	129	6061	★其他业务收入	155	6801	★所得税费用
		四、所得者权益类	130	6101	汇兑损益	156	6901	以前年度损益调整

2.3.2 账户

1)账户的概念

账户是根据会计科目设置的,具有一定的格式和结构,是用来连续、系统地记载经济业务引起的各会计要素增减变动情况及其结果的载体。设置账户是会计核算的一种专门方法。通过账户记录提供的会计核算资料,既能反映企业一定时期内每一笔或全部经济业务的情况,又是编制会计报表的基础。

2)账户的基本结构

账户是根据会计科目开设的。为了全面、清晰地记录各项经济业务所引起的各个会计要素的增减变动情况及其结果,账户不但要有明确的核算内容,而且要有一定的结构。账户的结构就是指账页的格式。

在借贷记账法下,账户的基本结构如图 2.2 所示。

账户名称(会计科目)

日期		凭证号数	摘要	借方	贷方	余额
月	日					

图 2.2 账户的基本结构

为了方便教学,上述账户的基本结构可简化为 T 字形,如图 2.3 所示。

图 2.3 T 字形账户

借贷记账法下的账户,左方一律称为“借方”,右方一律称为“贷方”。借方或贷方哪一方登记增加数,哪一方登记减少数,则取决于账户所反映的经济内容和性质。

下面以制造业企业为例,根据账户反映的经济内容不同,用 T 字形简要列示其基本结构(共同类账户略),如图 2.4—图 2.6 所示。

借方	资产类账户	贷方
期初余额 ××× 本期增加数 ××× ……		本期减少数 ××× ……
本期发生额 ×××		本期发生额 ×××
期末余额 ×××		

图 2.4　资产类账户结构

借方	负债、所有者权益类账户	贷方
本期减少数 ××× ……		期初余额 ××× 本期增加数 ××× ……
本期发生额 ×××		本期发生额 ×××
		期末余额 ×××

图 2.5　负债、所有者权益类账户结构

借方	成本类账户	贷方
期初余额 ××× 本期增加数 ××× ……		本期减少数 ××× ……
本期发生额 ×××		本期发生额 ×××

图 2.6　成本类账户结构

借方	损益类账户	贷方
本期借方发生额 ××× （费用、支出增加数， 收入、利润减少数）		本期贷方发生额 ××× （收入、利润增加数， 费用、支出减少数）
本期发生额 ×××		本期发生额 ×××

图 2.7　损益类账户结构

各类账户的期末余额，分别按下列公式计算：

$$\text{资产类账户期末余额} = \text{期初余额} + \text{借方本期发生额} - \text{贷方本期发生额}$$

$$\text{负债、所有者权益账户期末余额} = \text{期初余额} + \text{贷方本期发生额} - \text{借方本期发生额}$$

成本类账户期末如有余额,可参照资产类账户期末余额计算公式计算,损益类账户期末无余额。

2.3.3 复式记账

1) 复式记账法

复式记账法是指对发生的每一项经济业务都要以相等的金额在两个或两个以上相互联系的账户中进行登记的记账方法。例如,企业向银行提取现金 3 000 元,运用复式记账法反映此项经济业务,一方面要在"库存现金"账上登记增加 3 000 元;另一方面又要在"银行存款" 账上登记减少 3 000 元;又如,企业用银行存款 6 400 元偿还前欠南方公司货款,既要在"银行存款"账上登记减少 6 400 元,同时又要在"应付账款"账上登记减少 6 400 元。

复式记账法是一种比较科学、完善的记账方法,现代会计核算均采用复式记账法。复式记账法按其记账符号、记账规则、账户分类和试算平衡方法的不同,可分为借贷记账法、增减记账法和收付记账法等。其中,借贷记账法是目前世界上绝大多数国家所广泛采用的一种记账方法,也是我国《企业会计准则》中明确规定的企业统一采用的记账方法。

2) 借贷记账法

借贷记账法是以"借"和"贷"为记账符号,以"有借必有贷,借贷必相等"为记账规则的一种复式记账方法。它的主要特点如下:

(1) 以"借"和"贷"作为记账符号

借贷记账法是以"借"和"贷"作为记账符号,将账户的基本结构分为左、右两方,左方用"借"表示,右方用"贷"表示。前面介绍账户的基本结构时已讲了这种方法的账户设置。

"借""贷"符号表示的增减含义如表 2.4 所示。

表 2.4　"借""贷"符号表示的增减含义

账户类型	借方	贷方	余额
资产类	+	−	借方
负债类	−	+	贷方
所有者权益类	−	+	贷方
成本类	+	−	借方
损益类	+　−	+　−	无

(2) 以"有借必有贷,借贷必相等"作为记账规则

在借贷记账法下,对发生的每项经济业务都要以相等的金额和借贷相反的方向,在两个或两个以上相互联系的账户中进行登记,从而形成了"有借必有贷,借贷必相等"的记账规则。

如前所述,任何单位发生的每一项经济业务,都会对会计等式两边或一边的会计要素产生影响,但经济业务无论怎样变化,都不会破坏会计等式的平衡关系。

为了清晰地揭示借贷记账法下的记账规则,现仍以前述东方公司 2006 年 12 月发生的经

济业务为例说明如下。

【例 9】2 日，收到宏达公司无偿捐赠的资金 100 000 元，存入公司银行存款户。

【解析】这项业务的发生，一方面引起资产要素中"银行存款"账户的增加，应记其借方；另一方面引起所有者权益要素中"资本公积"账户的增加，应记其贷方。记录结果如图 2.8 所示。

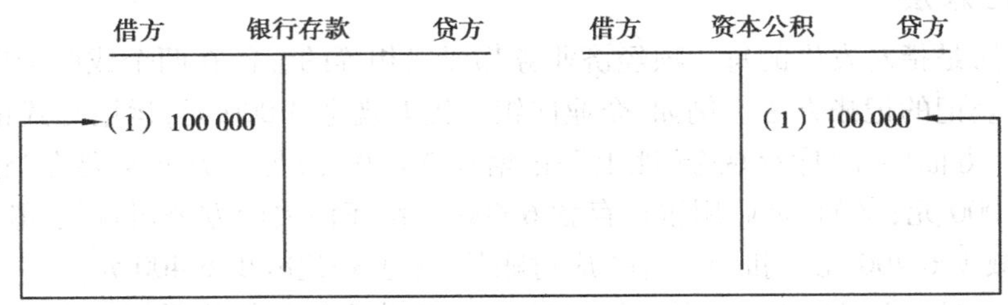

图 2.8 资产与所有者权益要素同时增加

【例 10】5 日，公司用银行存款归还银行短期借款 20 000 元。

【解析】这项业务的发生，一方面引起资产要素中"银行存款"账户的减少，应记其贷方；另一方面引起负债要素中"短期借款"账户的减少，应记其借方。记录结果如图 2.9 所示。

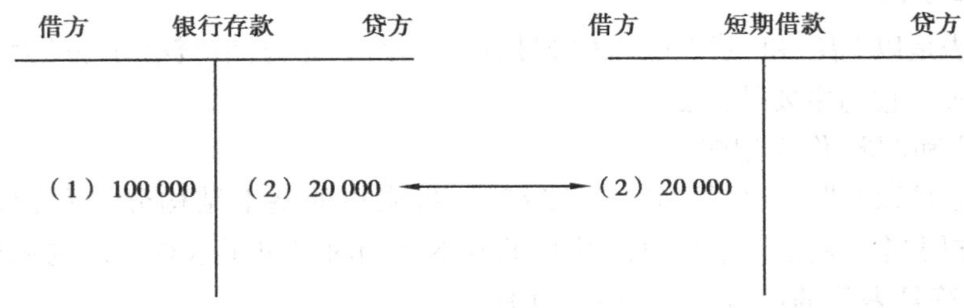

图 2.9 资产与负债要素同时减少

【例 11】10 日，公司收到南方公司预付购货款 100 000 元，存入公司银行存款户。

【解析】这项业务的发生，一方面引起资产要素中"银行存款"账户的增加，应记其借方；另一方面引起负债要素中"预收账款" 账户的增加，应记其贷方。记录结果如图 2.10 所示。

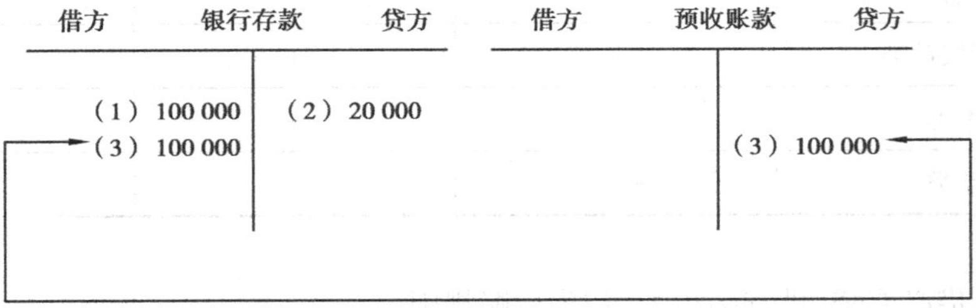

借方　银行存款　贷方　　借方　预收账款　贷方

（1）100 000　（2）20 000
（3）100 000　　　　（3）100 000

图 2.10 资产与负债要素同时增加

【例 12】15 日，公司用银行存款 60 000 元购买原材料，材料已验收入库。

【解析】这项业务的发生，一方面引起资产要素中"原材料"账户的增加，应记其借方；另一方面引起资产要素中"银行存款"账户的减少，应记其贷方。记录结果如图 2.11 所示。

【例 13】20 日，经与北辰公司协商，同意将所欠北辰公司应付账款 10 000 元转作对本公

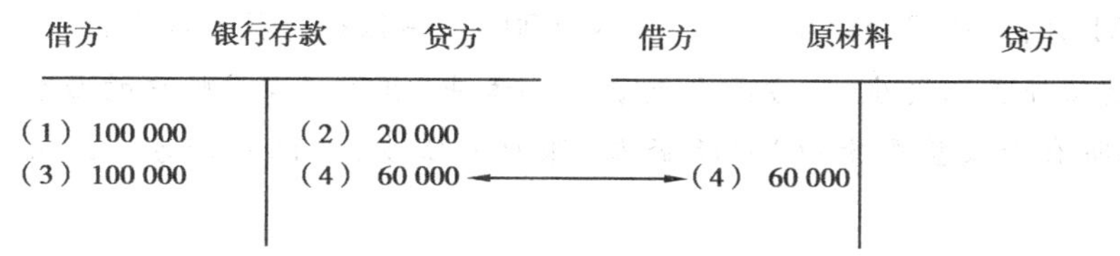

图 2.11　资产要素一增一减

司的投资。

【解析】这项业务的发生，一方面引起负债要素中“应付账款”账户的减少，应记其借方；另一方面引起所有者权益要素中“实收资本”账户的增加，应记其贷方。记录结果如图 2.12 所示。

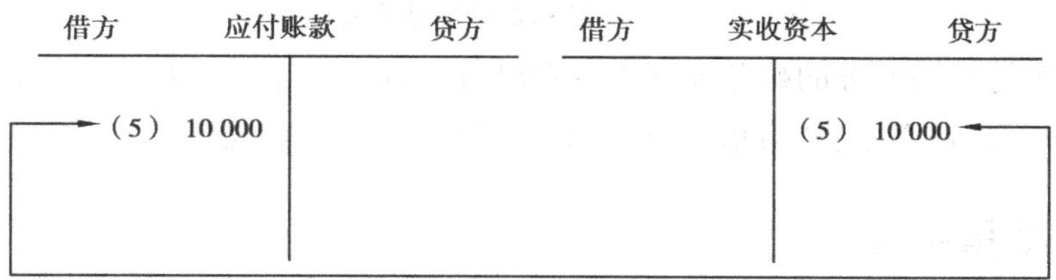

图 2.12　负债与所有者权益要素一减一增

【例 14】30 日，公司用资本公积 100 000 元转增资本。

【解析】这项业务的发生，一方面引起所有者权益要素中“资本公积”账户的减少，应记其借方；另一方面引起所有者权益要素中“实收资本”账户的增加，应记其贷方。记录结果如图 2.13 所示。

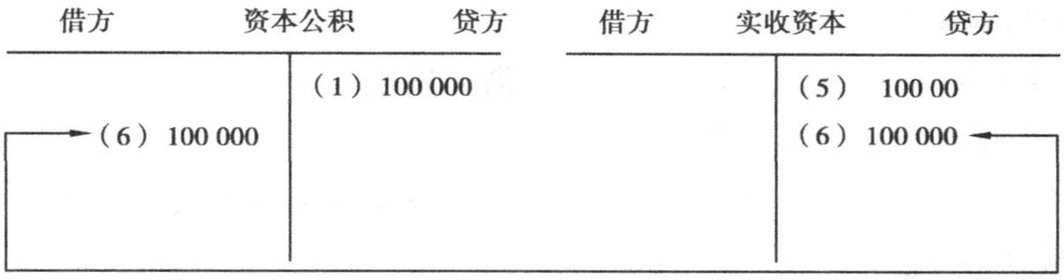

借方　资本公积　贷方

（1） 100 000

（6） 100 000

借方　实收资本　贷方

（5） 100 00

（6） 100 000

图 2.13　所有者权益要素一增一减

【例 15】31 日，根据公司董事会决议，用盈余公积分配利润 60 000 元。

【解析】这项业务的发生，一方面引起所有者权益要素中“盈余公积”账户的减少，应记其借方；另一方面引起负债要素中“应付利润”账户的增加，应记其贷方。记录结果如图 2.14 所示。

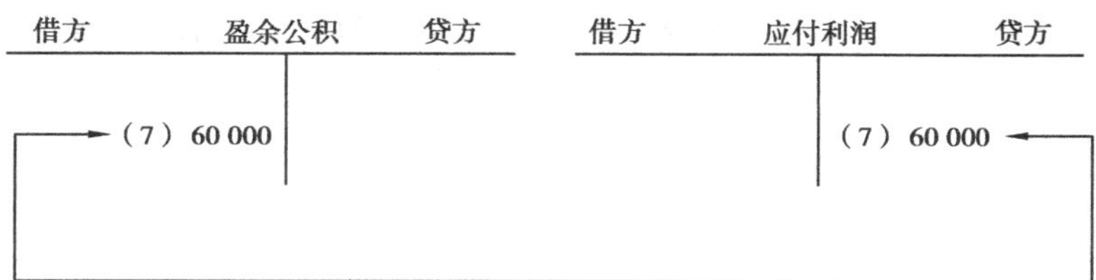

图 2.14　负债与所有者权益要素一增一减

【例 16】31 日，本公司按法定程序减资 80 000 元，用银行存款予以支付。

【解析】这项业务的发生，一方面引起资产要素中“银行存款”账户的减少，应记其贷方；另一方面引起所有者权益要素中“实收资本”账户的减少，应记其借方。记录结果如图 2.15 所示。

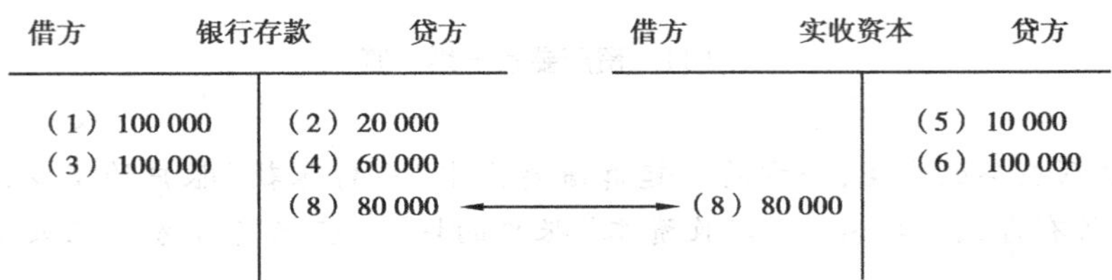

图 2.15　资产与所有者权益要素同时减少

通过上述 8 笔经济业务的账务处理可以看出，在借贷记账法下，无论发生哪种类型的经济业务，计入账户时总是遵循着“有借必有贷，有贷必相等”的记账规则。

2.3.4　试算平衡

试算平衡是指根据会计等式记账规则来检查和验证账户记录是否正确的过程。当企业把一定时期内所发生的经济业务全部登记入账后，按理就可以根据各个分类账户记录的有关资料，编制会计报表。然而，各分类账户在登记过程中难免会发生错误。如何来检查和验证账户记录结果的正确性呢？通常采用试算平衡的方法来进行。

借贷记账法下试算平衡的方法包括发生额试算平衡和余额试算平衡两种。

(1)发生额试算平衡法

发生额试算平衡法是指根据本期所有账户借方发生额合计与贷方发生额合计的恒等关系，来检验本期发生额记录是否正确的方法。其公式为：

全部账户本期借方发生额合计 = 全部账户本期贷方发生额合计

(2)余额试算平衡法

余额试算平衡法是根据本期所有账户借方余额合计与贷方余额合计的恒等关系，来检验本期账户记录是否正确的方法。根据余额时间不同又分为期初余额平衡与期末余额平衡两类。前者是指期初所有账户借方余额合计与贷方余额合计相等；后者是指期末所有账户借方余额合计与贷方余额合计相等。其公式为：

全部账户的借方期初余额合计 = 全部账户的贷方期初余额合计

全部账户的借方期末余额合计 = 全部账户的贷方期末余额合计

表 2.5　总分类账户本期发生额及余额试算平衡表

2006 年 12 月　　单位:元

账户名称	期初余额		本期发生额		期末余额	
	借方	贷方	借方	贷方	借方	贷方
库存现金	2 200				2 200	
银行存款	55 000		200 000	160 000	95 000	
应收账款	18 000				18 000	
原材料	200 000		60 000		260 000	
库存商品	40 000				40 000	
短期投资	82 000				82 000	
固定资产	800 000				800 000	
短期借款		30 000	20 000			10 000
应付账款		20 000	10 000			10 000
预收账款		58 200		100 000		158 200
应付利润		100 000		60 000		160 000
长期借款		389 000				389 000
实收资本		420 000	80 000	110 000		450 000
资本公积		100 000	100 000	100 000		100 000
盈余公积		80 000	60 000			20 000
合计	1 197 200	1 197 200	530 000	530 000	1 297 200	1 297 200

思考与练习

一、选择题(下列答案中有一项或多项是正确的,将正确答案前的序号填入括号内)

1.会计以(　　)为主要计量单位。

A.实物　　B.货币　　C.劳动量　　D.价格

2.会计的基本职能一般包括(　　)。

A.会计计划与会计决策　　B.会计预测与会计控制

C.会计控制与会计决策　　D.会计核算与会计监督

3.根据我国《企业会计准则》的规定,会计要素包括(　　)。

A.资产和费用　　B.负债和收入

C.利得和损失　　D.利润和所有者权益

4.长期待摊费用属于会计要素中的(　　)。

A.资产　　B.负债　　C.所有者权益　　D.费用

5.下列属于期间费用的是(　　)。

A.管理费用　　B.财务费用　　C.销售费用　　D.制造费用

6.会计科目是指对(　　)的具体内容进行分类核算的项目。

A.经济业务　B.会计要素　C.会计账户　D.会计信息

7.会计科目是(　　)的名称。

A.账户　B.会计凭证　C.会计报表　D.会计要素

8.一个账户的增加额与该账户的期末余额一般都应在该账户的(　　)。

A.借方　B.贷方　C.相同方向　D.相反方向

9.下列账户中,期末一般无余额的是(　　)账户。

A.管理费用　B.生产成本　C.利润分配　D.应付账款

10.下列账户中,属于所有者权益类账户的是(　　)。

A.本年利润　B.主营业务收入

C.应付账款　D.短期投资

11.下列会计科目中,(　　)属于负债类科目。

A.预收账款　B.预付账款

C.财务费用　D.资本公积

12."应交税费"科目,属于(　　)类会计科目。

A.所有者权益　B.资产　C.负债　D.损益

13.账户的基本结构是指(　　)。

A.账户的具体格式　B.账户登记的方向

C.账户登记的日期　D.账户中登记增减金额等的栏次

14.年末所有损益类账户的余额均为零,表明(　　)。

A.当年利润一定是零

B.当年利润一定是正数

C.当年利润一定是负数

D.损益类账户在结账时均已转入"本年利润"账户

15.下列会计等式表述正确的是(　　)。

A.资产=权益

B.资产=负债+所有者权益

C.收入-费用=利润

D.资产=负债+所有者权益+(收入-费用)

16.下列经济业务中,引起资产和负债同时减少的业务有(　　)。

A.用银行存款偿还短期借款

B.用现金支付办公用品费

C.收到投资者投入的资本

D.收到客户前欠货款

二、判断题(正确的在括号内打"√",错误的打"×")

(　　)1.反映企业财务状况的会计要素是收入、费用和利润。

(　　)2.关于企业负债的清偿,在大多数情况下,往往需要用资产或提供劳务方式偿还。

(　　)3.所有者权益是一项永久性投资,一般不需要由企业归还给投资者。

(　　)4.企业在生产经营过程中所发生的一切支出,均属于费用要素。

(　　)5.资产等于权益是反映企业资金运动的静态平衡关系,如考虑收入、费用等动态要素,则资产不一定等于权益。

(　　)6.即使试算平衡了,也不能表明所有的记账工作都没有差错。

三、实务题

练习 1

【目的】练习对会计要素进行分类,并掌握它们之间的关系。

【资料】江淮公司 2012 年 1 月末各项目数额如下:

(1)存放在财会部门的库存现金 800 元。

(2)投资者投入的资本 700 000 元。

(3)向银行借入的短期借款 24 000 元。

(4)应付赊购商品款 140 000 元。

(5)应收客户货款 60 000 元。

(6)存放在银行里的存款 100 000 元。

(7)库存商品物资 80 000 元。

(8)机器设备价值 300 000 元。

(9)房屋及建筑物价值 400 000 元。

(10)上年度末尚未分配的利润 50 000 元。

(11)正在加工中的产品 20 200 元。

(12)应交税费 47 000 元。

【要求】根据上述资料对会计要素进行分类,并计算出各要素总额。

练习 2

【目的】练习会计要素之间的相互关系。

【资料】假设江淮公司 2012 年 6 月 30 日资产、负债和所有者权益的状况如表 2.6 所示。

表 2.6　资产和权益平衡表

2012 年 6 月 30 日　　单位:元

资产	金额	负债及所有者权益	金额
库存现金	300	短期借款	20 000
银行存款	100 000	应付账款	40 000
应收账款	60 000	应交税费	12 300
原材料	A	预收账款	8 000
库存商品	10 000	长期借款	B
固定资产	800 000	实收资本	500 000
无形资产	20 000	盈余公积	10 000
合计	1 040 300	合计	C

【要求】(1)计算表中应填的数据 A、B、C。

(2)计算该公司流动资产总额、负债总额和所有者权益总额。

练习 3

【目的】分析经济业务对会计等式的影响。

【资料】假设江淮公司 7 月份发生如下经济业务：

(1)2 日，向南方公司购入原材料一批，价款 20 000 元，材料验收入库，货款未付。（不考虑增值税）。

(2)5 日，收到享达公司投入资本 10 000 元，存入公司银行存款账户。

(3)7 日，用银行存款 30 000 元购买一台机床，并已交付使用。

(4)10 日，从银行提取现金 40 000 元，以备发放工资。

(5)15 日，向银行借入短期借款 50 000 元，存入银行。

(6)19 日，收回北辰公司前欠货款 15 000 元，存入银行。

(7)25 日，用银行存款归还长期借款 20 000 元。

(8)30 日，公司用盈余公积 4 000 元转增资本。

【要求】将资产、负债和所有者权益各项目的 7 月初金额和月份内增减变化的金额填入表 2.7，同时计算出月末余额和合计数，并判断经济业务的发生是否会破坏会计等式的平衡关系。

表 2.7　资产和权益平衡表

2012 年 7 月 31 日　　单位：元

资产	期初数	本　月 增加数	本　月 减少数	月末 余额	负债及所 有者权益	期初数	本　月 增加数	本　月 减少数	月末 余额
库存现金					短期借款				
银行存款					应付账款				
应收账款					应交税费				
原材料					预收账款				
库存商品					长期借款				
固定资产					实收资本				
无形资产					盈余公积				
合　计					合　计				

练习 4

【目的】掌握借贷记账法的应用

【资料】江淮公司 2012 年 12 月份发生如下经济业务：

(1)2 日，收到享达公司投入资本 100 000 元，存入公司银行存款账户。

(2)6 日，公司购入甲材料 60 000 元，材料验收入库，货款未付。（不考虑增值税）

(3)12 日，公司用银行存款归还到期的短期借款 10 000 元。

(4)17 日，公司采购员李兵出差，预借差旅费 2 000 元，用库存现金支付。

(5)20 日，收回北方公司前欠货款 8 000 元，存入银行。

(6)21 日,生产车间领用甲材料 50 000 元,投入 A 产品生产。

(7)26 日,公司用银行存款支付前欠南方公司货款 60 000 元。

(8)31 日,经公司董事会决议,用资本公积转增资本 20 000 元。

【要求】(1)登记“银行存款”“原材料”账户(假定“银行存款”“原材料”账户期初余额分别为 50 000 元和 20 000 元),并计算 12 月份发生额和期末余额。

(2)编制 12 月份总分类账户本期发生额试算平衡表。

学习情境三　资产管理

【知识目标】

(1)了解现金、应收账款、存货日常管理；

(2)了解固定资产管理的相关知识；

(3)了解无形资产的计价、摊销和减值准备；

(4)掌握最佳现金持有量的确定，存货的经济批量的确定；

(5)掌握固定资产需求量的预测。

【能力目标】

(1)具有较好的自主学习能力、自我发展能力、知识应用能力；

(2)具有较强的计划组织协调能力、团队协作能力；

(3)能准确地确定流动资产、固定资产的需求量；

(4)能较好完成各项资产管理工作，以提高企业经济效益，增强企业竞争力。

【问题引入】

认真阅读以下资料，分析：

(1)顶点公司存货管理出现了什么问题？

(2)如何对存货进行有效管理？

(3)一个企业除了需要对存货进行管理外，还需对什么进行管理？

"顶点"难副其名，存货欠思量

顶点公司是一家机械配件公司，有时也兼营组装业务。公司承揽了某工程的一部分业务，同时，收购了当地一家颇有影响的家庭用品厂，以期待能够有更大的发展。但是，公司发展并不像预期的那样让人感到欣慰。公司老总为此大伤脑筋，他委派了两位经理，一位管零件，另一位管客户服务。这两位经理走马上任后，采取了不同方式开始了自己的工作。客户服务经理信奉"顾客就是上帝"，认为任何事凡是不能满足顾客要求的，都是他个人的失职。因此，他做事均从顾客的角度出发，他增加每一种存货，希望在任何时候、任何情况下，都能使顾客想要什么货，就有什么货，想要多少货，就有多少货，真正做到使顾客"满意而来，满载而归"。这样一来，客户服务经理确实减少甚至杜绝了不能满足顾客需求的可能性，可是他也增加了价值600万元的存货，占用了大量的资金，给公司的资金周转带来很大的障碍。另一位管零件的经理则恰恰相反，他深知保存存货是需要成本的，于是就下定决心降低存货，由600万元减到400万元。如此一来，他不仅得罪了客户服务经理，而且不经意间赶走了很多顾客，就连一些老客户也开始抱怨起来。

公司同时还存在另外一种情况。家庭用品部的负责人自从接管这块新业务以后，在短短的一年里，开拓了很多销售渠道，诸如百货公司、廉价连锁商店和特约零售商等，业绩逐渐有所提升，但令其百思不得其解的是利润率与销售情况极不相符，利润和预期的相差太远，非常不理想。

在该负责人的建议下，公司老总委派专业稽核人员去彻底调查利润率低下的原因。经过一次盘点存货后发现，许多购买的原材料都没有对应的产品装运出去，而且最后的存货价值居然存在50万元的差额。于是老总下令，在两个星期内针对这个问题进行一次私密检查。结果发现：一位服务10余年的工厂监督员经常用卡车偷运已完工的产品出厂廉价销售。他雇用的卡车一般在工厂下班关门后装运货物出厂，并折价五六折出售。虽然最后这位监守自盗者在监狱里待了好几年。不过公司也因此损失了上百万的财物。

任务3.1 现金管理

现金有广义和狭义之分。广义的现金是指在生产经营过程中以货币形态存在的资金，包括库存现金、银行存款和其他货币资金等。狭义的现金仅指库存现金。这里所讲的现金是广义的现金。

保持合理的现金水平是企业现金管理的重要内容。现金是变现能力最强的资产，可以用来满足生产经营开支的各种需要，也是还本付息和履行纳税义务的保证。拥有足够的现金对于降低企业的风险、增强企业资产的流动性和债务的可清偿性有着重要的意义。除了应付日常的业务活动之外，企业还需要拥有足够的现金偿还贷款、把握商机以及防止不时之需。但库存现金是唯一不创造价值的资产，其持有量不是越多越好。即使是银行存款，其利率也非常低。因此，现金存量过多，它所提供的流动性边际效益便会随之下降，从而使企业的收益水平下降。

因此，企业必须建立一套管理现金的方法，持有合理的现金数额，使其在时间上继起，在空间上并存。企业必须编制现金预算，以衡量企业在某段时间内的现金流入与流出量，以便在保证企业经营活动所需现金的同时，尽量减少企业的现金数量，提高资金收益率。

3.1.1 现金管理的目标

1）持有现金的动机

持有现金是出于3种需求——交易性需求、预防性需求和投机性需求。

(1)交易性需求

交易性需求是指满足日常业务的现金支付需要,例如用于购买固定资产和原材料、支付工资、缴纳税金等。企业必须保持一定的现金余额以应付频繁的支出需要。满足交易性动机的现金数额受很多因素的制约,一般而言,企业的业务量越大,所要保持的现金余额也越大。

(2)预防性需求

预防性需求是指企业需要维持充足的现金,以应付突发事件,例如自然灾害、生产事故、客户款项不能如期支付以及国家政策的某些突然变化等,这些都会打破企业原先预计的现金收支平衡。

(3)投机性需求

投机性需求是指置存现金用于不寻常的购买机会。例如,在市场上股票价格下跌时购入股票,在股票价格上扬时抛出,获取资本利得;当企业预计原材料价格将有大幅度的上升时,可利用手中多余的现金以目前较低的价格购入原材料,以便将来价格上升时少受影响。

2)现金管理的目标

企业现金管理中最重要的目标之一就是保证企业良好的支付能力。如果企业不能支付到期的款项,将大大损害企业的商业信誉,造成企业的信用损失,甚至导致企业陷入财务危机。显然,保持一定的现金余额将有助于防止上述现象的发生。但另一方面,现金不能为企业带来投资收益,过多地持有现金会降低企业的资金使用率,从而降低企业的价值。因此,现金管理的目的是在满足企业正常生产经营活动现金需求的基础上,尽量节约资金使用,降低资金成本,提高资金使用效率,在流动性与收益性之间做出最佳选择。

3.1.2 现金收支管理

现金收支管理的目的在于提高现金使用效率,为达到这一目的,应当注意做好以下几方面工作:

(1)尽量使现金流量同步

企业要尽量使其现金流入和现金流出发生的时间趋于一致,这样可以使其持有的交易性现金余额降低到最低水平。

(2)充分利用现金浮游量

从企业开出支票,到收票人收到支票并存入银行,至银行将款项划出企业账户,中间需要一段时间。现金在这段时间的占用称为现金浮游量。在这段时间里,企业已开出了支票,但仍可动用在活期存款账户上的这笔资金。不过,在使用浮游量时要控制好时间,以免发生银行存款的透支。

(3)加速收款

加速收款主要是指缩短应收账款的时间。企业要在如何利用应收账款吸引客户又缩短收款时间之间找到平衡点,实施妥善的收账策略。货款的收回往往要经历4个时间段:首先是客户开出付款票据到票据抵达收款企业,其次是企业收到票据到将票据送达开户银行,再次是开户银行受理票据到办妥货款的转账手续,最后是银行将收到款项的证明通知到收款企业。

(4)推迟应付款的支付

企业应在不影响自己信誉的前提下尽可能地推迟应付款的支付期,充分利用供应商提供的信用优惠,在折扣期末或付款期末付款。

3.1.3 最佳现金持有量

现金的管理除了做好日常收支、加速现金流转速度外,还需控制好现金持有规模,即确定适当的现金持有量。常用的确定现金持有量的方法有成本分析模式、存货模式和随机模式 3 种,下面重点介绍成本分析模式。

成本分析模式是通过分析持有现金的成本,来寻找持有成本最低的现金持有量。企业持有的现金,将会有 3 种成本:

1)机会成本

现金的机会成本,是指企业因持有一定现金余额丧失的再投资收益,在实际工作中可以用企业的资金成本替代。机会成本的确定可以通过公式表示:

机会成本 = 现金持有量 × 机会成本率(有价证券利率或市场收益率)

例如,某施工企业的资金成本率为 10%,每年平均持有现金 200 万元,则该企业每年持有现金的机会成本为 20 万元(200×10%),持有现金越多,持有成本越高。企业为了满足交易动机、预防动机和投机动机的需要而持有一定量的现金,付出相应的机会成本是必要的,但一定要权衡得失,不能让机会成本代价太大而影响最佳收益的取得。

2)管理成本

现金的管理成本,是指企业因持有一定数量的现金而发生的管理费用,例如管理者工资、安全措施费用等。管理成本是一种固定成本,与现金持有量之间无明显的比例关系。

3)短缺成本

现金的短缺成本,是指因缺乏必要的现金,不能应付业务开支所需,而使企业蒙受损失或为此付出的代价。现金的短缺成本随现金持有量的增加而下降,随现金持有量的减少而上升,与现金持有量负相关。

成本分析模式是根据现金相关成本,来分析预测其总成本最低时现金持有量的一种方法。其计算公式为:

最佳现金持有量 = min(管理成本 + 机会成本 + 短缺成本)

其中,管理成本属于固定成本,机会成本是正相关成本,短缺成本是负相关成本。因此,成本分析模式是要找到机会成本、管理成本和短缺成本所组成的总成本曲线中最低点所对应的现金持有量,把它作为最佳现金持有量,如图 3.1 所示。

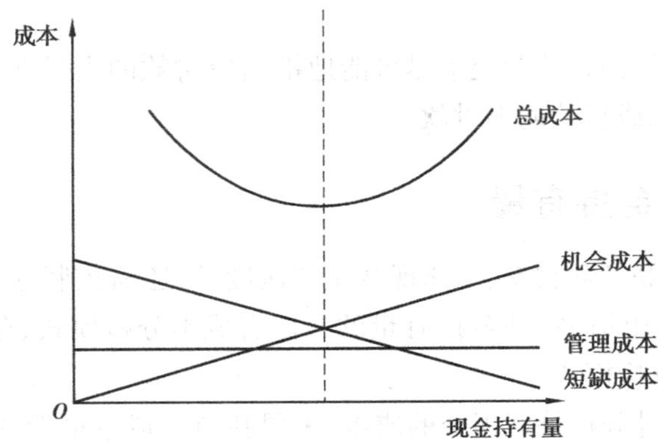

图 3.1　最佳现金持有量成本分析模式

【例 1】某施工企业有 A、B、C 三种现金持有方案，各方案的成本情况如下：

	A	B	C
现金持有量/元	28 000	50 000	70 000
管理成本/元	4 000	4 000	4 000
短缺成本/元	2 000	1 000	0
机会成本/元	2 500	3 200	6 000
总成本/元	8 500	8 200	10 000

【解析】将以上各方案的总成本进行比较，即可确定 B 方案的总成本最低，即当企业持有 50 000 元现金时，其总成本最低，故选择 B 方案。

任务 3.2　应收账款管理

3.2.1　应收账款的功能

企业可通过提供商业信誉，采取赊销、分期付款等方式可以扩大销售，增强竞争力，获得利润。应收账款作为企业为扩大销售和盈利的一项投资，也会发生一定的成本。所以企业需要在应收账款所增加的盈利和所增加的成本之间做出权衡。应收账款管理就是分析赊销的条件，使赊销带来的盈利增加大于应收账款投资产生的成本增加，最终使企业实现现金收入增加，企业价值上升。

应收账款的功能指其在生产经营中的作用，主要包含以下两个方面：

(1) 增加销售功能

在激烈的市场竞争中，通过提供赊销可有效地促进销售。因为企业提供赊销不仅向顾客提供了商品，也在一定时间内向顾客提供了购买该商品的资金，顾客将从赊销中得到好处，所以赊销会带来企业销售收入和利润的增加。

(2)减少存货功能

企业持有一定产成品时,会相应地占用资金,形成仓储费用、管理费用等,产生成本,而赊销则可避免这些成本的产生。所以当企业的产成品存货较多时,一般会采用优惠的信用条件进行赊销,将存货转化为应收账款,节约支出。

3.2.2 应收账款的成本

应收账款作为企业为增加销售和盈利进行的投资,必然会发生一定的成本。应收账款的成本主要有:

1)应收账款的机会成本

应收账款会占用企业一定量的资金,而企业若不把这部分资金投放于应收账款,便可以用于其他投资并可能获得利益,例如投资债券获得利息收入。这种因投放于应收账款而放弃其他投资所带来的收益,即为应收账款的机会成本。

$$\text{应收账款的机会成本}=\text{应收账款占用资金}\times\text{资本成本率}$$

式中资本成本率一般可按有价证券利息率计算,应收账款占用的资金可按以下步骤计算:

(1)计算应收账款平均余额

$$\text{应收账款平均余额}=\frac{\text{年赊销额}}{360}\times\text{平均收账天数}=\text{平均每日赊销额}\times\text{平均收账天数}$$

(2)计算应收账款占用的资金

$$\begin{aligned}\text{应收账款占用的资金}&=\text{应收账款平均余额}\times\frac{\text{变动成本}}{\text{销售收入}}\\&=\text{应收账款平均余额}\times\text{变动成本率}\end{aligned}$$

【例2】某公司全年赊销收入净额为1 200万元,应收账款收账期为90天,变动成本额为720万元,资本成本率为8%,计算应收账款的机会成本。

$$\text{应收账款机会成本}=1\ 200/360\times 90\times 720/1\ 200\times 8\%=14.4\text{ 万元}$$

2)应收账款的管理成本

应收账款的管理成本主要是指在进行应收账款管理时所增加的费用,主要包括调查顾客信用状况的费用、收集各种信息的费用、账簿的记录费用、收款费用等。

3)应收账款的坏账成本

在赊销交易中,债务人由于种种原因无力偿还债务,债权人就有可能无法收回应收账款而发生损失,这种损失就是坏账成本。可以说,企业发生坏账成本是不可避免的,而此项成本一般与应收账款发生的数量成正比。

$$\text{应收账款的信用成本}=\text{机会成本}+\text{管理成本}+\text{坏账成本}$$

3.2.3 信用政策的确定

应收账款赊销的效果好坏,依赖于企业的信用政策。信用政策包括:信用期间、信用标准、现金折扣政策和收账政策。

1)信用期间

(1)概念

信用期间是企业允许顾客从购货到付款之间的时间,或者说是企业给予顾客的付款期间。信用期的确定,主要是分析改变现行信用期对收入和成本的影响。延长信用期,会使销售额增加,产生有利影响;与此同时,会使应收账款、收账费用和坏账损失增加,产生不利影响。信用期过短,限制了销售额,但是企业占用在应收账款上的资金减少,降低了应收账款的机会成本、收账费用以及坏账成本。信用期间决策的标准是:判断调整信用期限所增加的收益是否超过相应增加的信用成本,扣除信用成本后收益最高的方案为最佳方案。

(2)信用期的决策方法

信用期的决策方法主要有总额分析法和差额分析法,见表3.1。

表3.1　总额分析法与差额分析法

总额分析法		差额分析法(A-B)
A方案	B方案	
年赊销额 -变动成本	年赊销额 -变动成本	Δ年赊销额 -Δ变动成本
应收账款成本前收益	应收账款成本前收益	Δ应收账款成本前收益
-应收账款成本: (1)机会成本 (2)收账费用 (3)坏账损失	-应收账款成本: (1)机会成本 (2)收账费用 (3)坏账损失	-应收账款成本差额: (1)Δ机会成本 (2)Δ收账费用 (3)Δ坏账损失
应收账款成本后收益	应收账款成本后收益	Δ应收账款成本后收益
A应收账款成本后的收益>B应收账款成本后收益,A方案好;反之,B方案好。		Δ应收账款成本后收益>0,A方案好;反之,B方案好。

【例3】某企业2012年赊销额为3 600万元,变动成本率60%,资本成本率10%,假设固定成本总额不变,备选方案如下:甲方案:维持$n/30$的信用条件,赊销额3 600万元,坏账损失率2%,收账费用36万元;乙方案:将信用条件放宽到$n/60$,赊销额3 960万元,坏账损失率3%,收账费用60万元。

【解析】这两个方案的分析计算如下表所示,其中乙方案获利最大,因此应选择乙方案。

单位:万元

	甲方案($n/30$)	乙方案($n/60$)
年赊销额	3 600	3 960
变动成本	2 160	2 376
信用成本前收益	1 440	1 584
机会成本	3 600/360×30×60%×10%=18	3 960/360×60×60%×10%=39.6
坏账损失	3 600×2%=72	3 960×3%=118.8
收账费用	36	60
小计	126	218.4
信用成本后收益	1 314	1 365.6

2）信用标准

信用标准是指顾客获得企业的交易信用所具备的条件。如果顾客达不到信用标准，便不能享受企业的信用或只能享受较低的信用优惠。企业在设定某一顾客的信用标准时，往往要先评价他赖账的可能性，这可以通过"5C"系统来进行。所谓"5C"系统，是评价顾客信用品质的5个方面，包含：

①品质（Character）：客户的信誉，过去付款的记录和债务偿还的情况。客户是否表现为尽力偿债。

②能力（Capacity）：对客户支付能力的判断，主要考察客户流动资产的数量及性质，流动负债的组成。

③资本（Capital）：客户的财务实力、总资产和股东权益的大小。

④条件（Condition）：当前客户付款的经济环境，客户过去在经济萧条时能否付清贷款。

⑤抵押（Collateral）：客户为得到信用而提供的可作为抵押品的资产。有抵押品，则企业提供信用的风险可减少。

3）现金折扣政策

为了更好地招揽客户，扩大销售，加快账款收回，减少应收账款的机会成本与坏账损失，施工企业在制订了信用期限后，通常会对客户提前付款给予一定的现金优惠。如"2/10，*n*/30"，表示如果客户在10天内还款，可享受2%的现金折扣，如果超过10天内付款，则不再享受任何折扣。

企业采用什么程度的现金折扣，要与信用期间结合起来考虑。无论是信用期间还是现金折扣，都可能给企业带来收益，但也会增加成本。当企业给予顾客某种现金折扣时，应当考虑折扣所能带来的收益与成本孰高孰低，权衡利弊，抉择决断。

4）收账政策

收账政策是指向客户收取逾期未付款的收账策略与措施。收账政策过宽，优点是扩大销售，增强企业竞争力；缺点则是增加收账费用，以及增加了资金的占用。收账政策过严，优点是减少坏账损失，减少资金的占用；缺点则是减少了销售收入和利润。

坏账损失与收账费用的关系如图3.2所示。

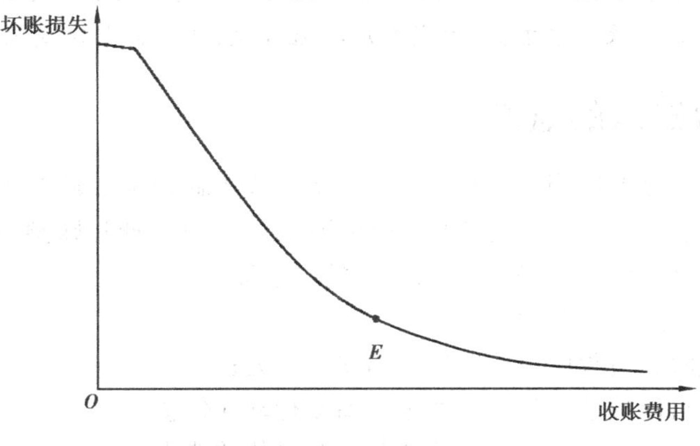

图3.2 坏账损失与收账费用的关系

【例 4】某公司现行收账政策和拟改变的收账政策见表 3.2,考虑资本成本率为 20%,其收账政策分析评价见表 3.3。

表 3.2　收账政策备选方案　　单位:元

项　目	现行收账政策	拟改变的收账政策
年赊销额	4 800 000	4 800 000
应收账款周转天数	30	15
年收账费用	40 000	60 000
坏账损失率	2%	1%

表 3.3　收账政策分析评价　　单位:元

项　目	现行收账政策	拟改变的收账政策
①赊销额	4 800 000	4 800 000
②应收账款周转率(次数)(360/周转天数)	360/30=12	360/15=24
③应收账款平均占用额(①÷②)	400 000	200 000
④坏账损失率	2%	1%
⑤收账成本 应收账款的机会成本=(③×资本成本率)	400 000×20%=80 000	200 000×20%=40 000
⑥坏账损失(①×④)	4 800 000×2%=96 000	4 800 000×1%=48 000
⑦年收账费用	40 000	60 000
合　计	216 000	148 000

通过分析比较,现行收账政策信用成本为 216 000,拟改变的收账政策信用成本为148 000,由于赊销额相同,信用成本低的方案,信用成本后收益较大,所以需要改变收账政策。

3.2.4　应收账款的监控

实施信用政策时,企业应当监督和控制每一笔应收账款和应收账款总额。例如,可以运用应收账款周转天数衡量企业需要多长时间收回应收账款,可以通过账龄分析表追踪每一笔应收账款,可以采用 ABC 分析法来确定重点监控的对象等。

监督每一笔应收账款的理由是:

第一,在开票或收款过程中可能会发生错误或延迟;

第二,有些客户可能故意拖欠到企业采取追款行动才付款;

第三,客户财务状况的变化可能会改变其按时付款的能力,并且需要缩减该客户未来的赊销额度。

企业也必须对应收账款的总体水平加以监督，因为应收账款的增加会影响企业资金的流动性，还可能导致额外融资的需要。

1）应收账款周转天数

应收账款周转天数或平均收款期是衡量应收账款管理状况的一种方法。计算方法为：将期末在外的应收账款除以该期间的平均日赊销额。应收账款周转天数提供了一个简单的指标，将企业当前的应收账款周转天数与规定的信用期限、历史趋势以及行业正常水平进行比较可以反映企业整体的收款效率。

【例 5】 2012 年 3 月底的应收账款为 285 000 元，信用条件为在 60 天按全额付清货款，过去 3 个月的赊销情况为：

1 月份：90 000 元；

2 月份：105 000 元；

3 月份：115 000 元。

应收账款周转天数的计算：

平均日销售额 =（90 000+105 000+115 000）÷90 = 3 444.44（元）

应收账款周转天数 = 期末应收账款/平均日销售额 = 285 000÷3 444.44 = 82.74（天）

平均逾期天数的计算：

平均逾期天数 = 应收账款周转天数−平均信用期天数

= 82.74−60 = 22.74（天）

2）账龄分析表

账龄分析表将应收账款划分为未到信用期的应收账款和以 30 天为间隔的逾期应收账款，这是衡量应收账款管理账款的另一种方法。企业既可以按照应收账款总额进行账龄分析，也可以分顾客进行账龄分析。账龄分析法可以确定逾期应收账款，随着逾期时间的增加，应收账款收回的可能性变小。假定信用期限为 30 天，表 3.4 中反映出 30%的应收账款为逾期账款。

表 3.4　账龄分析表

账龄/天	应收账款金额/元	占应收账款总额的百分比/%
0～30	1 750 000	70
31～60	375 000	15
61～90	250 000	10
91 以上	125 000	5
合　计	2 500 000	100

账龄分析表比计算应收账款周转天数更能揭示应收账款变化趋势，因为账龄分析表给出了应收账款分布的模式，而不仅仅是一个平均数。应收账款周转天数有可能与信誉期限相一致，但是有一些账户可能拖欠很严重，因此应收账款周转天数不能明确地表现出账款拖欠情况。当每个月之间销售额变化很大时，账龄分析表和应收账款周转天数都可能发出类似的错误信号。

3.2.5 应收账款的日常管理

1)客户的信用调查

对顾客的信用进行评价是应收账款日常管理的重要内容。只有正确地评价顾客的信用状况,才能合理地执行企业的信用政策。要想合理地评价顾客的信用,必须对顾客信用进行调查,收集有关的信息资料。信息调查有直接调查和间接调查两种方法。

(1)直接调查

直接调查是指调查人员通过与被调查单位进行直接接触,通过当面采访、询问、观看等方式获取信用资料的一种方法。直接调查可以保证收集资料的准确性和及时性,但也有一定的局限,往往获得的是感性资料,若不能得到被调查单位的合作,则会使调查工作难以开展。

(2)间接调查

间接调查是以被调查单位以及其他单位保存的有关原始记录和核算资料为基础,通过加工整理获得被调查单位信用资料的一种方法。这些资料主要来自以下几个方面:

第一,财务报表。通过财务报表分析,可以基本掌握一个企业的财务状况和信用状况。

第二,信用评估机构。专门的信用评估部门,因为其评估方法先进,评估调查细致,评估程序合理,所以可信度较高。

第三,银行。银行是信用资料的一个重要来源,许多银行都设有信用部,为其顾客服务,并负责对其顾客信用状况进行记录、评估。但银行的资料一般仅愿意在内部及同行进行交流,不愿向其他单位提供。

第四,其他途径。如财税部门、工商管理部门、消费者协会等机构,都可能提供相关的信用状况资料。

2)评估客户信用

收集好信用资料以后,就需要对这些资料进行分析、评价。企业一般采用"5C"系统来评价,并对客户信用进行等级划分。在信用等级方面,目前主要有两种:一种是三类九等,即将企业的信用状况分为AAA、AA、A、BBB、BB、B、CCC、CC、C九等,其中AAA为信用最优等级,C为信用最低等级。另一种是三级制,即分为AAA、AA、A三个信用等级。

3)收账管理

收账是企业应收账款管理的一项重要工作。收款管理应包括如下两个方面的内容:

(1)确定合理的收账程序

催收账款的程序一般是:信函通知—电话催收—派员面谈—法律行动。当顾客拖欠账款时,一般先给顾客一封有礼貌的付款通知函;接着,可寄出一封措辞较直率的信件;进一步则可通过电话催收;若再无效,企业的收账员可直接与顾客面谈,协商解决;如果谈判不成,就只好交给企业的律师采取法律行动。

(2)确定合理的收账方法

顾客拖欠的原因可能比较多,但可概括为无力偿还和故意拖欠两类。

①无力偿还是指顾客因经营不善,财务出现困境,没有资金偿付到期债务。对这种情况要进行具体分析,如果顾客确实遇到暂时困难,经过努力可以东山再起,企业应帮助顾客渡过难

关，以便收回较多欠款。如果顾客遇到严重困难，已达到破产界限，不可能起死回生，则应及时向法院起诉，以期在破产清算时得到债权较多的清偿。

②故意拖欠是指顾客虽有能力付款，但为了其利益，想方设法拖延付款。遇到这种情况，则需要确定合理的收账方法，如讲理法、恻隐战术、激将法等，以便收回欠款。

任务 3.3　存货管理

3.3.1　存货的功能

存货是指企业在生产经营过程中为销售或者耗用而储备的物资，包括材料、燃料、低值易耗品、在产品、产成品、半成品、商品等。存货管理水平的高低直接影响企业的生产经营能否顺利进行，并最终影响企业的收益、风险等状况。因此，存货管理是财务管理的一项重要内容。

存货管理的目标，就是要尽力在各种存货成本与存货效益之间做出权衡，在充分发挥存货功能的基础上，降低存货成本，实现两者的最佳结合。存货的功能是指存货在企业生产经营中起到的作用，具体包括以下几个方面：

(1)保证生产正常进行

生产过程中需要的原材料和在产品，是生产的物质保证。为保障生产的正常进行，必须储备一定量的原材料，否则可能会造成生产中断、停工待料的现象。

(2)有利于销售

一定数量的存货储备能够增加企业在生产和销售方面的机动性和适应市场变化的能力。当企业市场需求量增加时，若产品储备不足就有可能失去销售良机，所以保持一定量的存货是有利于市场销售的。

(3)便于维持均衡生产，降低产品成本

有些企业产品属于季节性产品或者需求波动较大的产品，若完全根据需求状况组织生产，则可能使生产能力有时得不到充分利用，有时又超负荷生产，这会造成产品成本的上升。

(4)降低存货取得成本

一般情况下，当企业进行采购时，进货总成本与采购物资的单价和采购次数有密切关系。而许多供应商为鼓励顾客多购买其产品，往往在客户采购量达到一定数量时给予价格折扣，所以企业通过大批量集中进货，既可以享受价格折扣、降低购置成本，也因减少了订货次数，降低了订货成本，从而降低总进货成本。

(5)防止意外事件的发生

企业在采购、运输、生产和销售过程中，都可能发生意料之外的事故，保持必要的存货保险储备可以避免和减少意外事件的损失。

3.3.2　存货的持有成本

与持有存货有关的成本，包括以下 3 种：

1)取得成本

取得成本是指为取得某种存货而支出的成本,通常用 TC_a 来表示。其又分为订货成本和购置成本。

(1)订货成本

订货成本指取得订单的成本,如办公费、差旅费、邮资、电话费、运输费等支出。订货成本中有一部分与订货次数无关,如常设采购机构的基本开支等,称为固定的订货成本,用 F_1 表示;另一部分与订货次数有关,如差旅费、邮资等,称为订货的变动成本。每次订货的变动成本用 K 表示,订货次数等于存货年需要量 D 除以每次进货量 Q。

订货成本的计算公式如下:

$$\text{订货成本} = (D/Q)K + F_1$$

(2)购置成本

购置成本是指为购买存货本身所支出的成本,即存货本身的价值,经常用数量与单价的乘积来确定。年需要量用 D 表示,单价用 U 表示,于是购置成本为 DU。

$$\text{取得成本} = \text{订货成本} + \text{购置成本} = \text{订货固定成本} + \text{订货变动成本} + \text{购置成本}$$

$$TC_a = F_1 + (D/Q)K + DU$$

2)储存成本

储存成本指为保持存货而发生的成本,包括存货占用资金所应计的利息、仓库费用、保险费用、存货破损和变质损失等,通常用 TC_c 来表示。

储存成本也分固定成本和变动成本。固定成本与存货数量的多少无关,如仓库折旧、仓库职工的固定工资等,常用 F_2 表示。变动成本与存货的数量有关,如存货资金的应计利息、存货的破损和变质损失、存货的保险费用等,单位成本用 K_c 表示。用公式表达的储存成本为:

$$\text{储存成本} = \text{储存固定成本} + \text{储存变动成本}$$

$$TC_c = F_2 + K_c(Q/2)$$

3)缺货成本

缺货成本指由于存货供应中断而造成的损失,包括材料供应中断造成的停工损失、产成品库存缺货造成的拖欠发货损失和丧失销售机会的损失及造成的商誉损失等。如果生产企业以紧急采购代用材料解决库存材料中断之急,则缺货成本表现为紧急额外购入成本(紧急外购入的开支会大于正常采购的开支)。缺货成本用 TC_s 表示。

$$\text{存货的总成本} = \text{取得成本} + \text{储存成本} + \text{缺货成本}$$

$$\begin{aligned} TC &= TC_a + TC_c + TC_s \\ &= F_1 + (D/Q)K + DU + F_2 + K_c(Q/2) + TC_s \end{aligned}$$

企业存货的最优化,就是使企业存货总成本(即 TC 值)最小。

3.3.3 最优存货量的确定

通过对存货成本的分析可以看出,在一定时期内,当存货需求总量确定时,增加进货批量(即每次进货的进货数量),就会减少进货次数,相应地降低了进货费用与缺货成本,但是提高了储存成本;减少进货批量,就会增加进货次数,相应地提高了进货费用与缺货成本,但是降低了储存成本。因此,如何安排进货批量和进货次数,使存货的决策相关成本最低,是存货管理中极其重要的问题。经济批量模型通过确定存货的经济进货批量,很好地解决了这一问题。

经济进货批量是指能够使一定时期内存货的决策相关总成本最低的进货数量。经济进货批量的模型主要有基本模型和考虑数量折扣的应用模型两种情况。

1)确定经济进货批量的基本模型

在经济批量基本模型下,存货的决策相关成本包括进货费用和变动性储存成本两项,而进货成本、固定性储存成本和短缺成本不予考虑。经济进货批量就是指使存货的进货费用和储存成本之和最低的进货数量。这一模式的应用要以如下假设为前提:

①一定时期内需要的进货总量可以预测。

②存货的耗用或销售过程比较均匀,且每当企业存货余额不足时,下一批存货可以马上到位,不允许缺货。

③市场上存货的价格稳定。

计算公式如下:

$$\text{存货管理决策相关总成本} = \text{进货费用} + \text{储存成本}$$

$$TC = \frac{D}{Q} \times K + \frac{Q}{2} \times K_c$$

式中　TC——存货管理相关总成本;

D——一定时期需要的存货总量;

K——平均每次进货费用;

K_c——单位存货的储存成本;

Q——经济进货批量。

存货管理决策相关总成本与进货费用、储存成本的关系如图 3.3 所示。

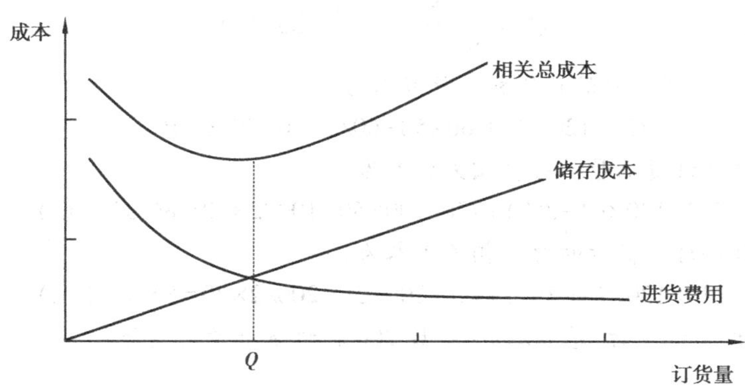

图 3.3　相关总成本与进货费用、储存成本关系图

从图 3.3 可以看出,当存货的储存成本和进货费用相等时,存货管理决策相关总成本最低,此时的存货进货批量为经济进货批量。

运用数学方法可以求得

$$Q = \sqrt{\frac{2DK}{K_c}}$$

经济进货批量下的存货总成本为最低存货管理相关总成本

$$TC(Q)=\sqrt{2D\cdot K\cdot K_c}$$

【例 6】某施工企业预计 2012 年需要 A 类材料总量为 90 000 kg,单位进价为 10 元。若该材料的平均每次进货费用为 120 元,单位存货年储存成本为 4 元,计算:

(1)经济进货批量;

(2)最低存货管理相关总成本。

【解】(1) $Q=\sqrt{2\times 90\,000\times \frac{120}{4}}=2\,323.79$(kg)

(2) $TC(Q)=\sqrt{2\times 90\,000\times 120\times 4}=9\,295.16$(元)

2)存在商业折扣的情况下的订货批量

$$\text{总成本}=\text{订货成本}+\text{储存成本}+\text{购置成本}$$

$$TC=(D/Q)K+K_c(Q/2)+DU(1-\text{折扣率})$$

计算步骤如下:

①确定无商业折扣条件下的经济批量和相关成本。

②加进不同批量的进价成本差异因素。

③比较不同批量下的存货相关总成本,找出存货总成本最低的订货批量。

【例 7】某建筑企业 A 零件的年需要量为 720 件,该零件单位标准价格为 120 元,已知每次订货成本为 50 元,单位零件年储存成本为 20 元。该企业从销售单位获悉的销售政策为:一次订货量为 100 件以内的执行标准价;一次订货量为 100~200 件的优惠 2%;一次订货量为 200 件以上的优惠 3%。

【解】(1)没有价格优惠的最佳订货批量为:

$$Q^*=\sqrt{\frac{2\times 50\times 720}{20}}=60(\text{件})$$

(2)60 件订货批量的存货相关总成本为:

$$720\times 120+720/60\times 50+60/2\times 20=87\,600(\text{元})$$

(3)100 件订货批量的存货相关成本为:

$$720\times 120\times(1-2\%)+720/100\times 50+100/2\times 20=86\,032(\text{元})$$

(4)200 件订货批量的存货相关成本为:

$$720\times 120\times(1-3\%)+720/200\times 50+200/2\times 20=85\,988(\text{元})$$

结论:200 件订货批量时,总成本最低,故 200 件订货批量为最佳。

3.3.4 存货的控制系统

1)ABC 控制系统

ABC 控制法就是把企业种类繁多的存货,依据其重要程度、价值大小或者资金占用等标准分为 3 类:A 类高价值库存,品种数量约占整个库存的 10%~15%,但价值约占全部库存的 50%~70%;B 类中等价值库存,品种数量约占全部库存的 20%~25%,价值约占全部库存的 15%~20%;C 类低价值库存,品种数量多,占整个库存的 60%~70%,价值占全部库存的 10%~35%。

ABC分类法分类标准主要有两个:一是金额标准,二是品种数量标准。其中,金额标准是最基础、最主要的标准,品种数量标准仅作为参考。

A类存货实行重点规划和管理,对存货的收、发、存进行详细记录,定期盘点。对采购、储存、使用过程中出现的偏差应及时分析原因,调查清楚,寻求改进措施。

B类存货进行次重点管理。对B类存货一般可按存货类别进行控制,制订定额,对实际出现的偏差进行概括性检查。

C类存货只进行一般管理,采用集中管理的方式。

2)适时制库存控制系统

适时制库存控制系统,又称零库存管理和看板管理系统。它最早是由丰田公司提出并将其应用于实践,是指制造企业事先与供应商和客户协商好,只有当制造企业在生产过程中需要原料或零件时,供应商才会将原料或零件送来;而每当产品生产出来时就被客户拉走。这样,制造企业的库存持有水平就可以大大下降。显然,适时制库存控制系统需要的是稳定而标准的生产程序以及与供应商的诚信,否则,任何一环出现差错将导致整个生产线停产。

采用零存货与适时性管理必须满足以下几个基本要求:

①供应商能够及时地供应批量不大但优质的材料与配件。

②公司和供应商之间经常保持密切联系,确保供应环节不出问题。

③各生产环节的工人应具有较高的素质与技能,能够保证所经手的产品的质量,防止损害有限的原料和配件。

目前,已有越来越多的公司利用适时制库存控制系统减少甚至消除对库存的需求(即实行零库存管理),比如,沃尔玛、丰田、海尔等。适时制库存控制系统进一步的发展被应用于企业开发、生产、库存和分销的整个生产管理过程中,大大提高了企业运营管理效率。

任务3.4　固定资产管理

3.4.1　固定资产的含义

1)固定资产的含义

固定资产是指为生产商品、提供劳务、出租或经营管理而持有的,且使用寿命超过一个会计年度的有形资产,包括房屋及建筑物、机器设备、运输设备、工具器具等。

固定资产同时满足下列条件的,才能予以确认:

①与该固定资产有关的经济利益很可能流入企业。

②该固定资产的成本能够可靠地计量。"可靠地计量"在某些情况下也可基于合理的估计,例如,已达到预定可使用状态但未办理竣工手续的固定资产,应按暂估价入账,即其成本能够可靠地计量,且应计提折旧。

2)固定资产的分类

企业固定资产种类很多,根据不同的分类标准,可以分成不同的类别。企业应当选择适当的分类标准对固定资产进行分类，以满足经营管理的需要。

(1)按经济用途分类

固定资产按经济用途分类，可以分为生产用固定资产和非生产用固定资产。

①生产用固定资产，是指直接服务于企业生产经营过程的固定资产，如生产经营用的房屋、建筑物、机器、设备、器具、工具等。

②非生产用固定资产，是指不直接服务于生产经营过程的固定资产，如职工宿舍、食堂、浴室、理发室、医院等使用的房屋、设备和其他固定资产等。

固定资产按经济用途分类，可以归类反映企业生产经营用固定资产和非生产经营用固定资产之间的组成变化情况，借以考核和分析企业固定资产管理和利用情况，从而促进固定资产的合理配置，充分发挥其效用。

(2)按使用情况分类

固定资产按使用情况分类，可分为使用中的固定资产、未使用的固定资产和不需用的固定资产。

①使用中的固定资产，是指正在使用的经营性和非经营性固定资产。由于季节性经营或修理等原因，暂时停止使用的固定资产仍属于企业使用中的固定资产；企业出租给其他单位使用的固定资产以及内部替换使用的固定资产，也属于使用中的固定资产。

②未使用的固定资产，是指已完工或已购建的尚未交付使用的固定资产以及因进行改建、扩建等原因停止使用的固定资产，如企业购建的尚待安装的固定资产、经营任务变更停止使用的固定资产等。

③不需用的固定资产，是指本企业多余或不适用，需要调配处理的固定资产。

固定资产按使用情况进行分类，有利于企业掌握固定资产的使用情况，便于比较分析固定资产的利用效率，挖掘固定资产的使用潜力，促进固定资产的合理使用，同时也便于企业准确合理地计提固定资产折旧。

(3)按所有权分类

固定资产按所有权进行分类，可分为自有固定资产和租入固定资产。

①自有固定资产是指企业拥有的可供企业自由支配使用的固定资产。

②租入固定资产是指企业采用租赁方式从其他单位租入的固定资产。

(4)按经济用途和使用情况综合分类

固定资产按经济用途和使用情况进行综合分类，可分为生产经营用固定资产、非生产经营用固定资产、租出固定资产、不需用固定资产、未使用固定资产、土地、融资租入固定资产。

3)固定资产投资的特点

固定资产投资的特点是回收期长，变现能力差，风险较大，资金占用数量相对稳定。

3.4.2 固定资产管理的要点

1)合理地进行固定资产需要量预测

固定资产预测是指根据已经掌握的信息和有关资料，采用科学的方法，对企业未来时期的

固定资产需要量和固定资产投资所做出的合乎规律的测算分析工作。固定资产预测主要是固定资产需要量的预测和固定资产投资效益的预测。

随着企业生产经营的不断发展，企业所需固定资产的数量、结构、效能也随之发生变化。正确预测固定资产需要量是固定资产管理的一项重要基础工作，也是固定资产管理的首要环节。企业应根据生产经营的任务、生产规模、生产能力等因素，采用科学的方法预测各类固定资产的需用量，这样不仅有助于企业摸清固定资产的存量，平衡生产任务和生产能力，挖掘固定资产潜力，提高固定资产的利用效果，还可以为企业进行固定资产投资决策提供重要依据。

2）科学地进行固定资产投资的预测分析

固定资产使用时间长、投资数额大，一旦投资决策失误，不仅会造成投资本身的巨大浪费，而且会因“先天不足”而导致企业“后天”经营上的困难。企业在固定资产投资时，必须根据企业的具体情况和投资环境，认真研究投资项目的必要性，分析技术上的可行性，对各种投资方案的经济效益进行预测，在各种投资方案中，选择投资少、效益高、回收期短的最佳方案。在此基础上，再对固定资产的投资支出、投资来源和投资效果做出合理的计划安排，使固定资产投资建立在科学的基础上。

3）正确确定固定资产价值

固定资产的计量属性主要包括历史成本、重置成本、可变现净值、现值、公允价值等。对固定资产的计价，一般应采用历史成本。

4）正确地计提固定资产折旧

固定资产在使用过程中发生的价值损耗，是通过计提折旧的方式加以合理补偿的。企业提取的折旧是固定资产更新的资金来源。只有正确编制固定资产折旧计划，及时提取固定资产折旧，使固定资产在生产中的损耗足额得到补偿，才能保证固定资产再生产的顺利进行。对于固定资产折旧形成的这一部分资金来源，应有效使用和管理。

5）切实做好固定资产的保全

固定资产是企业的重要资源，保证固定资产的完整无缺是固定资产管理的基本要求。为此，企业必须做好固定资产管理的各项基础工作，包括：制订固定资产目录，明确固定资产的管理范围；建立固定资产登记账、卡，及时准确地反映各种固定资产的增减变动、使用和节余情况；定期进行清查盘点，切实做到账、卡、物三相符。在做好以上各项基础工作的同时，还要建立、健全固定资产竣工验收、调拨转移、清理报废等各项管理制度，这是实现固定资产完整无缺的保证。

6）不断提高固定资产的利用效果

企业通过有效的固定资产管理工作，可以节省固定资产的投资，最大限度地发挥固定资产的效能，降低产品成本中的折旧费用，为企业提供更多的盈利。企业在固定资产的投资决策、固定资产的构建、固定资产的使用及固定资产的更新改造等各环节的管理工作中均应注意提高固定资产的利用效果。

3.4.3　固定资产需要量的查定

1)固定资产需要量查定的意义

建筑施工企业要搞好固定资产管理,提高固定资产的利用效果,必须根据生产任务查定企业所需的固定资产。通过固定资产的查定,可以及时补充所需固定资产的不足,同时对多余固定资产及时处理,减少企业资金的占用量,促使施工生产单位充分利用现有固定资产。

要查定固定资产的需要量,必须先进行以下清查工作:

①查清固定资产的实有数量,做到账实相符。

②查清固定资产的质量,对机械设备逐个进行性能检查。

③查清固定资产的生产能力,分别查明单台机械设备的生产能力,或完成某项工种工程(或某种产品)有关机械设备的综合生产能力,并计算机械设备的利用率。

2)固定资产需要量预测的方法

将生产设备的生产能力和企业确定的计划生产任务进行比较,在此基础上平衡生产设备的需要量。计算公式如下:

$$\text{某项生产设备的需要量}=\frac{\text{计划生产任务(实物量或台时量)}}{\text{单台设备的生产能力(实物量或台时量)}}$$

(1)计算生产任务定额台时数的确定

$$\text{计划生产任务台时定额总数}=\sum(\text{计划产量}\times\text{单位产品台时定额})\times\text{定额改进系数}$$

计划产量是根据市场预测资料而确定的各种产品的生产量。即:

$$\text{预测期产品销售量}=\text{期初产品结存量}+\text{预测期产品生产量}-\text{期末预计产品结存量}$$

$$\text{定额改进系数}=\frac{\text{改进后的可能定额台时}}{\text{现行定额台时}}\times 100\%$$

(2)单台设备生产率的确定

单台设备生产率即单台设备生产能力,是指一台设备能生产某种产品的最大年产量或最大有效台时数即:

$$\text{单台设备全年有效台时}=\text{全年制度工作天数}\times\text{每天制度工作时数}\times\left(1-\text{设备计划检修率}\ \%\right)$$

(3)设备生产能力与预测期生产任务的平衡

$$\text{某种设备负荷系数}=\frac{\text{预测期生产任务需用定额台时总数}}{\text{现有设备台数}\times\text{单台设备全年有效台时数}}\times 100\%$$

(4)设备增加或减少台数的确定

生产设备需用量与现有设备台数之差,若为正数则需要增加设备,反之,则减少设备。

【例8】某间断型生产企业拥有生产设备150台实行两班制,每班工作7.5小时,设备计划检修率为6%,生产A、B两种产品,其中A产品计划产量为2 160件,每件产品定额台时为60小时,定额改进系数为92%;B产品计划产量为7 200件,每件产品定额台时为80小时,定额改进系数为95%。问该企业生产设备的需要量及增加或减少的台数是多少？

【解】(1)计算计划生产任务：

$$\text{计划生产任务定额台时总数} = \sum \text{计划产量} \times \text{单位产品定额台时} \times \text{定额改进系数}$$

$$= 2\ 160 \times 60 \times 92\% + 7\ 200 \times 80 \times 95\% = 666\ 432(\text{台时})$$

(2)计算单台设备全年有效台时：

$$\text{单台设备全年有效台时} = \text{全年制度工作天数} \times \text{每天制度工作时数} \times (1-\text{设备计划检修率}\%)$$

$$= 251 \times 2 \times 7.5 \times (1-6\%) = 3\ 539(\text{台时})$$

(3)计算设备负荷系数：

$$\text{设备负荷系数} = \frac{\text{预测期生产任务需用定额台时总数}}{\text{现有设备台数} \times \text{单台设备全年有效台时数}} \times 100\%$$

$$= \frac{666\ 432}{150 \times 3\ 539} \times 100\% = 125.5\%$$

(4)计算设备的需要量及应增加的台数：

$$\text{生产设备需要量} = \frac{\text{预测期生产任务需用定额台时总数}}{\text{单台设备全年有效台时数}} = \frac{666\ 432}{3\ 539} = 189(\text{台})$$

应增加的设备台数 = 189 − 150 = 39(台)

3.4.4　固定资产折旧与更新

1)固定资产折旧

固定资产折旧是以货币形式表示的固定资产因损耗而转移到产品中去的那部分价值。计入产品成本的那部分固定资产的损耗价值,称为折旧费。固定资产的价值损耗分有形损耗和无形损耗。

①固定资产有形损耗:指固定资产由于使用和自然力的作用而发生的物质损耗,前者称为固定资产的机械磨损,后者称为固定资产的自然磨损。

②固定资产无形损耗:指固定资产在社会劳动生产率提高和科学技术进步的条件下而引起的固定资产的价值贬值。

2)固定资产折旧方法

(1)平均年限法

平均年限法是指按固定资产预计使用年限平均计算折旧的一种方法,采用这种方法计算的每期的折旧额是相等的。其计算公式如下：

年折旧率 =(1−预计净残值率)/预计使用年限×100%

年折旧额 = 固定资产净值×年折旧率 =(固定资产原价−预计净残值)/预计使用年限

【例9】企业某项固定资产,原始价值为60 000元,预计使用6年,预计残值收入为2 000元,预计清理费用为1 000元,要求按平均年限法计算每月的折旧额。

【解】年折旧额=[60 000-(2 000-1 000)]÷6=9 500(元)

月折旧额=9 500÷12=792(元)

(2)工作量法

工作量法是根据实际工作量计算固定资产折旧额的一种方法,其计算公式如下:

单位工作量折旧额 = 固定资产原价 × (1 - 预计净残值率)/ 预计总工作量

某项固定资产月折旧额 = 该固定资产当月工作量 × 单位工作量折旧额

【例 10】某公司有一辆运输汽车,原值为 150 000 元,预计净残值率 5%,预计总行驶里程 600 000 km,当月行驶 5 000 km,问当月计提折旧额是多少?

【解】单位工作量折旧额=150 000×(1-5%)÷600 000=0.237 5(元/km)

当月折旧额=5 000×0.237 5=1 187.5(元)

(3)双倍余额递减法

双倍余额递减法是在不考虑固定资产净残值的情况下,根据每年年初固定资产净值和双倍的直线折旧率计算固定资产折旧额的一种方法。采用双倍余额递减法时,应在固定资产折旧年限到期前两年内,将固定资产账面净值扣除预计净残值后的余额平均摊销,即最后两年改用直线折旧法计算折旧。其计算公式为:

双倍直线折旧率=2/预计使用年限×100%

年折旧额=固定资产年初账面净值×双倍直线折旧率

【例 11】企业某项固定资产,原值为 52 000 元,预计使用年限为 5 年,预计净残值为2 000 元,要求按双倍余额递减法计算每年的折旧额。

【解】双倍直线折旧率=2/5=40%

第 1 年折旧额=52 000×40%=20 800(元)

第 2 年折旧额=(52 000-20 800)×40%=31 200×40%=12 480(元)

第 3 年折旧额=(31 200-12 480)×40%=18 720×40%=7 488(元)

第 4 年和第 5 年折旧额=(18 720-7 488-2 000)÷2=4 616(元)

(4)年数总和法

该法是根据固定资产原值减去预计净残值后的余额,按照逐年递减的分数(即年折旧率)计算折旧的方法。其计算公式为:

年折旧率 = 尚可使用年数 / 预计使用年限的年数总和

年折旧额 =(固定资产原价 - 预计净残值)× 年折旧率

月折旧额 = 年折旧额 /12

【例 12】企业某项固定资产,原值为 60 000 元,预计使用年限为 6 年,预计净残值为1 000 元,要求按年数总和法计算每年的折旧额。

【解】第 1 年折旧额=(60 000-1 000)×6/21=16 857(元)

第 2 年折旧额=59 000×5/21=14 048(元)

第 3 年折旧额=59 000×4/21=11 238(元)

第 4 年折旧额=59 000×3/21=8 429(元)

第 5 年折旧额=59 000×2/21=5 619(元)

第 6 年折旧额=59 000×1/21=2 810(元)

3)计提固定资产折旧的有关规定

①下列固定资产均应计提折旧:

- 房屋和建筑物;
- 在用的机器设备、仪器仪表、运输车辆、工具用具;
- 季节性停用和修理停用的设备;
- 以经营租赁方式出租的固定资产;
- 以融资方式租入的固定资产。

②下列固定资产不计提折旧:

- 除房屋和建筑物以外的未使用、不需用的固定资产;
- 以经营租赁方式租入的固定资产;
- 按规定已提取维持简单再生产费用的固定资产;
- 破产、关停企业的固定资产;
- 以前单独入账的土地。

4)固定资产折旧计划

固定资产折旧计划,一般按类别编制。主要内容包括:

①计划年度期初固定资产总值。

②计划年度期初应计提折旧固定资产总值。

③计划年度内增加固定资产总值。

④计划年度内增加应计提折旧固定资产总值。

⑤计划年度增加应计提折旧固定资产平均总值。

⑥计划年度内减少固定资产总值。

⑦计划年度内减少应计提折旧固定资产总值。

⑧计划年度减少应计提折旧固定资产平均总值。

⑨计划年度期末固定资产总值。

⑩计划年度期末应计提折旧固定资产总值。

⑪计划年度内应计提折旧固定资产平均总值。

⑫计划年度应计提折旧固定资产折旧额。

5)固定资产更新

(1)固定资产更新的概念及分类

固定资产更新是指用新的、先进的固定资产替换陈旧的,不能继续使用或继续使用经济上不合理的固定资产。

局部更新:是在固定资产的使用期内对先于整体而损坏的部分进行的修理和更换。

整体更新:指固定资产都有自己的平均寿命周期,达到这个期限就要以全新的固定资产从物质上全部替换。

(2)固定资产更新的形式

①按固定资产的原样更新。

②以革新的方式更新。

(3)固定资产更新的意义

①固定资产更新是维持企业生产能力,保证生产经营正常进行的基本条件。

②固定资产更新有利于增强企业的市场竞争能力。

③固定资产更新有利于提高经济效益。

(4)固定资产更新的要求

①认真做好固定资产更新决策。

②正确处理近期收益与远期收益的关系。

③更新与技术改造相结合。

④做好资金规划,保证固定资产更新的资金需要。

任务 3.5 无形资产管理

3.5.1 无形资产的概念及分类

无形资产是指企业拥有或者控制的没有实物形态的可辨认非货币性资产。它通常代表例如专利权、版权、特许权、租赁权、商标权等。

1)无形资产的特点

无形资产在使用和形成过程中,具有不同于有形资产的特征:

- 由企业拥有或者控制并能带来未来经济利益;
- 不具有实物形态;
- 具有可辨认性;
- 属于非货币性资产。

2)无形资产的分类

①按照经济内容划分,可以分为专利权、非专利权、著作权、商标权、租赁权和土地使用权。

②按照取得方式划分,可分为自行开发的无形资产、购入的无形资产、投资人投入的无形资产和接受捐赠的无形资产等。

③按照确认方式划分,可以分为法律确认的无形资产和合同确认的无形资产。

3.5.2 无形资产的计价与摊销

1)无形资产的计价

无形资产凝聚着人们创造性的脑力劳动和一些辅助性的体力劳动,以及实验研究材料、设备消耗等物化劳动。它同其他商品一样,具有价值和使用价值。因此在转让无形资产时必须合理计价、有偿转让、等价交换。无形资产按取得时的实际成本计价。

①自行开发的并且按照法律程序申请取得的无形资产,按照依法取得时发生的注册费、聘请律师费等费用计价。在研究与开发过程中发生的材料费用、直接参与开发人员的工资及福

利费、开发过程中发生的租金、借款费用等，直接计入当期损益。

②自行开发的没有经过法律程序申请取得的无形资产，按照法定评估机构评估确认的价值计价。例如，非专利技术一般是在生产经营中，经过长期的经验积累逐步形成的，而且无法预知是否会形成非专利技术；即使有意要形成非专利技术，也无法辨认哪些支出与将来的非专利技术有关。所以，按照现行财务制度的规定，非专利技术的计价应当经法定评估机构评估确认。

③购入的无形资产，按照实际支付的价款计价。

④以接受债务人抵偿债务方式取得的无形资产，按照应收债权的账面价值加上应支付的相关税费计价。

⑤以接受债务人抵偿债务方式取得的无形资产，收到补价的，按照应收债权的账面价值减去收到的补价，再加上应支付的相关税费的计价。

⑥以接受债务人抵偿债务方式取得的无形资产，支付补价的，按照应收债权的账面价值加上支付的补价，再加上应支付的相关税费的计价。

⑦投资人投入的无形资产，按照投资各方确认的价值作为实际成本。但是，股份制企业首次发行股票，为了发行股票而接受投资人投入的无形资产，应当按照该无形资产在投资方的账面价值计价。

⑧接受捐赠的无形资产，捐赠方提供了有关凭据的，按照凭据上标明的金额加上应支付的相关税费计价。

⑨接受捐赠的无形资产，捐赠方没有提供有关凭据的，如果同类或类似无形资产存在于活跃市场，按照同类或类似无形资产的市场价格估计的金额，加上应支付的相关税费计价；如果同类或类似无形资产不存在于活跃市场，按照该无形资产的预计未来现金流量现值计价。

2）无形资产的摊销

无形资产应从开始使用之日起，在有效使用期内平均摊入管理费用。在应摊销的无形资产原始价值确定后，影响其摊销额大小的主要有两个因素，即无形资产摊销的期限和方法。

（1）无形资产摊销的期限

对于企业自用的无形资产，应当自取得无形资产的当月起在预计使用年限内分期平均摊销，计入损益。如果预计使用年限超过了相关合同规定的受益年限或法律规定的有效年限，应按照以下原则确定无形资产的摊销年限。

①合同规定了受益年限，但法律没有规定有效年限的，摊销年限不应当超过合同规定的受益年限。

②合同没有规定受益年限，但法律规定了有效年限的，摊销年限不应当超过法律规定的有效年限。目前法律规定有效期限的无形资产主要有两种：

a.专利权，发明专利权的法定有效期为15年，实用新型和外观设计专利权的法定有效期限为5年，自申请之日起计算，期满前专利权人可以申请续展3年。

b.商标权，注册商标法定有效期限为10年。

③合同规定了受益年限，法律也规定了有效年限的，摊销年限不应超过受益年限和有效年限两者之中较短者。

④如果合同没有规定受益年限，法律也没有规定有效年限的，摊销年限不应当超过10年。

(2)无形资产摊销的方法

无形资产摊销的方法，一般采用直线法，即根据无形资产原价和规定摊销期限平均计算各期的摊销额。这种方法简单易行，能均衡各期费用，保持企业财务指标的可比性。其计算公式为：

无形资产年摊销额=无形资产原始价值/摊销年限

无形资产月摊销额=年摊销额/12

3)无形资产减值

如果无形资产将来为企业创造的经济利益还不足以补偿无形资产的成本(摊余成本)，则说明无形资产发生了减值，具体表现为无形资产的账面价值超过了其可收回金额。

(1)检查账面价值

企业应定期对无形资产的账面价值进行检查，至少于每年年末检查一次。在检查中，如果发现以下情况，则应对无形资产的可收回金额进行评估，并将该无形资产的账面价值超过可收回金额的部分确认为减值准备。

①该无形资产已被其他新技术等所替代，使其为企业创造经济利益的能力受到重大不利影响。

②该无形资产的市价在当期大幅下跌，在剩余摊销年限内预期不会恢复。

③某项无形资产已超过法律保护期限，但仍然具有部分使用价值。

④其他足以表明该无形资产实质上已经发生了减值的情形。

(2)确认可收回金额

无形资产的可收回金额指以下两项金额中较大者：

①无形资产的销售净价，即该无形资产的销售价格减去因出售该无形资产所发生的律师费和其他相关税费后的余额。

②预计从无形资产的持续使用和使用年限结束时的处置中产生的预计未来现金流量的现值。

(3)计提减值准备

如果无形资产的账面价值超过其可收回金额，则应按照超过部分确认无形资产减值准备。企业计提的无形资产减值准备计入当期的“营业外支出”科目。

(4)已确认减值损失的转回

无形资产的价值受许多因素的影响，以前期间导致无形资产发生减值的迹象，可能已经全部消失或部分消失。因此，企业会计制度规定，只有在这种情况出现时，企业才能将以前年度已确认的减值损失予以全部或部分转回。同时，转回的金额不得超过已计提的减值准备的账面金额。

4)无形资产日常管理

无形资产能为企业带来巨大的超额利润，是企业资产的重要组成部分，企业必须加强管理。

(1)正确评估无形资产的价值

无形资产作为一项资产列入企业的资产负债表，企业必须对无形资产做出正确的估计，以

价值形式对无形资产进行核实和管理。在对无形资产进行价值评估时,要以成本计价原则为基础,同时还要考虑无形资产的经济效益、社会影响效果、技术寿命等因素的影响。

(2)按照规定期限分期摊销已使用的无形资产

企业取得的无形资产投入使用后,可使企业长期受益。因此,按照收入与费用的配比原则,企业应将已使用的无形资产在其有效期限内进行摊销,而不能将无形资产的成本一次全部计入当期费用。

(3)充分发挥无形资产的效能并不断提高其使用效益

无形资产是企业重要的经济资源。充分发挥现有无形资产的效能,开拓经营理财业务,提高无形资产的利用效果,对于促进企业发展、提高企业经济效益具有十分重要的作用。因此,企业首先应当树立对无形资产的正确观念,明确无形资产对企业成败的利害关系,积极创立和积累无形资产,保证企业无形资产的安全完整。同时,要生动开拓各项业务,充分利用企业的商誉等无形资产在材料购进、价格、结算方式等方面取得优惠,充分利用商标权、专利权等发展横向联合,或对现有无形资产实行有偿转让等,以充分发挥无形资产的使用效益。

思考与练习

一、单项选择题

1.在一定时期的现金需求总量一定时,与现金持有量呈反方向变动的成本是(　　)。

A.管理成本　　B.机会成本

C.短缺成本　　D.委托买卖佣金

2.现金作为一种资产,它的(　　)。

A.流动性强,盈利性也强　　B.流动性强,盈利性差

C.流动性差,盈利性强　　D.流动性差,盈利性也差

3.企业置存现金的原因,主要是为了满足(　　)。

A.交易性、预防性、收益性需要　　B.交易性、投机性、收益性需要

C.交易性、预防性、投机性需要　　D.预防性、收益性、投机性需要

4.对信用期限的叙述,正确的是(　　)。

A.信用期限越长,企业坏账风险越小

B.信用期限越长,表明客户享受的信用条件越优越

C.延长信用期限,不利于销售收入的扩大

D.信用期限越长,应收账款的机会成本越低

5.在下列各项中,属于应收账款机会成本的是(　　)。

A.收账费用　　B.坏账损失

C.应收账款占用资金的应计利息　　D.对客户信用进行调查的费用

6.在其他因素不变的情况下,企业采用积极的收账政策,可能导致的后果是(　　)。

A.坏账损失增加　　B.应收账款增加

C.收账成本增加　　D.平均收账期延长

7.采用成本分析模式确定现金最佳持有量时,考虑的成本因素是(　　)。

A.管理成本、机会成本和短缺成本　　B.机会成本和转换成本

C.机会成本、短缺成本和转换成本　　D.管理成本和转换成本

8.企业8月8日采购商品时采用现金折扣政策,条件为"1/10,*N*/30",在8月12日有能力付款,但直到8月18日才支付这笔款项。其目的是运用现金日常管理策略中的(　　)。

A.力争现金流量同步　　B.推迟应付款的支付

C.使用现金浮游量　　D.加速收款

9.经济订货量指(　　)。

A.订货成本最低的采购批量　　B.储存成本最低的采购批量

C.缺货成本最低的采购批量　　D.存货总成本最低的采购批量

10.为了满足未来现金流量的不确定性需要而持有现金的动机属于(　　)。

A.交易动机　　B.投机动机

C.预防动机　　D.投资动机

11.通常情况下,企业持有现金的机会成本(　　)。

A.与现金余额成反比　　B.与持有时间成反比

C.是决策的无关成本　　D.与现金余额成正比

二、判断题

1.因为现金的管理成本是相对固定的,所以在确定现金最佳持有量时,可以不考虑它的影响。(　　)

2.从财务管理的角度看,顾客是否按期付款,并不构成应收账款的一项成本。(　　)

3.延长信用期限,会增加企业的销售额;缩短信用期限,会减少企业的成本。因此企业必须认真确定适当的信用期限。(　　)

4.因为应收账款的收账费用与坏账损失一般成反向变动的关系,所以在制定收账政策时,就应该在增加的收账费用与所减少的坏账损失之间作出权衡。(　　)

5.预防性现金需要是指置存现金以防发生意外的支付,它与企业现金流量的确定性及企业的借款能力有关。(　　)

6.企业的应收账款按规定作为坏账损失处理后,企业与欠款人之间的债权债务关系因此而解除。(　　)

7.一般而言,应收账款的逾期时间越长,收回的可能性就越小,即发生坏账的可能性就越大。(　　)

8.由于现金的收益能力较差,企业不宜保留过多的现金。(　　)

9.缺货成本也就是缺少存货的采购成本。(　　)

10.企业因固定资产减值准备而调整固定资产折旧额时,对此前已计提的累计折旧不作调整。(　　)

三、计算题

1.某公司每年需用某种材料8 000吨,每次订货成本为400元,每件材料的年储存成本为40元,该种材料买价为1 500元/吨。要求:

(1)计算经济订货量;

(2)若一次订货量在 500 吨以上可获得 2%的折扣,在 1 000 吨以上可获得 3%的折扣,试判断该公司的最优订货量。

2.宏达公司是一个商业企业,由于目前公司的信用期较短,不利于扩大销售,且收账费用较高,该公司正在研究修订现行的信用期和收账政策。现有 A 和 B 两个备选方案,有关数据如下:

项　目	现行方案	A 方案	B 方案
年销售额/(万元·年$^{-1}$)	2 400	2 700	2 800
收账费用/(万元·年$^{-1}$)	40	20	10
所有账户的平均收账期/天	60	90	120
所有账户的坏账损失率/%	2	3	4

已知宏达公司的变动成本率为 80%,资金成本率为 10%。坏账损失率是指预计年度坏账损失的销售额的百分比。假设不考虑所得税的影响。A 方案比现行方案固定成本增加 15 万元,B 方案比现行方案固定成本增加 10 万元。

要求:通过计算分析回答,是否改变现行方案?如果改变,应选择 A 方案还是 B 方案?

3.某机械设备的资产原值为 5 000 万元,折旧年限为 5 年,预计净残值率为 4%,试按不同的折旧方法计算年折旧额。

4.某机械制造厂计划年度生产甲产品 3 000 台,单位产品定额台时为 50 小时,定额改进系数为 95%,生产甲产品的车间每班工作 7.5 小时,实行两班工作制。全年制度工作日为 254 天,年维修保养停工 14 天。该企业现有车床 41 台。求该固定资产的余缺数量为多少?

学习情境四　工程成本管理

【知识目标】

(1)了解费用的概念、特征及其分类;

(2)了解工程成本的概念、核算内容及其分类;

(3)了解工程成本管理的概念、作用和内容;

(4)重点掌握成本预测、计划、核算、控制、分析和考核等基本管理方法。

【能力目标】

(1)能准确地核算工程成本;

(2)能较好完成各项成本管理工作,以提高企业经济效益,增强企业竞争力;

(3)具有对新技能与知识的学习能力;

(4)具有较好的解决问题的能力;

(5)具有较强的计划组织协调能力、团队协作能力。

【问题引入】

认真阅读以下资料,分析:

(1)该项目经理部成本管理有哪些合理的做法?

(2)谈谈自己所了解的项目成本管理现状是怎样的?

(3)结合本项目经理部的实际情况,谈谈如何有效地开展工程项目成本管理工作。

亏损项目也能扭亏增盈

某集团三公司为了打进安徽高速公路路面施工市场,于去年初低价中标了蚌宁高速公路段24.88 km的路面施工任务。开工前经过了分公司评估 ,预计亏损290万元。公司决策者着眼于安徽公路市场的发展前景,决定将该项目作为打进安徽市场的开路先锋,亏损也得上,提出了“打出信誉,滚动发展,扭亏增盈”的目标要求。工程中标后,立即组建了精干高效的项目经理部,路桥公司的副经理赵延安出任项目经理。这位毕业多年的大学生,在施工中积累了丰富的施工管理经验,练就了过硬的技术本领,骨子里充满了勇于进取的拼搏精神。

一、向管理要效益

把管理做实，把管理做精。面对亏损，蚌明项目经理部全体参建人员没有退缩，而是勇敢地举起了管理这把利剑向亏损宣战。从点点滴滴做起，实实在在地抓好成本控制，让亏损从他们手中消失，已经成为全体员工的共识。

首先，在材料采购、施工生产、日常开支等方面进行全面的控制，不乱花一分钱。材料采购是扭亏为盈的关键环节，材料费占据了总投资的70%，如果紧一紧，就能省几百万，松一松几百万就没有了。因此，在物资采购中严格把关，货比三家。业务人员跑遍了周围几十家料厂，综合各料厂的价格和质量，拿出了质优价廉的采购方法。项目经理部集体研究确定供料厂家和价格，实行阳光采购，在全线参建单位中材料价格最低。在进料时，严格过磅制度，采取非常规手段控制虚假成分，基层施工完成后，基层碎石节省3.4万吨，基层水泥节省2 000吨，这两项节省开支60多万。

同时，在施工工艺和规范允许的范围内大做效益文章。水稳养生，按规范要求用土工布覆盖，费用在20万元以上，在不影响养生质量的情况下，采用一次性农用薄膜取代土工布，节省了购买水车和土工布的开支百多万元。沥青路面施工先后要摊铺3层，总厚度为160 mm，但规范要求152 mm以上为合格。通过计算，24千米的双向4车道，省1 mm的厚度就节约成本30万元，8 mm就能节约开支240万元。因此，工程技术人员在8 mm上找效益，摊铺中采用国内先进的非接触式平衡仪严格控制沥青厚度，既保证了工程质量，又减少了投资。新进厂的沥青拌和站原来烧的都是柴油，由于柴油价格不断上涨，而重油的价格仅为柴油的一半，技术人员及时对燃油设备进行了改进，由烧柴油改为燃重油，节约成本300多万元。

蚌明项目经理部在扭亏增盈过程中处处精打细算，该花的省着花，不该花的坚决不花，业主的办公机关在市内一家收费站旁边，项目经理部的人员几乎每天都要去开会或办事，车如果开过去，来回的过路费就要20元，为了节省这20元，他们的车就停在收费站这边，人下车后走过去，一年下来节省过路费两万多元。队里的购料每天都要到市内去采购，来回的过路费一次就40元，有时一天跑好几次，经测算，到项目完工仅过路费就要4万多元。得知当地的农用三轮车过收费站不收费时，他们就花3 000元买了一辆农用三轮车取代队里的购料车，又节省了大笔的开支。

二、向信誉要效益

信誉是最有效益的经营。项目经理部根据业主对进度和质量的要求及业主在开展劳动竞赛活动中制订的奖罚金额认真进行研究，并采取相应对策。在进度上，科学组织施工，精心编制施工计划，人停机不停，24小时倒班作业，摊铺进度突飞猛进，捷报频传，月月提前完成业主下达的施工计划。在质量上，项目经理部建起了全线一流的实验室，配备了素质较高的实验员；抓好原材料质量控制，不合格的材料坚决不准入场；材料拌和，计量精确，拌和到位；拌和、运输、摊铺紧密结合，环环相扣，压路机碾压紧跟，严格控制碾压进度，小修人员对局部及时处理，确保了碾压质量和平整度。经安徽省质检站抽样检测，所有技术参数百分之百满足设计要求，尤其对渗水控制高于国标5倍以上，业主采用铣刨机对全线的平整度进行了严格检验，唯独该标段没有受到铣刨。良好的信誉得到了丰厚的回报，业主又从其他标段划拨50 km单幅单层沥青路面由项目经理部施工，直接经济效益200多万元，在业主开展的8次节点劳动竞赛活动中，次次名列第一，获得业主颁发的奖金累计达300多万元。

任务4.1 费用、成本及其成本管理

4.1.1 费用的概念、特征及其分类

1）费用的概念

费用是指企业为销售商品、提供劳务等日常活动所发生的经济利益的流出，具体表现为资产的减少或负债的增加。

2）费用的特征

①费用最终会导致企业资源的减少或牺牲。费用在本质上是企业资源流出，最终会使企业资源减少或牺牲，具体表现为企业现金或非现金支出，例如支付工人工资、支付管理费用、消耗原材料等；也可以是预期的支出，例如承担一项在未来期间履行的负债——应付材料款等。

②费用最终会减少企业的所有者权益。一般而言，企业的所有者权益会随着收入的增加而增加；相反，费用的增加会减少企业的所有者权益。费用通常是为取得某项收入而发生的耗费，这些耗费可以表现为资产的减少或负债的增加，最终会减少企业的所有者权益。

3）费用的分类

（1）按经济用途分

按照经济用途可以分为生产成本和期间费用两大类。

①生产成本是指构成产品实体、计入产品成本的那部分费用。施工企业的生产成本就是指工程成本，是施工企业为生产产品、提供劳务而发生的各种施工生产费用。

②期间费用是指企业当期发生的，与具体工程没有直接联系，必须从当期收入中得到补偿的费用。由于期间费用的发生仅与当期实现的收入相关，因而应当直接计入当期损益。期间费用主要包括管理费用、财务费用和营业费用。施工企业的期间费用则主要包括管理费用和财务费用。

（2）按费用计入工程成本的方法分

按照费用计入工程成本的方法，可以分为直接费用和间接费用两类。

①直接费用是指企业在工程施工过程中，能够分清工程成本核算对象，可以根据原始凭证直接计入某项工程成本的费用，如直接用于某一工程的原材料、直接参与工程施工人员的工资及提取的福利费、施工机械使用费等。

②间接费用是指应由几项工程共同负担，不能根据原始凭证直接计入某项工程成本，而应当采用适当的方法在各受益的工程成本核算对象之间进行分配的费用，如企业所属各施工单

位为组织和管理施工活动而发生的管理人员工资及福利费、折旧费、办公费、水电费等。

4.1.2　成本与费用的联系与区别

成本是企业为生产一定种类、一定数量的产品所发生的各种费用，是对象化的费用，也就是费用中的生产成本。

（1）费用与成本的联系

①两者的性质相同，两者均为生产经营过程中所发生的必要耗费。

②费用是计算成本的前提和基础，没有费用的发生，就没有成本形成。

③成本是对象化的费用，费用按一定范围、一定对象进行归集，就构成了该对象的成本。

（2）费用与成本的区别（见表4.1）

表4.1　费用与成本的区别

区　别	费　用	成　本
核算对象不同	某一特定单位	某一成本对象
核算标准不同	期间	对象
核算原则不同	遵循权责发生制原则	配比原则和受益原则
核算内容不同	生产成本和期间费用	生产成本

①费用强调单位的耗费，成本强调某一特定对象的耗费。

②费用强调按期间归集，遵循权责发生制的原则；成本强调按对象归集，遵循配比原则和受益原则。

③费用包括期间费用和对象化的费用，成本只指对象化的费用。

4.1.3　工程成本及工程成本管理的内容及程序

1）工程成本

工程成本是指施工企业在建筑安装工程施工过程中的实际耗费，包括物化劳动的耗费和活劳动中必要劳动的耗费，前者是指工程耗用的各种生产资料的价值，后者是指支付给劳动者的报酬。工程成本是工程造价的重要组成部分，应由工程本身来承担。工程成本的高低，直接体现着企业工程价款中用于生产耗费补偿数额的大小。工程成本还是反映施工企业工作质量的一个综合指标。

2）工程成本核算的内容

根据财会[2003]27号文《施工企业会计核算办法》的规定，工程成本的成本项目具体包括以下内容：

①人工费。

②材料费。

③机械使用费。

④其他直接费。

⑤间接费用。

以上①~④项构成建筑安装工程的直接成本，第⑤项为建筑安装工程的间接成本。直接成本加上间接成本，就构成建筑安装工程的生产成本。施工企业在核算产品成本时，就是按照成本项目来归集企业在施工生产经营过程中所发生的应计入成本核算对象的各项费用。

3）工程成本的分类

（1）按工程成本计量标准分

按照工程成本计量标准，工程成本可以分为预算成本、计划成本和实际成本 3 大类。

①预算成本是根据工程量，按照预算定额和取费标准计算的预计支出的施工费用。预算成本包括直接成本和间接成本，它是控制成本支出、衡量和考核项目实际成本节支或超支的重要尺度。

②计划成本是在预算成本的基础上，根据企业自身的要求（如内部承包合同的规定），结合工程项目的技术特征、自然地理特征、劳动力素质、设备情况等制订的标准成本，也称目标成本。计划成本是控制施工项目成本支出的标准，也是成本管理的目标。

③实际成本是工程施工中实际发生的并按成本项目归集的施工费用总和，是工程项目施工活动中劳动耗费的综合反映。

以上各成本之间既有联系，又有区别。预算成本反映施工项目的预计支出；实际成本反映施工项目的实际支出。实际成本与预算成本比较，可以反映对社会平均成本的超支或节约，综合体现了施工项目的经济效益。实际成本与计划成本的差额即是项目的实际成本降低额，实际成本降低额与计划成本的比值称为实际成本降低率。预算成本与计划成本的差额即是项目的计划成本降低额，计划成本降低额与预算成本的比值称为计划成本降低率。通过几种成本的相互比较，可看出成本计划的执行情况。

（2）按成本和工程量的关系分

按照成本和工程量的关系可分为固定成本、变动成本和混合成本。

①变动成本是指成本总额随着工程量的变动而变动的有关成本。其中，变动成本是指总数额，如图 4.1 所示；而单位变动成本则是稳定不变的，如图 4.2 所示，如直接人工、直接材料，以及随工程量变动总额成正比例变动的材料物资、燃料费和动力费等。

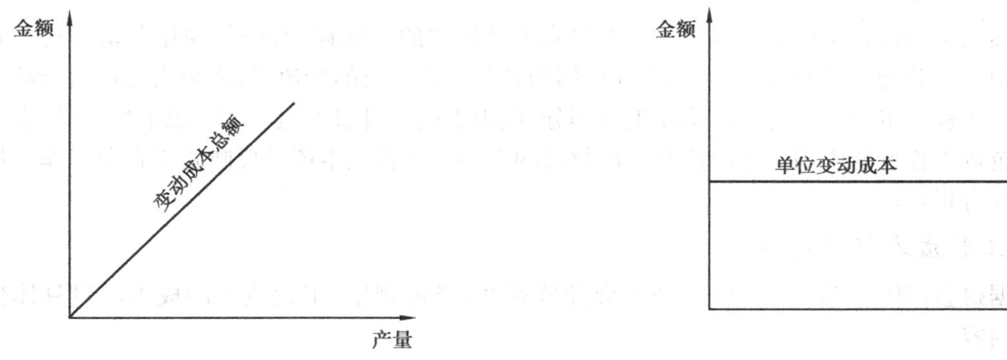

图 4.1　变动成本总额—工程量关系　　　图 4.2　单位变动成本—工程量关系

②固定成本是指当工程量在一定限度内增减变动时，成本总额不受其影响而固定不变的成本，如图 4.3 所示。然而，不受工程量影响的只是固定成本总额，就单位固定成本而言，则与

工程量的增减成反向变动，如图 4.4 所示，如固定资产折旧费、办公费、差旅费等。应当指出，固定成本的固定性是有条件的、相对的，在相关范围内，它才表现为稳定的状态，离开了这个相关范围，则没有什么固定性可言。

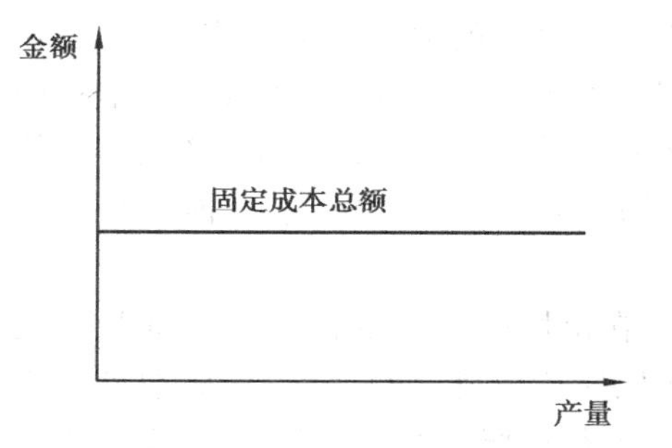

图 4.3　固定成本总额—产量关系

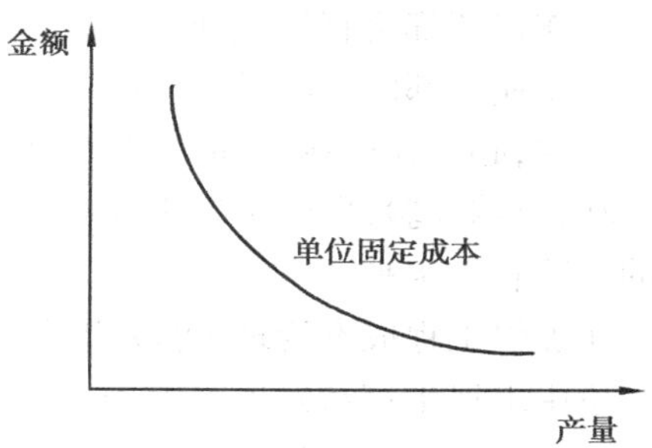

图 4.4　单位固定成本—产量关系

③混合成本是随着工程量的增减变动，其总额虽然也相应地发生变化，但变动的幅度保持严格的比例的成本。混合成本同时包含了固定成本与变动成本两种因素。它通常有一个初始量，类似于固定成本，在此基础上，工程量增加了，成本总额也相应增加，类似于变动成本。例如保管费、运输设备的维护保养费等，都是带有混合成本性质的费用。

4.1.4　工程成本管理的概念、作用和内容

1）工程成本管理的概念和作用

工程成本管理，就是企业在施工经营活动中，对工程项目所发生的成本费用支出，有组织、有系统地进行预测、计划、控制、核算、分析和考核等一系列的科学管理工作。工程成本管理是以不断降低项目成本为宗旨的一项综合性管理工作。

成本管理的目的是在预定的时间内，在保证工程质量的前提下，通过不断改善项目管理工作，充分采用经济、技术、组织措施和挖掘降低成本的潜力，以最少的生产耗费，取得最佳的经济效果。

强化项目成本管理的作用，主要包含以下几方面：

①加强工程成本管理，可以合理地补偿施工耗费，保证社会再生产的顺利进行。马克思指出："商品的成本价格必须不断买回在商品生产上耗费的各种生产要素。"就是说，我国社会主义为了保证再生产的不断进行，企业必须以自己的收入来补偿其生产经营中的资金耗费。建筑企业的工程价款收入，首先要能补偿相当于各工程成本数额的资金耗费，这样才能维持企业资金的正常周转，保证企业和项目经理部施工经营的顺利进行，确保其生存和发展。如果企业的工程价款收入不能补偿施工生产中的耗费，生产资金就会发生困难，再生产不能在原有规模上进行。由此可见，及时、正确地核算生产耗费和计算工程成本，是合理补偿生产耗费的客观要求。因此，强化成本管理，就可以正确地核算工程成本，合理补偿生产耗费，从而保证社会再生产的顺利进行。

②加强工程成本管理，可以促使企业不断降低工程成本，为国家提供更多建设资金。不断降低工程成本，是工程成本管理的中心环节。工程成本的降低，意味着施工过程物化劳动耗费和活劳动耗费的节约。在工程预算价格不变的条件下，工程实际成本越低，企业的盈利就越多。因此，加强工程成本管理，不断降低成本，就可以为国家提供更多建设资金，增强我国国力。

③加强工程成本管理,可以提高企业施工经营管理水平,贯彻经济责任制。实行工程成本管理的经济责任制,是加强成本管理的重要环节,是克服成本管理工作中无人负责现象的重要条件。工程成本是反映企业和项目经理部经营管理工作质量的一个综合指标,每个部门、每个职工工作好坏都会直接或间接地影响工程成本。企业要最大限度地降低工程成本,就必须充分调动企业各部门和项目经理部广大职工的积极性,组织他们献计献策,积极参加成本管理工作。为此,必须在企业内部贯彻成本管理制度,并要求企业利用工程成本指标来考核自己的工作,及时总结经验,发现工作中存在的缺点和问题并采取有效措施予以解决,才能不断提高企业的经营管理水平。

④加强工程成本管理,可以增强企业的竞争能力。在市场经济条件下,建筑企业只有在激烈竞争中求得生存和发展。市场竞争要求企业不仅要以质优取胜,而且要以价廉取胜。物美价廉是赢得市场信誉的条件。在基本建设中,建设工程实行招标投标。因此,建筑企业要靠加强成本管理,不断降低成本,为降低工程造价和中标创造条件。这也是建筑企业增强竞争能力、不断拓展市场的必由之路,也是项目经理部兴旺发达的必由之路。

2)工程成本管理的内容

工程成本是一项综合性指标,因此,成本管理贯穿于施工生产经营活动的全过程,它涉及建筑企业的施工、技术和各项经营管理工作,内容比较广泛。为了有效地调动广大职工的积极性,力行增产节约,不断降低成本,就必须全面加强成本管理,改善和加强施工、技术、安全、质量、设备 、劳动、物资等各项工作。就成本管理的各个基本环节来说,其内容一般包括成本预测、成本决策、成本计划、成本控制、成本核算、成本分析和考核 7 个环节。这 7 个环节关系密切,互为条件,相互促进,构成了现代化成本管理的全部过程。他们之间的相互关系如图 4.5 所示。

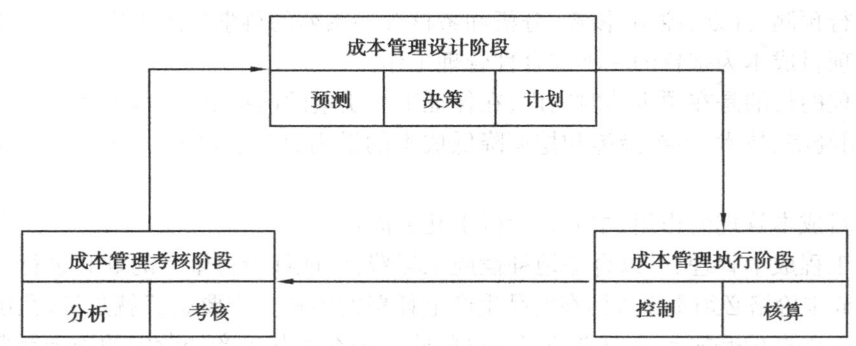

图 4.5　工程成本管理内容关系图

(1)成本预测

成本预测就是通过取得的历史资料,采用经验总结、统计分析及数学模型的方法,对未来的成本水平及其可能发展趋势作出科学的预估,其本质就是在施工以前对成本进行估算。通过成本预测,可以在满足项目业主和本企业要求的前提下选择成本低、效益好的最佳成本方案,并能够在施工项目成本形成过程中,针对薄弱环节,加强成本控制,克服盲目性,提高预见性。因此,施工成本预测是施工项目成本决策与计划的依据。施工成本预测通常是对施工项目计划工期内影响其成本变化的各个因素进行分析,比照近期已完工施工项目或将完工施工项目的成本(单位成本),预测这些因素对工程成本中有关项目的影响程度,从而预测工程的单位成本或总成本。

(2)成本决策

成本决策是对企业未来成本进行计划和控制的一个重要步骤。成本决策是根据成本预测情况,由参与决策人员认真细致地分析研究而作出的决策。科学正确的决策,能够指导人们正确的行动,顺利完成预定的成本目标,可以起到避免盲目性和减少风险性的导航作用。项目经理部的施工经营活动错综复杂,涉及工程项目投标、合同管理、计划管理、施工技术管理、质量管理和安全管理等,所谓“麻雀虽小,样样俱全”。为了顺利完成施工项目的建设任务,实现成本目标,取得最佳的经济效益,项目经理就需要协助公司有关决策人员认真研究,选择最优方案。项目经理部如果不重视成本决策或者决策失误,就会造成不必要的损失和浪费,成本大幅度上升,出现亏损,甚至工资都发不出去,导致职工流失,无法再承担新的施工任务。

(3)成本计划

工程成本计划是以施工生产计划和有关成本资料为基础,对计划期工程项目成本水平所作的筹划,是对工程项目制订的成本管理目标。工程项目成本计划是成本决策的结果延伸,是将成本决策结果数据化、具体化。它是以货币形式编制工程项目在计划期内的生产费用、成本水平以及为降低成本所采取的主要措施和规划的书面方案;它是建立工程项目成本管理责任制、开展成本控制和核算的基础。工程项目成本计划一经颁布,便具有约束力,可以作为计划期工程项目成本工作的目标,并被用作检查计划执行情况、考核工程项目成本管理工作业绩的依据。

(4)成本核算

成本核算就是利用会计核算体系,对项目施工过程中所发生的各种消耗进行记录、分类,并采用适当的成本计算方法计算出各个成本核算对象的实际成本的过程。它包括两个基本环节:一是按照规定的成本开支范围对施工费用进行归集,计算出施工费用的实际发生额;二是根据成本核算对象,采用适当的方法计算出施工项目的总成本和单位成本。

工程项目成本核算是工程项目成本管理最基础的工作,它所提供的各种成本信息是成本预测、成本计划、成本控制和成本考核等各个环节的依据。在工程项目成本管理中,成本核算既是对工程项目所发生的耗费进行如实反映的过程,也是对各种耗费发生进行监督的过程。因此,加强工程项目成本核算工作,对降低工程项目成本、提高企业的经济效益有积极的作用。

(5)成本控制

成本控制是指工程项目在施工过程中,对影响工程项目成本的各种因素进行规划、调节,并采取各种有效措施,将施工中实际发生的各种消耗和支出严格控制在计划范围内,随时揭示并及时反馈,严格审查各项费用是否符合标准,计算出实际成本和计划成本之间的差异并进行分析,以期消除施工中的损失浪费现象,发现和总结先进经验。通过成本控制,使之最终实现甚至超过预期的成本目标。工程项目成本控制应贯穿于工程项目从招投标阶段到竣工验收的全过程,它是企业全面成本管理的核心功能。成本失控将阻碍整个成本管理系统的有效运行。因此,必须明确各级管理组织和各级人员的责任和权限,这是成本控制的基础之一,必须给予足够的重视。

(6)成本分析

成本分析是揭示工程项目成本变化情况及其变化原因的过程。它是在成本形成过程中,对工程项目进行的对比、评价和剖析总结工作。成本分析贯穿于工程项目成本管理的全过程,主要是利用工程项目的成本核算资料，将实际成本与计划成本、预算成本等进行比较，了解成本的变动情况，同时也分析主要经济指标对成本的影响，通过系统地研究成本变动的因素，检查成本计划的合理性，深入揭示成本变动的规律，寻找降低工程项目成本的途径。成本分析的目的在于通过揭示成本变动的原因，明确责任，总结经验教训，以便采取更为有效的措施控制成本，挖掘降低成本的潜力。

(7)成本考核

成本考核是工程项目完成后，对工程项目成本形成中的各级单位成本管理的成绩或失误所进行的总结和评价。成本考核的目的在于鼓励先进、鞭策落后，促使管理者认真履行职责，加强成本管理。企业应按工程项目成本目标责任制的有关规定，将成本的实际指标与计划、定额、预算进行对比考核，评定工程项目成本计划的完成情况和各责任单位的业绩，并以此给予相应的奖励和处罚。通过成本考核，做到有奖有惩，奖罚分明，从而有效地调动企业的每一个职工在各自的岗位上努力完成成本目标的积极性。

整个工程成本管理的工作过程如图4.6所示。

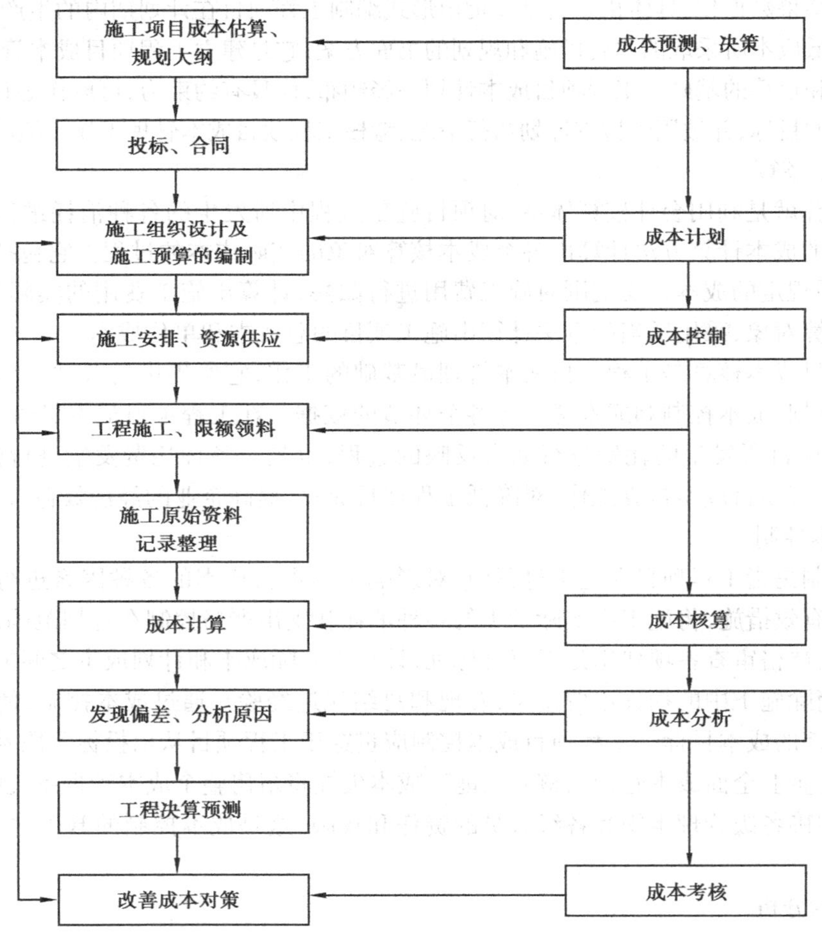

图4.6　工程成本管理的程序

任务 4.2　工程成本预测

4.2.1　工程成本预测的作用

现代成本管理着眼于未来,要求企业认真做好成本预测的工作,科学地预见未来成本水平的发展趋势,充分挖掘内部潜力,为建筑企业经营决策和项目经理部制订出科学的目标成本;然后在施工活动中,对成本加以有效地控制,引导全体职工努力实现这个目标。

在市场经济条件下,基本建设实行招标投标制,施工单位想要得到迅速的发展,就必须把经济体制改革放在首位,改进企业施工生产经营管理,提高素质,增强竞争能力。提高竞争能力主要依靠工期短、质量高、价格低、服务好,简而言之,就是通常所说的"物美价廉"。而要真正做到物美价廉,首先一条就是要进行成本预测,千方百计地挖掘潜力,降低工程成本,从而取得最好的经济效益。

成本预测是对施工活动进行事前控制的重要手段,也是选择和实现最优成本的重要途径。工程成本预测的作用主要有以下几个方面:

(1)工程成本预测是投标决策的依据

建筑企业在选择投标项目时,首先要对项目进行成本预测,以便选定成本预测值最低、利润最大、经济效益最好的项目。成本高、利润少、风险大的项目则不参与投标。

(2)成本预测是编制成本计划的基础

工程成本是综合性指标,建筑企业经营管理的好坏都将反映在这个指标上,它涉及施工技术、施工计划管理、劳动管理、物资管理、施工机械设备管理、财务管理和成本管理等项工作,也涉及与之相关的外部条件。因此,建筑企业在进行成本预测时,首先要广泛收集经济信息资料,进行全面的、系统的分析研究,依靠以现代数学方法为基础的预测方法体系和电子计算机,对未来施工经营活动进行定性研究和定量分析,并作出科学判断,从而为成本决策和制订成本计划提供客观的、可靠的依据。

(3)成本预测是挖掘内部潜力,加强成本控制的重要手段

成本预测是对施工活动实行事前控制的一种手段。它是在分析项目施工过程中各种经济与技术要素对成本升降影响的基础上,测算其成本水平变化的趋势及其规律性,预测施工项目的实际成本。通过成本预测,有利于及时发现问题,找出成本管理中薄弱环节,并采取措施来控制成本。

4.2.2　工程成本预测的方法

工程成本预测的方法,根据成本预测的内容和期限不同,成本预测的方法可以归纳为以下两类:

1)定性分析法

定性分析法,也称"定性预测方法",是利用已掌握的信息资料和直观材料,依靠具有丰富

经验和分析能力的内行和专家，运用主观判断和综合分析能力对未来成本进行预测的方法，因而称为直观判断预测，或简称为“直观法”。这种方法使用起来比较简便，一般是在信息、资料不多，或难于进行定量分析时采用，适用于中、长期预测，主要包含专家会议法、专家预测法、访问、现场观察、函调等方法。

(1)专家会议法

专家会议是召开专家会议，针对提出的预测问题和提供的信息，专家们充分讨论，预测工程成本。参加会议的人员，一般选择具有较高的学识水平和丰富的实践经验，对经营管理熟悉，并有一定专长的各方面专家。例如，成本预测时，可请工程技术人员、成本核算人员、预算人员、经营人员、施工管理人员、高级经济师和会计师等参加会议。采用专家会议法，一般要事先向专家提供成本信息资料，以便通过会议对未来成本作出预测。

(2)专家个人预测法

专家个人预测法，是征求有关专家个人意见对工程成本进行预测，其优点是能够最大限度地利用专家个人的能力，意见易于集中。

现举例说明专家个人预测的方法。假设某项目经理部要预测某项目的成本降低率，可将该项目的建筑面积、工程结构、预算造价，上年度项目的成本报表，以及公司对降低成本的要求和本项目将采取的主要技术组织措施告诉各专家，请他们提出预测意见。假定专家预测的结果如下：有 4 名专家提出成本降低 4%，6 名专家提出成本降低 5%，6 名专家提出成本降低 6%，3 名专家提出成本降低 7%，1 名专家提出成本降低 2%。将这些预测数据进行加权平均，有：

$$\overline{X}=\frac{\sum X_f}{\sum f}=\frac{4\times 4\%+6\times 5\%+6\times 6\%+3\times 7\%+1\times 2\%}{4+6+6+3+1}=5.25\%$$

这项平均数据，经过研究修正后，就可以作为该施工项目成本率的预测值。

2)定量分析法

定量分析法，也称“定量预测方法”。它是根据已掌握的比较完备的历史数据资料，应用数理统计的方法预测事物的发展状况，或者利用事物内部因素发展的因果关系来预测未来变化趋势。这类方法又可分为下列两种方法：

(1)时间序列预测法

时间序列预测法是利用过去的历史数据来预测未来成本的方法，它是按时间(年或月)顺序排列历史的数据，承认事物发展的连续性，从这种排列的数据中推测出成本降低的趋势。

时间序列预测法的优点是简便易行，只要有过去的成本资料，就可以进行成本预测。缺点是撇开了成本各因素之间的因果关系，因为未来成本不可能是过去成本按某模式的翻版。所以，这种方法用于长期预测时，准确性比较差，一般适用于短期预测。时间序列法有简单平均法、移动平均法、加权平均法、移动平均法和指数平滑法。下面介绍移动平均法和指数平滑法。

①移动平均法。移动平均法是时间序列分析中的一种基本方法，应用较广。它是从时间序列的第一项数值开始，按一定项数求序时平均数，逐项移动，边移动边平均。移动平均法又分为一次移动平均法、加权移动平均法、趋势修正移动平均法和二次移动平均法。这里介绍一

次移动平均法和加权移动平均法。

a.一次移动平均法,又称简单移动平均法,其计算公式为

$$M_t = \frac{X_{t-1} + X_{t-2} + \cdots + X_{t-n}}{n}$$

式中　t——期数;

n——分段数据点数;

X_{t-n}——第 $t-n$ 期的实际值;

M_t——第 t 期的一次移动平均预测值。

一次移动平均法的递推公式为

$$M_t = M_{t-1} + \frac{X_{t-1} - X_{t-(n+1)}}{n}$$

【例 1】某建筑工程公司过去 12 个月的实际产值见表 4.2,分别取 $n=3$,$n=5$,用一次移动平均法预测次年第 1 个月的产值。

表 4.2　一次移动平均法预测的产值

月份	实际产值 X_t/万元	M_t/万元($n=3$)	M_t/万元($n=5$)
1	30	—	—
2	13	—	—
3	27	—	—
4	26	23.33	—
5	37	22	—
6	29	30	26.6
7	32	30.67	26.4
8	34	32.67	30.2
9	31	31.67	31.6
10	32	32.33	32.6
11	33	32.33	31.6
12	42	32	32.4
次年 1 月	—	35.67	34.4

【解】当 $n=3$ 时,第 4 个月的预测值为

$$M_4 = \frac{30 + 13 + 27}{3} = 23.33(\text{万元})$$

同理求得第 5 个月的预测值,或用递推公式求得

$$M_5 = M_4 + \frac{X_4 - X_{5-4}}{3} = 23.33 + \frac{26 - 30}{3} = 22(\text{万元})$$

同理可求得 $M_6,\cdots,M_{12},M_{13}$。M_{13}即为次年 1 月的产值预测值。

当 $n=5$ 时,同理可求得各月份的预测值,同学们可自行计算并和上表核对。

b.加权移动平均法。加权移动平均法就是在计算移动平均数时，对于时间序列赋予不同的权重，考虑越是近期发生的数据，对预测值的影响越大，故权重越大。这种方法就是将每个时间序列的数据乘上一个加权系数。其计算公式为

$$M_t = \frac{\alpha_1 X_{t-1} + \alpha_2 X_{t-2} + \cdots + \alpha_n X_{t-n}}{n}$$

式中 M_t——第 t 期的一次加权移动平均数预测值；

α_n——加权系数，应满足 $\frac{\sum_{i=1}^{n} \alpha_i}{n} = 1^{\alpha}$ 。

【例 2】某建筑工程公司过去 12 个月的实际产值见表 4.3，用加权移动平均法预测次年第 1 个月的产值。

【解】取加权系数 $\alpha_1 = 1.3, \alpha_2 = 1.0, \alpha_3 = 0.7$，计算过程和结果如表 4.3 所示。

表 4.3 加权移动平均法预测的产值

月份	实际产值 X_t/万元	M_t/万元(n=3)	M_t/万元
1	30	—	—
2	13	—	—
3	27	—	—
4	26	23.33	23.03
5	37	22	23.3
6	29	30	31
7	32	30.67	30.97
8	34	32.67	32.17
9	31	31.67	32.17
10	32	32.33	32.23
11	33	32.33	32.13
12	42	32	32.2
次年 1 月	—	35.67	36.67

第 4 个月的预测值为

$$M_t = \frac{1.3 \times 27 + 1.0 \times 13 + 0.7 \times 30}{3} = 23.03(\text{万元})$$

同理可计算第 5~13 个月的预测值。

从表 4.3 的计算结果可看出，采用加权移动平均进行预测的结果比一次移动平均法更能接近实际。越接近预测期的数据权数越大，对预测值的影响越大。

②指数平滑法。指数平滑法以指数形式的几何级数作为权数来考虑不同时期数据的影响，并将这些数据加权移动平均的一种预测方法。其计算公式为

$$S_t = \alpha X_t + (1 - \alpha) S_{t-1}$$

式中　S_t——第 t 期的一次指数平滑值，也就是第 $t+1$ 期的预测值；

X_t——第 t 期的实际发生值；

S_{t-1}——第 $t-1$ 期的一次指数平滑值，也就是第 t 期的预测值；

α——加权系数，$0\leq\alpha\leq1$。

【例 3】某建筑工程公司过去 12 个月的实际产值见表 4.4，用指数平滑法预测次年第 1 个月的产值。取 $\alpha=0.6, S_1=X_1=30$，求第 2，3，…，12 月份的指数平滑值。

表 4.4　一次指数平滑预测法预测的产值

月份	实际产值 X_t/万元	指数平滑值 S_t/万元
1	30	30
2	13	19.8
3	27	24.12
4	26	25.25
5	37	32.3
6	29	30.32
7	32	31.33
8	34	32.93
9	31	31.77
10	32	31.91
11	33	32.56
12	42	38.22
次年 1 月	—	38.22

【解】$S_1=\alpha X_1+(1-\alpha)S_0=0.6\times30+0.4\times30=30$（万元）

$S_2=\alpha X_2+(1-\alpha)S_1=0.6\times13+0.4\times30=19.8$（万元）

$S_3=\alpha X_3+(1-\alpha)S_2=0.6\times27+0.4\times19.8=24.12$（万元）

…

$S_{12}=\alpha X_{12}+(1-\alpha)S_{11}=0.6\times42+0.4\times32.56=38.22$（万元）

S_{12}即为次年第 1 个月的产值。

（2）回归分析预测法

回归预测法是为了测定客观现象的因变量与自变量之间的一般关系所使用的一种数学方法。在预测中常用的回归预测有一元回归预测和多元回归预测。这里仅介绍一元线性回归预测法。

一元线性回归预测法是根据历史数据在直角坐标系上描绘出相应点，运用最小二乘法在各点间作一直线，使直线到各点的距离最小。因此，这条直线就最能代表实际数据变化的趋势，用这条直线适当延长来进行预测是合适的，这种方法的优点是预测的数值比较准确，缺点是计算比较复杂。

一元线性回归的基本公式为

$$y = a + bx$$

式中 x——自变量；

y——因变量；

a,b——回归系数，也称待定系数。

求一元线性回归方程的思路是：从 $y=a+bx$ 中看出，当 $x=0$ 时，$y=a$，a 是直线在 y 轴上的截距。Y 是由 a 点起，随着 x 的变化开始演变的。a 是根据最小二乘法计算出来的经验常数，b 是直线的斜率，也是根据最小二乘法计算出来的经验常数。根据最小二乘法，a,b 的求解参见式为

$$b = \frac{n\sum xy - \sum x \sum y}{n\sum x^2 - \left(\sum x\right)^2} \qquad a = \frac{\sum y - b\sum x}{n}$$

【例 4】 某建筑公司投标承建某高校实验楼，为钢筋混凝土结构，建筑面积为 2 500 m^2，工期为 2007 年 1—5 月。在投标之前，公司将对该项目进行施工成本的预测和分析，试用一元线性回归法预测成本。

【解】 (1)搜集近期的同类工程的成本资料，该公司总结的近期钢筋混凝土工程的成本资料见表 4.5 的实际总成本栏。

(2)将各年度的工程成本换算到预测期的成本水平。由于成本水平主要受到材料价格的影响，所以可按建材价格上涨系数来计算。建筑公司根据国家发布的统计资料，测算的 2006 年建材价格上涨系数为 23%，2007 年上涨系数为 10%，换算的结果如表 4.5 所示。

表 4.5 某公司工程成本换算表

工程代号	工程竣工日期	建筑面积/m^2	实际总成本/万元	换算系数	2007 年度成本
(1)	(2)	(3)	(4)	(5)	(6)=(4)×(5)
zh200501	2005.9	1 500	201.9	1.23×1.1	273.17
zh200502	2005.11	1 800	230.68	1.23×1.1	312.11
zh200601	2006.3	2 000	303.6	1.1	333.96
zh200602	2006.5	1 000	161.4	1.1	177.54
zh200603	2006.7	1 300	213.72	1.1	235.09
zh200604	2006.12	3 000	466.2	1.1	512.82

(3)建立回归预测模型，线性回归方程式为

$$y = a + bx$$

编制最小二乘法计算表，如表 4.6 所示。

表 4.6　最小二乘法计算表

序号	建筑面积/m^2 x_i	实际总成本/万元 y_i	x_i^2	x_iy_i
①	②	③	④	⑤
1	1 500	273.17	2 250 000	409 755
2	1 800	312.11	3 240 000	561 798
3	2 000	333.96	4 000 000	667 920
4	1 000	177.54	1 000 000	177 540
5	1 300	235.09	1 690 000	305 617
6	3 000	512.82	9 000 000	1 538 460
总计	10 600	1 844.69	21 180 000	3 661 090

按最小二乘法计算表 4.6 的填列方法如下：

a.将建筑面积和实际成本，按序号填入第②、③栏。

b.将各工程的工作量、总成本分别汇总。

c.将第②栏各数平方后，填入第④栏。

d.将第③栏各数同②栏各数相乘后，填入第⑤栏。

根据计算公式，求得倾向变动线的斜率 b：

$$b = \frac{n\sum xy - \sum x\sum y}{n\sum x^2 - \left(\sum x\right)^2} = \frac{6 \times 3\ 661\ 090 - 10\ 600 \times 1\ 844.69}{5 \times 21\ 180\ 000 - 10\ 600^2} = 0.163\ 9$$

$$a = \frac{\sum y - b\sum x}{n} = \frac{1\ 844.69 - 0.163\ 9 \times 10\ 600}{6} = 17.89$$

y 对 x 的线性回归方程为 $y = 17.89 + 0.163\ 9x$

根据上述施工费用曲线方程，可以预测 2007 年度该高校实验楼预测总成本为：

$$y = 17.89 + 0.163\ 9 \times 2\ 500 = 427.64(\text{万元})$$

任务 4.3　工程成本计划

4.3.1　工程成本计划的作用

工程成本计划是成本管理的一项重要内容，是企业施工生产计划的重要组成部分。

工程成本计划通常是在项目经理负责下，由计划、预算、财务与技术人员通过成本预测，确定目标成本，并在此基础上编制成本计划。成本计划是以货币形式预先规定施工项目所需支出各项成本费用总和，它包括施工过程中所耗费的生产资料价值和付给劳动者的劳动报酬。每一位项目经理都必须认真编写工程成本计划，它是控制工程成本、实现降低成本任务的指导文件。

各个工程成本计划应根据公司的要求来编制，编好以后要报送公司，汇编成整个公司的成本计划，它是建立企业成本管理责任制、开展经济核算和控制成本费用的基础，是完成和超额完成企业成本计划的重要手段。

(1)成本计划可以充分调动职工增产节约、降低成本的积极性

企业的建筑安装工程成本计划具体规定了计划期内的成本水平和降低成本任务，体现了国家对企业降低成本的要求，同时也反映了广大职工在计划期挖掘降低成本的潜力。工程成本计划经过上级批准以后，就成为考核企业经营管理工作的一项重要依据，并使职工明确降低成本的奋斗目标，以利于积极完成和超额完成降低成本的任务。

(2)成本计划是成本控制、成本分析和考核的重要依据

成本计划既体现了社会主义市场经济体制下对成本核算单位降低成本的客观要求，也反映了企业降低成本的目标，它要求承包项目所编制的成本计划必须达到目标成本。如果承包项目所编制的成本计划达不到目标成本要求，就必须组织项目管理班子的有关人员重新研究寻找降低成本潜力的途径，再进行重新编制，从第一次所编成本计划到第二次或第三次的成本计划直至最终定案。所以，编制成本计划的过程，也是动员项目经理部全部职员挖掘降低成本潜力的过程，也是检验施工技术质量管理、工期管理、物资消耗和劳动力消耗管理等效果的全过程。工程成本计划一经确定，就要层层落实到部门和施工队组，并经常地将实际施工耗费与成本计划指标进行对比分析，揭露执行过程中存在的问题，及时采取有效措施，加强成本控制，以保证成本计划的顺利完成。

(3)成本计划是企业编制财务计划和国民经济计划的基础

企业要正确地计算利润，首先要正确编制成本计划，成本计划是编制利润计划的前提和基础。另外，成本计划也为企业核定流动资金和国家编制国民经济计划提供数据资料，它对企业和国家进行综合平衡具有重要作用。

4.3.2 工程成本计划的类型

成本计划以施工项目为对象，它的编制是一个不断深化的过程。在这个过程中，不同阶段会形成不同深度和作用的成本计划，按作用的不同可以划分成3类：

(1)竞争性成本计划

竞争性成本计划形成于施工项目投标及签订合同阶段，这阶段的估算成本计划即是竞争性成本计划。这类成本计划是以招标文件中的合同条件、投标者须知、技术规程、设计图纸或工程量清单等为依据，以有关价格条件说明为基础，结合调研和现场考察获得的情况，根据本企业的工料消耗标准、水平、价格资料和费用指标，对本企业完成招标工程所需要支出的全部费用进行估算。在投标报价过程中，虽也着力考虑降低成本的途径和措施，但总体上较为粗略。

(2)指导性成本计划

指导性成本计划即选派项目经理阶段的预算成本计划，是项目经理的责任成本目标。它是以合同标书为依据，按照企业的预算定额标准制订的设计预算成本计划，且一般情况下只是

确定责任总成本指标。

(3)实施性成本计划

实施性成本计划即项目施工准备阶段的施工预算成本计划,它是以项目实施方案为依据,以落实项目经理责任目标为出发点,采用企业的施工定额,通过施工预算的编制而形成的实施性施工成本计划。

以上3类成本计划互相衔接和不断深化,构成了整个工程施工成本的计划过程。其中,竞争性计划成本带有成本战略的性质,是项目投标阶段商务标书的基础。而有竞争力的商务标书又是以其先进合理的技术标书为支撑的。因此,竞争性成本计划奠定了施工成本的基本框架和水平。指导性计划成本和实施性计划成本,都是战略性成本计划的进一步展开和深化,是对战略性成本计划的战术安排。此外,根据项目管理的需要,实施性成本计划又可按施工成本组成、按子项目组成和按工程进度分别编制施工成本计划。

4.3.3　工程成本计划编制的要求

为了编好工程成本计划,充分发挥它的积极作用,必须贯彻以下几项要求:

(1)从实际出发使计划编得既积极先进,又留有余地

编制成本计划必须根据国家的方针政策,从企业的实际情况出发,充分挖掘企业内部潜力,使降低成本指标既积极可靠,又切实可行,留有余地。施工项目管理部门降低成本的潜力在于正确选择施工方案、合理组织施工,提高劳动生产率,改善材料供应、降低材料消耗、提高机械利用率,节约施工管理费用等。只有这样,成本计划工作才能更好地起到挖掘降低成本的内部潜力、调动职工群众积极性的作用。

(2)要贯彻勤俭办企业的方针、厉行节约、增加盈利

加强经济核算,厉行节约,提高经济效益,是社会主义经济发展的客观要求,也是我国建设社会主义的一项根本方针。在成本计划工作中,要认真贯彻节约的原则,把增产节约的具体措施贯彻到成本计划中去,以便更加合理、节约地使用人力、物力、财力,用最少的耗费取得最大的经济效益。

(3)必须以先进的技术经济措施为依据

为了使工程成本能够有效地降低,应当首先研究单位可采取哪些降低成本的技术组织措施。所采取的技术组织措施,一般均应通过试验和测算;对于本单位未采用过的措施,可以参考其他单位的资料并结合本单位的具体情况进行测算。必须指出,所有降低成本的措施,都必须在保证工程质量的前提下采用。

(4)成本计划与其他有关计划应密切配合,相互促进

成本计划是企业施工技术财务计划的重要组成部分。它不仅要以施工计划和技术组织措施、施工组织设计、物资供应及劳动工资等计划为依据进行编制,以综合反映这些计划所预计产生的经济效果,而且还要根据降低工程成本的需要,对其他有关计划提出节约的要求,使成本计划和其他有关计划密切配合、相互促进,保证成本计划的顺利完成。

(5)实行统一领导、分级管理的原则

编制公司的成本计划，一般应在公司总经理领导下，在总会计师、总经济师、总工程师的协助下，以财会部门和计划部门为中心，组织和发动有关部门、项目经理部共同研究制订。编制施工项目成本计划，则应在项目经理领导下，以财务成本和计划部门为中心，发动本项目经理部全体职工共同进行，共同总结降低成本经验、找出降低成本的正确途径，使成本计划的制订和执行具有广泛的群众基础。

4.3.4 工程成本计划的具体内容及相关表格

1)编制说明

成本计划的编制说明是指对工程的范围、投标竞争过程及合同条件、承包人对项目经理提出的责任成本目标、施工成本计划编制的指导思想和依据等的具体说明。

2)工程成本计划的指标

工程成本计划一般情况下有以下3类指标：

(1)成本计划的数量指标

这一类的指标有按子项汇总的工程项目计划总成本指标，按分部汇总的各单位工程(或子项目)计划成本指标，按人工、材料、机械等各主要生产要素计划成本指标等。

(2)成本计划的质量指标

例如施工项目总成本降低率，可采用下列公式计算：

设计预算成本计划降低率 = 设计预算总成本计划降低额 / 设计预算总成本

责任目标成本计划降低率 = 责任目标总成本计划降低额 / 责任目标总成本

(3)成本计划的效益指标

例如工程项目成本降低额，可采用下列公式计算：

设计预算成本计划降低额 = 设计预算总成本 - 计划总成本

责任目标成本计划降低率 = 责任目标总成本 - 计划总成本

3)按工程量清单列出的单位工程计划成本汇总表(表4.7)

表4.7 单位工程计划成本汇总表

序号	清单项目编号	清单项目名称	合同价格	计划成本
1				
2				

4)按成本性质划分的单位工程成本汇总表

根据清单项目的造价分析，分别对人工费、材料费、机械费、措施费、企业管理费和税费进

行汇总,可形成单位工程成本计划表。

工程成本计划的指标可以通过成本计划任务表、技术组织措施表、降低成本计划表、施工现场管理费计划表、施工队年度责任成本计划表、施工队季度责任成本计划表以及施工队月责任成本计划表等表格来反映。下面按施工项目的成本计划表、施工队责任成本计划表和施工班组月、旬责任成本计划表来分别进行介绍。

(1)施工项目的成本计划表

①施工项目成本计划表。施工项目成本计划表是反映施工项目的预算成本、计划成本、计划成本降低额和计划成本降低率的文件。如果项目经理在一个区域内同时有两个或两个以上的项目施工,则应先分别编制各项目的成本计划表,然后加以汇总成为“施工项目成本计划总表”。成本降低额能否实现,主要取决于采取的技术组织措施。因此,“计划成本降低额”这一栏要根据降低成本技术组织措施计划表、降低成本计划表和间接费用计划表的有关数据来填列。施工项目成本计划表的一般格式见表4.8。

表4.8　施工项目成本计划

工程名称　　　　20××年度　　　　单位:

项目经理

项　目	预算成本	计划成本	计划成本降低额	计划成本降低率
1.直接费用				
材料费				
其中:①技术措施				
②管理措施				
③科研措施				
④其他节约措施				
人工费				
机械使用费				
其他直接费				
合　计				

②降低成本技术组织措施计划表。降低成本技术组织措施计划表是反映各项节约措施及其经济效益的文件,由项目经理部有关人员分别就应采取的技术组织措施预测其经济效益,最后汇总编制而成。编制降低成本技术组织措施计划的目的,是为了在不断采用新工艺、新技术的基础上,提高施工技术水平和管理水平,保证施工项目降低成本任务的完成和超额完成。

降低成本技术组织措施计划表的一般格式见表4.9。

表4.9　降低成本技术组织措施计划表

工程名称：　　　　20××年度　　　　单位：

项目经理：

措施项目	措施内容	涉及对象			降低成本来源		降低成本额				
		实物名称	单价	数量	预算收入	计划开支	合计	人工费	材料费	机械费	其他直接费

③降低成本计划表。降低成本计划表是根据公司下达给该项目的降低成本任务和该项目经理部自己确定的降低成本指标而编制的降低成本计划，是编制施工项目成本计划表的依据。该表由项目经理部有关业务人员和技术人员编制，其依据是施工项目的总包和分包的分工、项目中各有关部门提供的降低成本资料及技术组织措施计划。在编制降低成本计划表时，还应参照企业内外以往同类项目成本计划的实际执行情况。

降低成本计划表的一般格式见表4.10。

表4.10　降低成本计划表

工程名称：　　　　20××年度　　　　单位：

项目经理：

分部分项工程名称	成本降低额					
	总计	直接成本				间接成本
		人工费	材料费	机械费	其他直接费	

④间接费用计划表。间接费用计划表是项目经理部为组织和管理项目施工的费用计划，用以确定间接费用预算收入数、计划支出数、计划降低额。应指出，这里所指的间接费用，是应计入工程成本的数额，而公司本部所发生的管理费用，则不计入工程成本，相应的预算收入也不计入间接费用计划。

间接费用计划表的一般格式见表4.11。

表4.11　间接费用计划表

工程名称：　　　　　　　　20××年度　　　　　　　　单位：

项目经理：

项　目	预算收入	计划数	降低额
1.项目管理人员工资			
2.职工福利费			
3.行政管理用固定资产折旧额			
4.修理费			
5.物料消耗费			
6.低值易耗品摊销			
7.取暖费			
8.水电费			
9.办公费			
10.差旅费			
11.财产保险费			
12.检验试验费			
13.工程保修费			
14.劳动保护费			
15.排污费			
16.其他费用			
合　计			

(2)施工队责任成本计划表

为了便于进行成本分析和成本考核,在制订成本计划时往往需要根据各个责任中心制订各自的责任成本计划。责任成本就是项目经理部将工程项目的成本目标,按管理层次进行分解至各项活动,落实到每个职能部门和作业班组,使得计划、实施、检查、处理和奖惩等科学管理环节能在工程成本管理中具体化。常见的有施工队责任成本计划和施工班组责任成本计划。施工队的责任成本计划就是根据实施性施工组织设计中的施工进度安排和要求来编制的施工队承包任务的成本计划,一般分为年、季、月责任成本计划;施工班组责任成本计划就是施工队所属的各个班组根据各班组自身承接的工程量、施工难度、工期等要求编制的,一般按月或旬编制。

①施工队年度责任成本计划表。施工队年度责任成本计划中拟定需完成的任务项目很

多,所以要求按照成本项目分类编制。拟完成的单位工程可以根据工程概预算章节中的名称列出并计算直接成本中的人工费、材料费和机械使用费,按定额标准确定工、料、机责任单价,再根据工程量计算直接成本各项目。

施工队年度责任成本计划表的一般格式见表4.12。

表4.12 年度责任成本计划表

施工队名称　　　　　　　　　　编制日期　　　　　　　　　　单位:

序号	工程名称	实物单位	工程量	直接成本										间接成本
				人工费			材料费			机械使用费			其他直接费	
				定额	定额数量	责任单价	定额	定额数量	责任单价	定额	定额数量	责任单价	费率/%	费率/%
1	2	3	4	5	6	7	8	9	10	11	12	13	14	15
2	单位工程1													
	单位工程2													
	⋮													
	单位工程 n													
合计														

②施工队季度责任成本计划表,由施工队根据项目经理部下达的季度施工计划安排,要求完成的任务量及施工形象进度要求,并结合施工设计图,在年度责任成本计划的基础上编制,其一般格式见表4.13。

表4.13 季度责任成本计划表

施工队名称　　　　　　　　　　编制日期　　　　　　　　　　单位:

序号	工程名称	实物单位	工程量	直接成本									
				人工费			材料费			机械使用费			其他直接费
				定额	定额数量	责任单价	定额	定额数量	责任单价	定额	定额数量	责任单价	费率/%
1	2	3	4	5	6	7	8	9	10	11	12	13	14
2	单位工程1 分部工程1 分部工程2 ⋮												

续表

序号	工程名称	实物单位	工程量	直接成本									
				人工费			材料费			机械使用费			其他直接费
				定额	定额数量	责任单价	定额	定额数量	责任单价	定额	定额数量	责任单价	费率/%
	单位工程2 分部工程1 分部工程2 ⋮												
	⋮												
	单位工程 n 分部工程1 分部工程2 ⋮												
合　计													

③施工队月责任成本计划表。施工队月责任成本计划只考虑直接成本中的人工费、材料费和机械使用费，不考虑其他直接费和间接成本，其一般格式见表4.14。

表4.14　月责任成本计划表

施工队名称　　　　编制日期　　　　单位：

序号	工程名称	实物单位	工程量	人工费			材料费			机械使用费		
				定额	定额数量	责任单价	定额	定额数量	责任单价	定额	定额数量	责任单价
1	2	3	4	5	6	7	8	9	10	11	12	13
2	分部工程1 分部分项工程1 ⋮											
	分部工程2 分部分项工程1 ⋮											
	⋮											
	分部工程 n 分部分项工程1 ⋮											
合　计												

(3)施工班组月、旬责任成本计划表(表 4.15)

表 4.15 施工班组月、旬责任成本计划表

施工班组名称　　　　编制日期　　　　单位:

序号	工程名称	实物单位	工程量	标准工、料、机消耗量							
				人工费		材料费			机械使用费		
				定额	定额/工天	材料名称	定额	定额数量	机械名称	台班定额	台班定额数量
1	2	3	4	5	6	7	8	9	10	11	12
2	分部分项工程 1										
	分部分项工程 2										
	⋮										
	分部分项工程 n										
合　计											

施工项目最基层的责任成本中心就是施工队下属的各个班组。施工班组是项目施工生产第一线的生产组织,若能把施工班组的成本控制做好,则施工项目成本管理的成功率可以达到 70%。

4.3.5 工程成本计划编制的步骤及程序

编制工程成本计划,一般可以按以下几个步骤进行。

(1)收集和整理资料

为了编制工程成本计划,企业应充分做好准备工作,广泛收集和整理所需要的各项资料。这些资料包括:

①国家和上级部门有关编制成本计划的规定。

②项目经理部与公司承包分配部门所签订的内部承包合同书。

③公司下达的成本降低额、降低率和其他有关技术经济指标。

④有关成本预测、决策的资料。

⑤施工项目的施工图预算、施工预算。

⑥施工组织设计。

⑦施工项目的机械设备生产能力及其利用情况。

⑧施工项目的材料供应、劳动工资及劳动效率等计划资料。

⑨计划期内的物资消耗定额、劳动工时定额、费用定额等资料。

⑩以往同类项目的实际执行情况及有关技术经济指标完成情况的分析资料。

⑪同行业同类项目的成本水平及增产节约的经验和有效措施。

⑫本企业项目的历史先进水平和当时的先进经验及采取的措施。

⑬国外同类项目的先进成本水平等资料。

除了收集上述资料外，还要深入实际，分析当前实际情况和未来的发展趋势，了解影响成本升降的有利条件和不利因素，研究如何克服不利因素和降低成本的具体措施，为编制成本计划提供丰富的具体资料。

(2)确定目标成本、目标成本降低率(额)及目标成本分解

项目经理部的财务部门在掌握了丰富的资料并加以整理分析后，应根据有关的设计、施工等计划，按照工程项目应投入的物资、材料、劳动力、机械、能源及各种设施等，结合计划期内各种因素的变化和准备采取的各种技术措施，进行反复测算、修订、平衡，估算出施工费用支出的总水平，提出全项目的成本计划控制指标，并最终确定目标成本，把目标成本分解落实到项目的各分部分项工程。

确定目标成本及目标成本降低率(额)的具体步骤如下：

①依据项目的合同、预算资料，初步估算出项目降低成本的目标。这个目标值应大于或等于企业下达的降低成本目标。

②将项目合同将去税金、目标利润和降低成本的目标值，即可得到项目的总目标成本。

③计算出项目的目标成本降低额和目标成本降低率，具体公式为：

$$目标成本降低额 = 项目的预算成本 - 项目的目标成本$$

$$目标成本降低率 = 目标成本降低额 / 项目的预算成本$$

④为了使初步制订的目标成本和目标成本降低率(额)能够落到实处，必须进行反复的试算平衡，并在此基础上将目标成本进行分解。具体的试算方法，一般从以下几方面进行：

a.由于劳动生产率的提高而形成人工费的节约：

$$成本降低率 = \left(1 - \frac{1 + 平均工资增长的百分率}{1 + 劳动生产率提高的百分率}\right) \times 生产工人工资占成本的百分率$$

b.由于材料消耗降低而形成的节约：

$$成本降低率 = 材料消耗定额降低的百分率 \times 材料费用占成本的百分率$$

c.由于生产增长的幅度超过管理费用增长的幅度而形成的节约

$$成本降低率 = \left(1 - \frac{1 + 管理费增长的百分率}{1 + 生产增长的百分率}\right) \times 管理费占成本的百分率$$

机械使用费、其他直接费的节约，可根据企业本部的计划规定来计算；间接费中的其他费用的节约(如临时工程)，可以参照前3项计算的方法来计算，也可根据企业规定来计算。

(3)编制成本计划草案

项目经理部审批下达项目成本指标后，财务等职能部门在总结上期成本计划完成的基础上，结合本期计划指标，提出挖掘潜力的各项具体措施，将计划指标分解落实下达到各班组及个人，使得目标成本的降低额和降低率得到充分讨论、反馈、再修订，使成本计划既能够切合实际，又成为职工群众共同奋斗的目标。

其他各职能部门也应该充分讨论项目经理部下达的费用控制指标，拟定具体实施的技术经济措施方案，编制各部门的费用预算。

(4)编制正式成本计划

项目经理部首先应该对各计划和费用预算进行检查，看其是否合理可行，并进行综合平衡，使各部门计划和费用预算之间相互协调、衔接；其次，要从全局出发，在保证企业下达的成本降低任务或本项目目标成本实现的情况下，以施工计划为中心，分析研究成本计划与施工计划、劳动计划、材料成本与物资供应计划、工资成本与工资成本与工资基金计划、资金计划等的相互协调平衡。经过反复讨论、多次综合平衡，最后确定的成本计划指标，即可作为编制成本计划的依据。项目经理部正式编制的成本计划，上报企业审批后，即可正式下达至各职能部门执行。

工程成本计划编制的程序可归纳如下(如图4.7所示)：

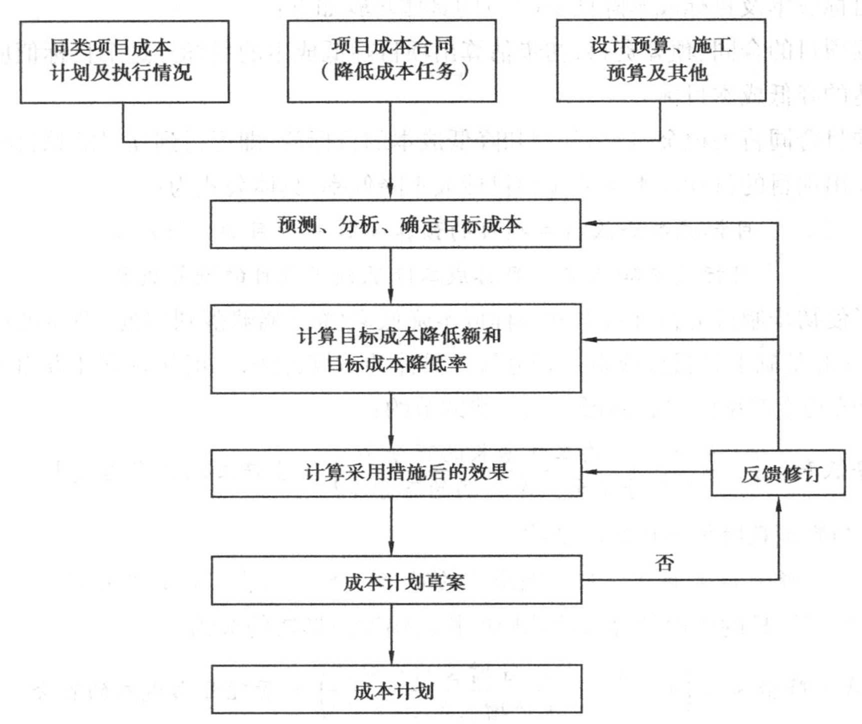

图4.7　工程成本计划编制的程序

4.3.6　工程成本计划的表达方式

(1)按工程成本构成来编制工程成本计划

工程成本可以按照成本构成分解成人工费、材料费、施工机具使用费和企业管理费等，如图4.8所示。工程成本计划的编制可在此基础上进行。

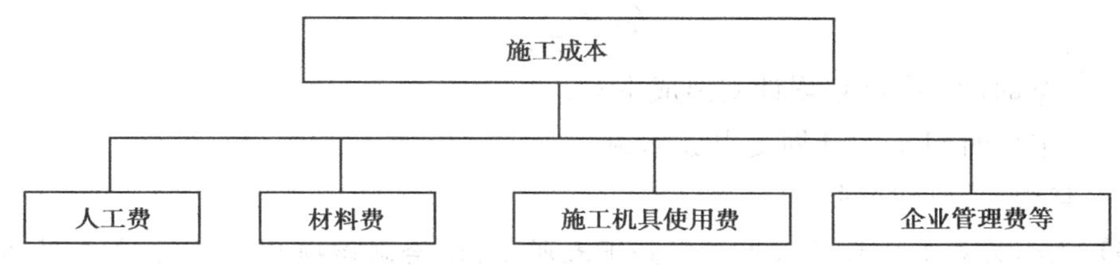

图 4.8　施工成本构成图

(2)按工程项目组成来编制工程成本计划

大中型项目可以自上而下分解成若干单项工程、许多个单位工程、N 个分部分项工程。因此,按照工程项目的组成,可以首先把项目总成本分解到单项工程和单位工程中,并进一步分解到分部工程和分项工程中,如图 4.9 所示。

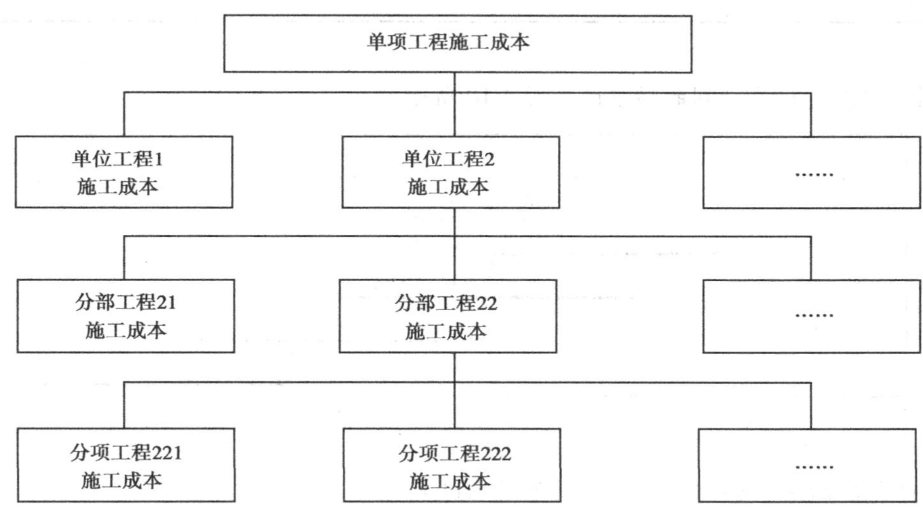

图 4.9　单项工程施工成本分解图

(3)按工程进度来编制工程成本计划

按工程进度编制工程成本计划时,一方面要在建立网络图时确定各项工序所需的持续工作时间,另一方面还需确定这项工序合适的成本支出计划。其表达方式常见的有两种:一是成本计划直方图;二是时间-成本累积曲线(S 形曲线)表示。

其中,时间-成本累积曲线(S 形曲线)的绘制步骤如下:

①确定工程项目进度计划,编制进度计划的横道图。

②根据每单位时间内完成的实物工程量或投入的人力、物力和财力,计算单位时间(月或旬)的成本,在时标网络图上按时间编制成本支出计划。

③计算规定时间 t 计划累计支出的成本额,其计算方法为:各单位时间计划完成的成本额累加求和,可按下式计算:

$$Q_t = \sum_{n=1}^{t} q_n$$

式中　Q_t——某时间 t 内计划累计支出成本额；

q_n——单位时间 n 的计划支出成本额；

t——某规定计划时刻。

【例 5】已知某施工项目的数据资料如下表所示，试绘制该项目的时间-成本累积曲线，见表 4.16。

表 4.16

编　号	项目施工过程	最早开始时间/月份	工期/月	成本强度/(万元·月$^{-1}$)
1	A	1	3	6
2	B	2	4	5
3	C	4	4	8
4	D	6	4	3

【解】(1)绘制进度计划的横道图如图 4.10 所示。

施工过程	进度/月								
	1	2	3	4	5	6	7	8	9
A	6	6	6						
B		5	5	5	5				
C				8	8	8	8		
D						3	3	3	3

图 4.10

(2)横道图上按时间编制成本计划，如图 4.11 所示。

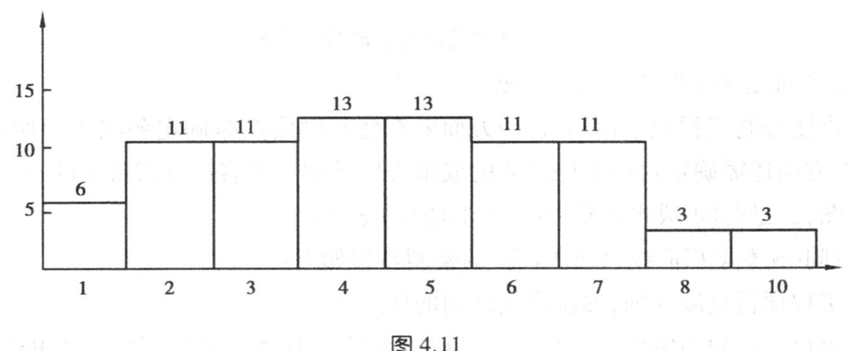

图 4.11

(3)根据公式 $Q_t = \sum_{n=1}^{t} q_n$，可得到如下结果：

$Q_1=6, Q_2=17, Q_3=28, Q_4=41, Q_5=54,$

$Q_6=65, Q_7=76, Q_8=79, Q_9=82$。

(4)绘制S形曲线如图4.12所示。

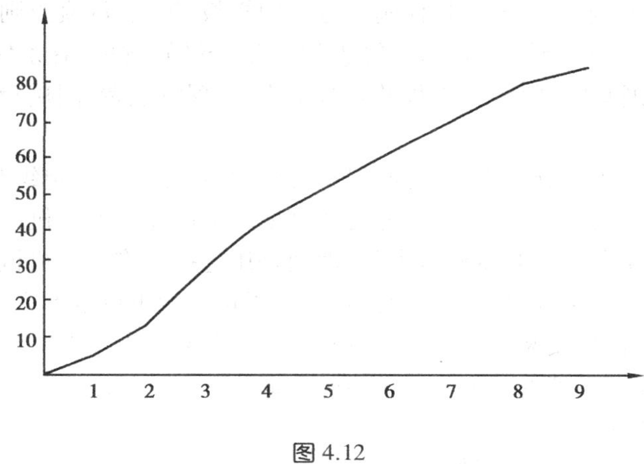

图4.12

4.3.7 施工项目成本计划的编制方法

1)定额估算法(两算对比法)

在概、预算编制力量较强,定额比较完备的情况下,特别是施工图预算与施工预算编制经验比较丰富的施工企业,工程项目的成本目标可由定额估算法产生。

(1)"两算"的概念

施工图预算,是以施工图为依据,按照预算定额和规定的取费标准以及图纸工程量计算出的项目成本,反映为完成施工项目建筑安装任务所需的直接成本和间接成本。它是招投标中计算标底的依据,评标的尺度,是控制项目成本支出、衡量成本节约或超支的标准,也是施工项目考核经营成果的基础。

施工预算是施工单位为了加强企业内部的经济核算,在施工图预算的控制下,依据企业内部的施工定额,以建筑安装单位工程为对象,根据施工图纸、施工定额、施工及验收规范、标准图集、施工组织设计编制的单位工程施工所需的人工、材料和施工机械台班用量的技术经济文件。它是施工企业的内部文件。

(2)施工预算与施工图预算的区别

①用途及编制方法不同。施工预算用于施工企业内部核算,主要计算工料用量和直接费;而施工图预算却要确定整个单位工程造价。施工预算必须在施工图预算价值的控制下进行编制。

②使用定额不同。施工预算的编制依据是施工定额,施工图预算使用的是预算定额,两种定额的项目划分不同。即使是同一定额项目,在两种定额中各自的工、料、机械台班耗用数量都有一定的差别。

③工程项目粗细程度不同。施工预算比施工图预算的项目多、划分细,具体表现如下:

a.施工预算的工程量计算要分层、分段、分工程项目计算,其项目要比施工图预算多。如砌砖基础,预算定额仅列了1项;而施工定额则根据不同深度及砖基础墙的厚度,共划分了6个项目。

b.施工定额的项目综合性小于预算定额。如现浇钢筋混凝土工程,预算定额每个项目中都包括了模板、钢筋、混凝土 3 个项目,而施工定额中模板、钢筋、混凝土则分别列项计算。

④计算范围不同。施工预算一般只计算工程所需工料的数量,有条件的地区可计算工程的直接费,而施工图预算要计算整个工程的直接工程费、现场经费、间接费、利润及税金等各项费用。

⑤所考虑的施工组织及施工方法不同。施工预算所考虑的施工组织及施工方法要比施工图预算细得多。如吊装机械,施工预算要考虑的是采用塔吊还是卷扬机或别的机械,而施工图预算对一般民用建筑是按塔式起重机考虑的,即使是用卷扬机作吊装机械也按塔吊计算。

⑥计量单位不同。施工预算与施工图预算的工程量计量单位也不完全一致。如门窗安装施工预算分门窗框、门窗扇安装两个项目,门窗框安装以樘为单位计算,门窗扇安装以扇为单位计算工程量,但施工图预算的门窗安装包括门窗框及扇,都以 m^2 计算。

(3)定额估算法的公式

两算对比的基本经济技术指标如下:

①分项实物量对比的基本指标为:人工消耗节约或超出数量、材料消耗节约或超出数量、机械台班消耗节约或超出数量。

②分项费用金额对比的基本指标为:人工费节约或超出额、材料费节约或超出额、机械费节约或超出额。

计划成本降低额 = 两算对比定额差 + 技术组织措施计划节约额

2)计划成本法

(1)施工预算法

施工预算法是指以施工图中的工程实物量,乘以工料消耗定额,计算出工料消耗量,并以货币形式反映其施工生产耗费水平。这种施工生产耗费水平,基本是一个不变的常数。项目经理部要想提高经济效益,就必须在这个常数的基础上采取技术节约措施,以降低消耗定额的单位消耗量和降低价格等,来达到降低成本的目的。因此,采用施工预算法编制成本计划时,必须考虑节约措施计划,以便达到降低施工生产耗费水平。其计算公式如下:

施工项目计划成本 = 施工预算施工生产耗费水平 − 技术节约措施计划节约额

【例 6】某工程项目根据施工预算的工程量,套用施工工料消耗额,计算出工程所需模板的费用为 600.98 万元。在施工过程,施工单位对模板方案进行了改进,达到了节约模板单位成本的目的,节约数额为 21.46 万元。求工程模板的计划成本。

【解】计划成本 = 600.98 − 21.46 = 579.52(万元)

(2)技术节约措施法

技术节约措施法是指以该施工项目预算成本减去计划采取的技术组织措施和节约措施所取得的经济效果,以确定施工项目计划成本的方法,其计算公式如下:

施工项目计划成本 = 施工项目预算成本 − 技术组织措施和节约措施所取得的降低成本额

编制施工项目计划成本时,可按照上述公式设计计划表格,以单位工程为单位,分别计算出各分部分项工程的计划成本(预算成本 − 降低成本额)。

【例 7】某工程造价为 561.23 万元。除去计划利润和税金以及企业管理费之后,该工程的预算成本为 456.78 万元。在施工过程,施工单位采取直螺纹套筒连接钢筋的方式,使得工程节约了30.38万元。求该工程模板的计划成本。

【**解**】计划成本=456.78−30.38=426.4(万元)

(3)成本习性法

成本习性法,是固定成本和变动成本在编制成本计划中的应用,主要按照成本习性,将成本分成固定成本和变动成本两类,以此作为计划成本。具体划分可采用费用分解法。

变动成本是成本的总发生额在相关范围内随着业务量的变动而呈线性变动的成本。直接人工、直接材料都是典型的变动成本。

①材料费。与产量有直接联系,属于变动成本。

②人工费。在计时工资形式下,生产工人工资属于固定成本。因为不管生产任务完成与否,工资照发,与产量增减无直接联系。如果采用计件超额工资形式,则计件工资部分属于变动成本,奖金、效益工资和浮动工资部分,也应计入变动成本。

③机械使用费。机械使用费中有些费用随产量增减而变动,如燃料、动力费,属变动成本。有些费用不随产量变动,如机械折旧费、大修理费、机修工、操作工的工资等,属于固定成本。此外还有机械的场外运输费和机械组装拆卸、替换配件、润滑擦拭等经常修理费,由于不直接用于生产,也不随产量增减成正比例变动,而是在生产能力得到充分利用。产量增长时,所分摊的费用就少些,在产量下降时,所分摊的费用就要大一些,所以这部分费用为介于固定成本和变动成本之间的半变动成本,可按一定比例划归固定成本与变动成本。

④其他直接费。水、电、风、汽等费用以及现场发生的材料二次搬运费,多数与产量发生联系,属于变动成本。

⑤施工管理费。其中大部分在一定产量范围内与产量的增减没有直接联系,如工作人员工资,生产工人辅助工资,工资附加费、办公费、差旅交通费、固定资产使用费、职工教育经费、上级管理费等,基本上属于固定成本。而检验试验费、外单位管理费等与产量增减有直接联系,则属于变动成本范围。此外,劳动保护费中的劳保服装费、防暑降温费、防寒用品费,劳动部门都有规定的领用标准和使用年限,基本上属于固定成本范围。技术安全措施、保健费,大部分与产量有关,属变动性质。工具用具使用费中,行政使用的家具费属固定成本,工人领用工具随管理制度不同而不同,有些企业对机修工、电工、钢筋、车、钳、刨工的工具按定额配备,按规定使用年限定期以旧换新,属于固定成本;而对民工、木工、抹灰工、油漆工的工具,采取定额人工数、定价包干,则又属于变动成本。

施工项目计划成本 = 施工项目变动成本总额 + 施工项目固定成本总额

任务4.4　工程成本控制

4.4.1　工程成本控制的意义

成本控制,是指工程成本在形成过程中,采用各种有效措施,对施工生产经营所消耗的人力资源、物资资源和费用开支进行指导、监督、调节和限制,把各项施工费用控制在计划成本的范围之内,随时揭示并及时反馈,解决施工经营工程中的损失和浪费现象,随时发现、总结和推广施工经营过程中节约劳动耗费的先进技术、先进方法以及先进的工作经验，扬长避短，使之最终达到甚至超过预期的成本目标。

成本控制的关键在于严格按照既定标准进行控制，并根据发生偏差的具体情况来调节和指导，使其达到预定的成本目标，即通常人们所说的"日常成本控制"。从现代控制论角度来说，就是"反馈控制系统"。

从建筑业的角度来说，成本控制的主体主要是建筑企业的成本管理机构和各级管理人员。由于建筑企业的建筑规模日益扩大，施工过程越来越复杂，管理层次相应增加，各企业大多实行项目经理制。因此，企业成本控制也形成了一个多层次的控制系统，上自公司本部，下至项目经理部和附属企业，这些管理单位都可以说是成本控制的主体。

根据管理多层次的情况，施工项目的成本目标，有企业下达或内部承包合同规定的，也有项目自行规定的。但这些成本目标，一般只规定一个成本降低率或降低额，即使加以分解，也不过是相对明细的成本指标而已，难以具体落实，以致目标管理往往流于形式，看不见，抓不着，心中无数，无法发挥成本控制的作用。因此，项目经理部必须以成本目标为依据，结合本施工项目的实际情况，积极采取切实有效的技术组织措施，挖掘一切内部潜力，扬长避短，制订具体的施工项目成本计划。这种项目成本计划突出的特点是切实可行，具体规定每一个分部分项工程的资源消耗水平，以及每一项技术组织措施的具体内容和节约金额，这样既可以知道项目管理人员是否有效地进行成本控制，又可以作为企业对项目进行成本检查和考核的依据。

从上述可见，施工项目成本控制的目的在于降低项目成本，提高经济效益。然而，施工项目成本的降低，除了大力控制成本支出以外，还必须增加工程预算收入，即所谓"开源节流"。因为只有一手抓收入，一手抓支出，增收节支并举，才能增加企业的经济效益，提高成本管理水平。

4.4.2 工程成本控制的对象和内容

(1)以工程成本形成的过程作为控制对象

根据对工程成本实行全面控制的原则，成本控制的具体内容包括：

①工程投标阶段，应根据工程概况和招标文件，进行工程成本的预测，提出投标决策的意见。

②施工准备阶段，应结合设计图纸的自审、会审和其他资料(如地质勘探资料等)，编制实施性施工组织设计，并通过多方案的技术经济比较，从中选择经济合理、先进可行的施工方案，并编制具体的成本计划，对工程成本进行事前控制。

③施工阶段，以施工图预算、施工预算、劳动定额、材料消耗定额和费用开支标准等，对实际发生的成本费用进行控制。

④竣工交付使用及保修期阶段，应对竣工验收过程发生的费用和保修费用进行控制。

(2)以工程的职能部门、施工队组作为成本控制对象

成本费用和损失浪费大都发生在各个部门和施工队组。因此，应以各部门、施工队组作为成本控制对象，接受项目经理和公司有关部门的监控、检查和考评。

(3)以分部分项工程作为工程成本的控制对象

项目经理部应以公司经营部门编制的施工预算作为对分部分项工程成本进行控制的依据。

4.4.3 成本控制的原则

1) 开源与节流相结合的原则

在成本控制中,应该坚持开源与节流相结合的原则。要求做到每发生一笔金额较大的成本费用,都要查一查有无与其相对应的预算收入,是否支大于收。在经常性的分部分项工程成本核算和月度成本核算中,也要进行实际成本与预算收入的对比分析,以便从中探索成本节超的原因,纠正项目成本的不利偏差,提高项目成本的降低水平。

2) 全面控制原则

(1) 项目成本的全员控制

项目成本是一项综合性很强的指标,它涉及项目组织中各个部门、单位和班组的工作业绩,也与每个职工的切身利益有关。因此,项目成本的高低需要大家关心,施工项目成本管理(控制)也需要项目建设者群策群力,仅靠项目经理和专业成本管理人员及少数人的努力是无法收到预期效果的。项目成本的全员控制,并不是抽象的概念,而应该有一个系统的实质性内容,其中包括各部门、各单位的责任网络和班组经济核算等,防止成本控制人人有责又都人人不管。

(2) 项目成本的全过程控制

施工项目成本的全过程控制,是指在工程项目确定以后,自施工准备开始,经过工程施工,到竣工交付使用后的保修期结束,其中每一项经济业务,都要纳入成本控制的轨道。也就是:成本控制工作要随着项目施工进展的各个阶段连续进行,既不能疏漏,又不能时紧时松,使施工项目成本自始至终置于有效的控制之下。

3) 中间控制原则

中间控制原则又称动态控制原则,对于具有一次性特点的施工项目成本来说,应该特别强调项目成本的中间控制。因为施工准备阶段的成本控制,只是根据上级要求和施工组织设计的具体内容,确定成本目标、编制成本计划、制订成本控制的方案,为今后的成本控制做好准备。而竣工阶段的成本控制,由于成本盈亏已经基本定局,即使发生了偏差,也已来不及纠正。因此,把成本控制的重心放在基础、结构、装饰等主要施工阶段上,则是十分必要的。

4) 目标管理原则

目标管理是贯彻执行计划的一种方法,它把计划的方针、任务、目的和措施等逐一加以分解,提出进一步的具体要求,并分别落实到执行计划的部门、单位甚至个人。目标管理的内容包括:目标的设定和分解,目标的责任到位和执行,检查目标的执行结果,评价目标和修正目标,形成目标管理的 P(计划)—D(实施)—C(检查)—A(处理)循环。

5) 节约原则

节约人力、物力、财力的消耗,是提高经济效益的核心,也是成本控制的一项最主要的基本原则。节约要从 3 个方面入手:一是严格执行成本开支范围、费用开支标准和有关财务制度,对各项成本费用的支出进行限制和监督;二是提高施工项目的科学管理水平,优化施工方案,提高生产效率,节约人、财、物的消耗;三是采取预防成本失控的技术组织措施,制止可能发生的浪费。做到了以上 3 点,成本目标就能实现。

6)例外管理原则

例外管理是西方国家现代管理常用的方法,它起源于决策科学中的例外原则,目前则被更多地用于成本指标的日常控制。在工程项目建设过程的诸多活动中,有许多活动是例外的,如施工任务单和限额领料单的流转程序等,通常是通过制度来保证其顺利进行的。但也有一些不经常出现的问题,我们称之为例外问题。这些例外问题,往往是关键性问题,对成本目标的顺利完成影响很大,必须予以高度重视。例如,在成本管理中常见的成本盈亏异常现象,即盈余或亏损超过了正常的比例;本来是可以控制的成本,突然发生了失控现象;某些暂时的节约,但有可能对今后的成本带来隐患(如由于平时机械维修费的节约,可能会造成未来的停工修理和更大的经济损失)等,都应该视为例外问题,进行重点检查,深入分析,并采取相应的积极措施加以纠正。

7)责、权、利相结合的原则

要使成本控制真正发挥及时有效的作用,必须严格按照经济责任制的要求,贯彻责、权、利相结合的原则。

在项目施工过程中,项目经理、工程技术人员、业务管理人员以及各单位和生产班组都负有一定的成本控制责任,从而形成整个项目的成本控制责任网络。另一方面,各部门、各单位、各班组在肩负成本控制责任的同时,还应享有成本控制的权力,即在规定的权力范围内可以决定某项费用能否开支、如何开支和开支多少,以行使对项目成本的实质性控制。最后,项目经理还要对各部门、各单位、各班组在成本控制中的业绩进行定期的检查和考评,并与工资分配紧密挂钩,实行有奖有罚。实践证明,只有责、权、利相结合的成本控制,才是名实相符的项目成本控制,才能收到预期的效果。

4.4.4 成本控制的程序

1)管理行为控制程序

(1)建立项目施工成本管理体系的评审组织和评审程序

成本管理体系的建立不同于质量管理体系,质量管理体系反映的是企业的质量保证能力,由社会有关组织进行评审和认证;成本管理体系的建立则是企业自身生存发展的需要,没有社会组织来评审和认证。因此企业必须建立项目施工成本管理体系的评审组织和评审程序,定期进行评审和总结,持续改进。

(2)建立项目施工成本管理体系运行的评审组织和评审程序

项目施工成本管理体系的运行有一个逐步推行的渐进过程。一个企业的各分公司、项目经理部的运行质量往往是不平衡的。因此,必须建立专门的常设组织,依照程序定期地进行检查和评审,发现问题,总结经验,以保证成本管理体系的保持和持续改进。

(3)目标考核,定期检查

管理程序文件应明确每个岗位人员在成本管理中的职责(见表4.17),确定每个岗位人员

的管理行为，如应提供的报表、提供的时间和原始数据的质量要求等。要把每个岗位人员是否按要求去履行职责作为一个目标来考核。为了方便检查，应将考核指标具体化，并设专人定期或不定期地检查。

表 4.17　项目成本岗位责任考核表

序号	岗位名称	职　责	检查方法	检查人	检查时间
1	项目经理	1.建立项目成本管理组织； 2.组织编制项目施工成本管理手册； 3.定期或不定期地检查有关人员管理行为是否符合岗位职责要求	1.查看有无组织结构图； 2.查看《项目施工成本管理手册》	上级或自查	开工初期检查一次，以后每月检查一次
2	项目工程师	1.指定采用新技术降低成本的措施； 2.编制总进度计划； 3.编制总的工具及设备使用计划	1.查看资料； 2.对比现场实际情况与计划	项目经理或其委托人	开工初检查一次，以后每月检查1~2次
3	主管材料员	1.编制材料采购计划； 2.编制材料采购月报表； 3.对材料管理工作每周组织一次检查； 4.编制月材料盘点表及材料收发结存报表	1.查看资料； 2.对现场实际情况与管理制度中的要求进行对比	项目经理或其委托人	每月或不定期抽查
4	成本会计	1.编制月度成本计划； 2.进行成本核算，编制月度成本核算表； 3.每月编制一次材料复核报告	1.查看资料； 2.审核编制依据	项目经理或其委托人	每月检查一次
5	施工员	1.编制月度用工计划； 2.编制月材料需求计划； 3.编制月度工具及设备计划； 4.开具限额领料单	1.查看资料； 2.对比计划与实际情况，考核其准确性及实用性	项目经理或其委托人	每月或不定期抽查

(4)制订对策，纠正偏差

对管理工作进行检查的目的是为了保证管理工作按预定的程序和标准进行，从而保证项目施工成本管理能够达到预期的目的。因此，对检查中发现的问题要及时进行分析，然后根据不同的情况，及时采取对策。

2)指标控制程序

(1)确定施工项目成本目标及月度成本目标

在工程开工之初，项目经理部应根据公司与项目签订的《项目承包合同》确定项目的成本管理目标，并根据工程进度计划确定月度成本计划目标。

(2)收集成本数据,监测成本形成过程

过程控制的目的就在于不断纠正成本形成过程中的偏差,保证成本项目的发生是在预定范围之内。因此,在施工过程中要定期收集反映施工成本支出情况的数据,并将实际发生情况与目标计划进行对比,从而保证有效控制成本的整个形成过程。

(3)分析偏差原因,制订对策

施工过程是一个多工种、多方位立体交叉作业的复杂活动,成本的发生和形成是很难按预定的目标进行的,因此,需要对产生的偏差及时分析原因,分清是客观因素(如市场调价)还是人为因素(如管理行为失控),及时制订对策予以纠正。

(4)用成本指标考核管理行为,用管理行为来保证成本指标

管理行为的控制程序和成本指标的控制程序是对项目施工成本进行过程控制的主要内容,这两个程序在实施过程中是相互交叉、相互制约又相互联系的。只有把成本指标的控制程序和管理行为的控制程序相结合,才能保证成本管理工作有序地、富有成效地进行。成本指标控制程序图如图 4.13 所示。

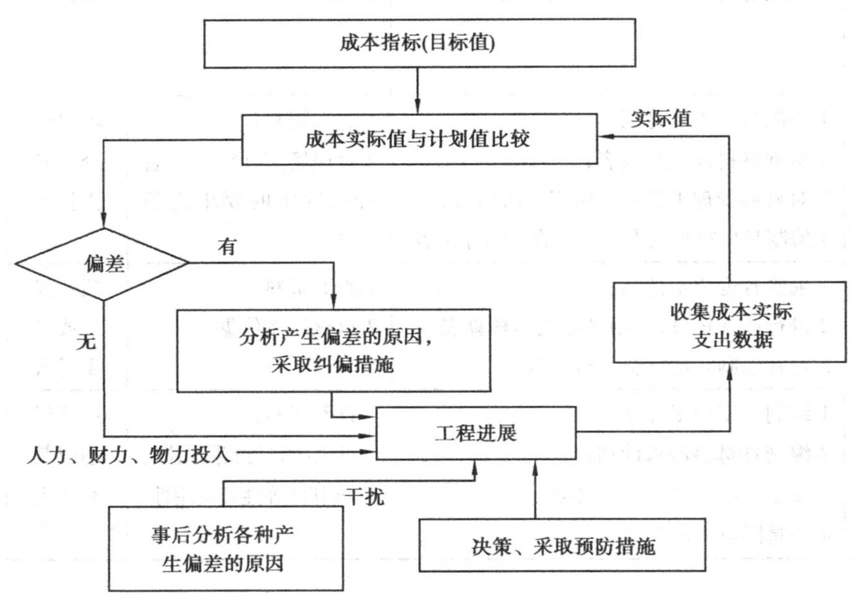

图 4.13　成本指标控制程序图

4.4.5　成本控制的方法

1)施工成本的过程控制法

(1)材料费的控制

①材料领发的控制。严格执行材料领发制度,是控制材料成本的关键。如果项目经理部材料领发制度不严格,随意领料,不办手续,或者计量不准确,那么材料消耗定额就将失去作

用，材料成本就将失控。

控制材料领发的办法，主要是实行限额领料制度，用限额领料来控制工程用料。

②材料价格的控制。材料的采购成本，按规定应包括买价、运杂费和采购保管费。由于建筑企业材料用量大、来源渠道多、价格不一，这就要求对材料采购成本加以控制。

材料采购业务管理及其价格的控制，主要有以下几方面：

A.以地区材料预算价格作为控制材料采购成本的基础。控制材料采购成本，首先要编制材料计划成本（价格）目录，作为控制的依据，全国各省市都编有"地区基本建设材料预算价格"，建筑企业可以用现成的统一规定，控制各种材料的实际采购成本，并以此作为考核供应部门材料采购工作质量的依据。凡购入材料的实际成本，低于规定的供应价格，一般认为情况正常；如果实际成本超出规定价格，就需要进行具体分析，看其是否合理、合法。

B.按计划成本进行材料价格的核算

在材料核算中，材料计价的方法，一般有下列两种方法：

a.按实际成本计价。按实际成本计价是指每一种材料的收、发结存量都按实际成本计价。采用这种计价方法，核算结果符合实际情况。但是，由于各批进料的买价和运费往往不同，因而每购进一批材料，材料的实际成本就会发生变化，需要相应地调整库存材料和发出材料的实际单位成本，核算手续比较繁重。

b.按计划成本计价。材料按计划成本计价，是指每一种材料的收、发、结存量都按预先确定的计划成本计价。计划成本与实际成本之间的差异额，另行按各类材料综合核算，以便月终调整，求出材料收、发、结存的实际成本。采用计划成本计价法，可以大大简化材料日常收发的核算手续，便于考核材料采购业务成果和工程用料的节约或超支情况。

从成本控制的角度来说，采用计划成本计价的方法比较好。凡按计划成本计价的项目经理部，应设置一套材料采购成本差异明细账，见表4.18。

表4.18　材料采购成本差异明细账

总账科目：

材料类别：

材料名称：　　　　　　　　　　20××年度　　　　　　　　　　单位：元

月	日	凭证编号	摘要	本月收料			差异分配率	本月发料			月末结存		
				计划成本	借差（超支）	贷差（节约）		计划成本	借差（超支）	贷差（节约）	计划成本	借差（超支）	贷差（节约）

为了有效地控制材料成本,需要及时提供材料采购价格的信息,财会部门可以编制材料采购成本差异控制日(旬)报表,送给项目经理和供应部门参考,其一般格式见表 4.19 所示。

表 4.19 材料采购成本差异控制日(旬)报表

20××年　　月　　日

材料类别	材料名称	规　格	单位	采购数量	计划成本/元		实际成本/元		差异/元		差异率/%
					单位成本	总成本	单位成本	总成本	单位成本	总成本	
合　计											

C.材料采购业务的审核

成本控制,关键在于控制材料成本,而控制材料成本的重点在于认真地对材料采购业务进行审核。审核时,要注意以下几方面:

a.采购地点的审核。由于施工项目用料数量很大,需要外购大批材料。有的企业要求钢筋、水泥、木材三大材料由公司购买,其他材料由项目经理部购买。因此,项目经理部应对自购材料进行审核,主要审查材料是在本埠采购的,还是在外埠采购的。一般说来,采购材料应该就地取材,不应舍近求远,以降低材料采购成本和减少运输量。如果发现有不正常情况,应进一步检查是否存在违法行为或不正之风。

b.材料价格的审核。对材料的审查,特别要注意材料价格是否合理,是否符合物价政策。从发票账单中可以查出各种材料的买价多少,应与各省市、自治区所规定的材料预算供应价进行比较,看看是否相符。如果供应价提高了,应追查原因,是不是提高了材料单价,或者增加了包装费、外地运杂费和供销部门手续费,看其是否合理合法。如有不正常情况,要追查原因,必要时可向物价管理部门举报,把损失追回来。对于向两个以上单位采购同一种材料时,要注意审查其价格是否一致,是否有贪污作弊行为,应予查清。

c.采购保管费的审查。采购保管费,是指材料供应部门及仓库为采购、验收、保管和收发各种材料所发生的各种费用。它是构成材料价格的基本因素之一,约占材料供应价和本市运费的 2%。审核时,要注意采购保管费的支出是否节约、合理、合法,特别要注意检查采购人员差旅费及办公费的支出,严防人浮于事,乘机游山玩水,加大费用的开支。如果发生这类非法开支,应严肃处理,追回款项,情节严重的,应给予经济制裁和行政处分。

d.材料质量的审核。材料验收入库时,首先要进行材料质量的检查,看看材料质量是否符合规定标准。对于材料质量低劣、将会影响工程质量的,应予退回;对于材料质量稍次、但仍能使用而不影响工程质量的,应与对方联系,商定处理办法。此外,还要注意有无不去采购物美价廉的材料,反而愿意购买质低价高的材料的反常状态。如有这种情况,必须调查清楚,以防贿赂的发生。

(2)人工费的控制

①劳动定额的制定。劳动定额,也称人工定额,是施工定额的主要组成部分。劳动定额有两种基本形式,一种是用时间来表示的劳动定额,即工时定额,它是指工人在一定生产条件下为完成某件产品所需的时间;另一种是用产量表示的劳动定额,即产量定额,它是指工人在一定生产条件下在单位时间内完成的合格产品的数量。

劳动定额是企业编制施工预算、施工组织设计和作业计划的依据,是项目经理部与施工队签订合同支付劳务费用的依据,也是施工队向班组签发工程任务单控制人工费支出的依据。在施工活动中,必须严格执行施工定额,用人工定额控制施工过程的劳动耗费,促使工程成本不断降低,提高经济效益。

正确地制定和贯彻劳动定额,可以为合理组织劳动力、提高劳动生产率创造条件。通过劳动定额,使工人的收入同自己的劳动成果直接挂钩,可以更好地贯彻按劳分配的原则,促使劳动者对生产更加关心。所以,工资成本的控制,应从制定劳动定额开始。

劳动定额的制定方法主要有经验估计法、统计分析法、技术测定法等方法。

②工资基金的控制。工资基金的控制一般应贯彻以下原则:

a.工资增长的速度一般不得超过劳动生产率的速度。随着我国经济的发展,职工工资增长很快,但是,工资增长的速度一般不得高于劳动生产率增长的速度。如果各企业单位的工资增长过多过快,就会使消费基金的增长失去控制。这样不仅使社会上的货币流通量增大,冲击市场,影响物价的基本稳定;同时,也减少了社会主义积累的数额,影响社会主义建设的进程。因此,只有在发展生产、提高劳动生产率和提高经济效益的基础上,才能逐步提高职工的工资水平。

b.要正确贯彻按劳分配的原则。工资的管理,一方面要根据企业经营管理的好坏来区别对待,让工资同企业的经济效益挂钩,经济效益高的企业可相应地增加工资,提高工资水平;另一方面,在企业职工之间,要根据其劳动数量和质量,实行同工同酬,认真贯彻各尽所能、按劳分配、多劳多得的原则,反对平均主义。

(3)机械使用费的控制

①机械台班定额的制定和控制。机械台班定额,也称设备利用定额,是完成单位产品所必需的机械台班消耗标准。机械台班定额的制定,一般是按照合理的技术组织条件,选择好施工机械并配备适当的操作工人,对施工机械在正常情况下的纯工作时间进行测定,并根据测定时间内的生产量计算出机械的正常生产率。然后,按工作日写时法测出一个工作台班内所必需的开始、结束和工艺中断时间,计算出施工机械时间定额和台班产量。其计算公式如下:

时间定额 = 小组工人工日数总和 / 台班产量

台班产量 = 小组工人工日数总和 / 时间定额

在编制施工预算时,对于大、中、小型机械台班用量,应根据施工组织设计、工期或现场实际机械设备情况计算,并据以控制机械使用费的支出。

②机械使用费的控制。随着现代化施工的发展,机械使用费不断提高,其在工程成本中所占的比重也日益增长。因此,项目经理部加强机械使用费的控制,节约机械使用费的支出,是

降低项目成本的重要途径之一。

机械使用费的控制方法，主要从两方面进行：

a.根据机械台班定额检查施工机械使用情况。项目经理部要经常检查施工机械的使用情况，检查的方法是将施工项目或某项分部分项工程的台班定额，与实际台班数进行比较，如实际台班数超过定额，说明施工组织上出现问题，施工进度缓慢，拖长了工期，导致台班增加，从而使机械使用费超支。为此，项目经理部有关业务人员应经常深入工地，注意各种施工机械的利用情况，如果发现机械停工、窝工，则应查明原因，向项目经理反映，及时解决问题。

b.控制非机械使用费的支出。项目经理部要严格划清机械使用费与非机械使用费的界限，如果发现有非机械使用费列入机械使用费，应予剔除。例如，塔吊铺设路基所发生的工料费，若列入机械使用费内，应予转出，在临时设施包干费内列支。对于机械租赁结算账单也应认真审查，查看所列台班数是否与械使用统计报表相符，有无多计台班数，并查对台班单价是否符合规定，有无乱涨价的情况等。

(4)其他直接费的控制

按规定，其他直接费包括材料二次搬运费、临时设施摊销费、生产工具用具使用费、检验试验费、工程定位复测费、工程点交和场地清理费用等。其他直接费的控制方法主要有以下几方面：

a.按其他直接费各项目预算定额进行控制。在成本控制中，首先要计算出施工项目其他直接费用总额，并分别计算出各项目的预算定额数，作为控制的依据。然后根据会计核算资料，随时观察各项其他直接费用的支出情况，密切注意其开支是否合理、节约，防止浪费、突破定额。

b.检查其他直接费用支出是否合规。成本控制人员除了按其他直接费用定额控制其支出外，还要具体检查其他直接费用支出的内容是否合规，有无将应列入人工费、材料费项目的费用在其他直接费用项目内列支；或者正相反，本来应计入其他直接费用项目的费用，却把它计入人工费、材料费等项目内。特别要注意检查有无将应由基本建设部门开支的费用掺入其他直接费用项目内的现象，如有，应立即纠正，严格划清生产与基本建设支出的界限。

(5)间接费用的控制

①间接费用定额的制定和控制，一般分为以下几个步骤：

a.收集资料。间接费用的内容比较多，涉及面广，制定间接费定额时，需要收集的资料也比较多，一般包括：国家或地方政府制定的有关财经制度，如建筑企业各类人员比例的规定、行政费用开支标准、费用项目划分的规定、职工福利费提取的标准、劳动保护费的规定、职工教育经费的规定，以及历年间接费定额执行情况的统计资料等。在收集资料时，要注意资料的典型性、费用项目划分的规定、职工福利费提取的标准、劳动保护费的规定、职工教育经费的规定，以及历年间接费定额执行情况的统计资料等。在收集资料时，要注意资料的典型性、广泛性和可靠性。同时，要注意实行项目经理制时在间接费方面可能引起的变化。在整理材料时，还要注意剔除不合理的数值和资料，以及在执行定额期间可能发生的变化等。

b.确定间接费各项目的定额。在制定间接费定额时，应根据费用的性质逐项进行计算，确

定其定额水平。例如,工作人员工资定额的计算,一般可以采用以下两种计算公式:

按基本工资的百分比确定工作人员工资的定额:

$$\text{工作人员工资定额}=\text{工作人员占工人的比例}\times\frac{\text{每个工作人员年平均工资}}{\text{每个工人年平均基本工资}}$$

按直接费的百分比确定工作人员的工资定额:

$$\text{工作人员工资定额}=\text{工作人员占工人的比例}\times\frac{\text{每个工作人员年平均工资}}{\text{每个工人年平均基本工资}}\times\text{工人基本工资占直接费的比例}$$

c.报上级批准。间接费用定额经有关上级部门批准执行。

间接费用定额的表现形式,通常不是以绝对数表示,而是用百分比来表示。其计算基础是工程项目(单位工程)的直接费或基本工资,前者适用于土建工程,后者适用于设备安装工程。

间接费用定额是计算和确定建筑安装工程概算造价和预算造价的直接依据,也是项目经理部编制间接费用计划、控制间接费用支出的依据。制定合理的间接费定额,既有利于控制间接费支出和降低工程造价,又有利于促进项目经理部精兵简政,保持合理的定员,提高工作效率,也有利于加强企业的经济核算和提高经营管理水平。

②严格控制间接费用的支出。对于间接费用支出的控制,除了控制费用的数量指标外,更重要的是要进行实质性的控制。所谓实质性控制,就是控制费用支出是否符合开支范围和开支标准,是否属于必不可少的费用支出。

在间接费用中,大部分都属于固定费用。这些费用项目要按费用定额或标准分别确定各个明细项目的费用限额,然后编制费用预算,认真贯彻执行。

在实际工作中,由于费用支出形式多样,有的要支付现金,有的要支付银行存款,有的要通过仓库领料,有的通过工资形式支付工资,有的由有关部门提供劳务等,发生费用的形式也多种多样,这就给间接费用控制带来一定的难度。为了便于控制,一般可以采用费用手册、收支存折或费用卡等形式进行控制。

应该指出,项目经理部各单位不论采用什么形式支付费用,都必须按制度规定办理支付手续,否则一律不予支付。例如,某项费用超过限额时就要加以控制,停止支付,防止突破费用定额。如果非超支不可,则需报项目经理审批。

除了控制各项费用限额之外,对每笔费用支出,都要认真审原始凭证,直接控制费用支出。审查的要点如下:

a.审查原始凭证(如发票等)是否合法,有无假凭证、假发票。

b.审查原始凭证的基本要素是否完整。

c.审查原始凭证的内容是否真实。

d.审查原始凭证所反映的经济业务是否合法,是否符合费用开支范围等。

建立和健全费用的审批制度,也是控制费用支出的一种有效方法。项目经理部应预先严格规定各种费用的审批权限。规定审批权限时,要注意合理分工,不要不分开支大小都由一人负责。一般来说,属于正常范围内的一般费用开支,可由有关归口业务部门审批;属于重大开支或计划外开支,则应由项目经理亲自审批。不管由谁审批,都要严格执行国家财经制度。同时,还要强调由审批负责人亲自审批,不要将自己的印章交给出纳员或其他人员代理。对于审批不严、不认真遵纪守法、明显违反财经制度的,财会部门可以不予办理。

2)赢得值(挣值)法

赢得值法通过“三个费用”“两个偏差”“两个绩效”的比较来实现成本的控制。

(1)三个费用

①已完成工作预算费用(BCWP)。已完工作预算费用,简称 BCWP(Budgeted Cost for Work Performed),是指在某一时间已经完成的工作(或部分工作),以批准认可的预算为标准所需要的资金总额。由于业主正是根据这个值为承包人完成的工作量支付相应的费用,因此也就是承包人获得(挣得)的金额,故称为赢得值或挣值。

已完工作预算费用(BCWP)= 已完成工作量 × 预算(计划)单价

②计划工作预算费用(BCWS)。计划工作预算费用,简称 BCWS(Budgeted Cost for Work Scheduled),即根据进度计划,在某一时刻应当完成的工作(或部分工作),以预算为标准所需要的资金总额。一般来说,除非合同有变更,BCWS 在工程实施过程中应保持不变。

计划工作预算费用(BCWS)= 计划工作量 × 预算(计划)单价

③已完工作实际费用(ACWP)。已完工作实际费用,简称 ACWP(Actual Cost for Work Performed),即到某一时刻为止,已完成的工作(或部分工作)所实际花费的总金额。

已完工作实际费用(ACWP)= 已完成工作量 × 实际单价

(2)两个偏差

①费用偏差 CV(Cost Varlance):

费用偏差(CV)= 已完工作预算费用(BCWP) - 已完工作实际费用(ACWP)

当费用偏差 CV<0 时,即表示项目运行超出预算费用;当费用偏差 CV>0 时,表示项目运行节支,实际费用没有超出预算费用。

②进度偏差 SV(Schedule Variance):

进度偏差(SV)= 已完工作预算费用(BCWP) - 计划工作预算费用(BCWS)

当进度偏差 SV<0 时,表示进度延误,即实际进度落后于计划进度;当进度偏差 SV>0 时,表示进度提前,即实际进度快于计划进度。

通过图 4.14,可以直观地在图上表示三个费用和两个偏差。

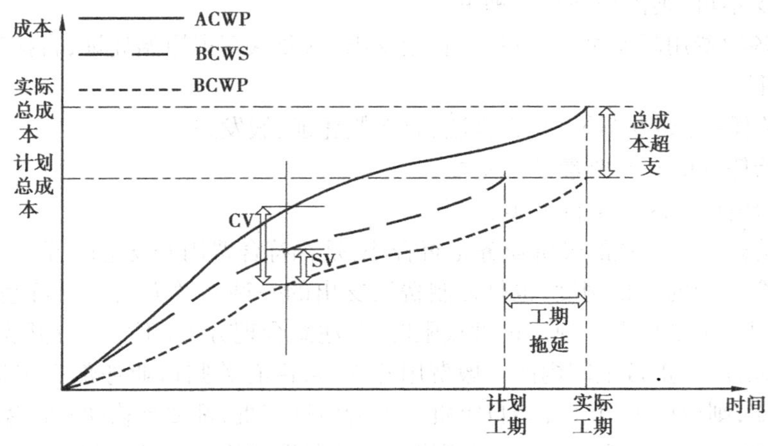

图 4.14　赢得值法基本费用参数和偏差的分析关系

(3)两个绩效

①费用绩效指数(CPI):

费用绩效指数(CPI)= 已完工作预算费用(BCWP)/已完工作实际费(ACWP)

当费用绩效指数(CPI)<1 时,表示超支,即实际费用高于预算费用;

当费用绩效指数(CPI)>1 时,表示节支,即实际费用低于预算费用。

②进度绩效指数(SPI):

进度绩效指数(SPI)= 已完工作预算费用(BCWP)/计划工作预算费(BCWS)

当进度绩效指数(SPI)<1 时,表示进度延误,即实际进度比计划进度拖后;

当进度绩效指数(SPI)>1 时,表示进度提前,即实际进度比计划进度快。

费用(进度)偏差反映的是绝对偏差,结果很直观,有助于费用管理人员了解项目费用出现偏差的绝对数额,并依此采取一定措施制订或调整费用支出计划和资金筹措计划。但是,绝对偏差有其不容忽视的局限性。例如,同样是 10 万元的费用偏差,对于总费用 1 000 万元的项目和总费用 1 亿元的项目而言,其严重性显然是不同的。因此,费用(进度)偏差仅适合于对同一项目作偏差分析。费用(进度)绩效指数反映的是相对偏差,它不受项目层次的限制,也不受项目实施时间的限制,因而在同一项目和不同项目比较中均可采用。

【例 8】 某工程进度计划与实际进度如表 4.20 所示,表中实线表示计划进度(上方数据为每周计划投资),虚线表示实际进度(上方数据为每周实际投资),假定各分项工程每周计划完成和实际完成的工程量相等,且进度匀速进展。

表 4.20

施工过程	进度/周									
	1	2	3	4	5	6	7	8	9	10
A	6 6	6 6	6 5							
B		5	5 4	5 5	5 5	4				
C				8	8 8	8 9	8 9	8		
D						4	4 3	4 3	4 4	4

要求:(1)计算每周投资数据(3 个参数);

(2)分析第 4 周和第 8 周末的投资偏差和进度偏差、投资绩效和进度绩效。

【解】 计算每周投资数据,结果列入表 4.21。

表 4.21

项　目	投资数据									
	1	2	3	4	5	6	7	8	9	10
每周拟完工程计划投资	6	11	11	13	13	12	12	4	4	
拟完工程计划投资累计	6	17	28	41	54	66	78	82	86	
每周已完工程实际投资	6	6	9	5	13	13	12	11	4	4
已完工程实际投资累计	6	12	21	26	39	52	64	75	79	83
每周已完工程计划投资	6	6	11	5	13	13	12	12	4	4
已完工程计划投资累计	6	12	23	28	41	54	66	78	82	86

第 4 周末：投资偏差 = 已完工程计划投资累计 − 已完工程实际投资累计
= 28 − 26 = 2(万元)

投资绩效 = 已完工程计划投资累计 / 已完工程实际投资累计
= 28/26 = 1.077

由于投资偏差为正值、投资绩效大于 1,说明第 4 周末项目运行是节支的。

进度偏差 = 已完工程计划投资累计 − 拟完工程计划投资累计
= 28 − 41 =− 13(万元)

进度绩效 = 已完工程计划投资累计 / 拟完工程计划投资累计
= 28/41 = 0.683

由于进度偏差为负值、进度绩效小于 1,说明第 4 周末项目进度延迟。

第 8 周末：投资偏差 = 已完工程计划投资累计 − 已完工程实际投资累计
= 78 − 75 = 3(万元)

投资绩效 = 已完工程计划投资累计 / 已完工程实际投资累计
= 78/75 = 1.04

由于投资偏差为正值、投资绩效大于 1,说明第 8 周末项目运行是节支的。

进度偏差 = 已完工程计划投资累计 − 拟完工程计划投资累计
= 78 − 82 =− 4(万元)

进度绩效 = 已完工程计划投资累计 / 拟完工程计划投资累计
= 78/82 = 0.951

由于进度偏差为负值、进度绩效小于 1,说明第 8 周末项目进度延迟。

3)偏差分析的表达方法

偏差分析法可以采用不同的表达方式,常见的有横道图法、表格法和曲线法。

(1)横道图法(图 4.15)

项目编号	项目名称	费用数额/千元	费用偏差/千元	进度偏差/千元
001	平整场地	2.40 2.40 2.40	0	0
002	夯填土	0.92 0.83 0.83	0	-0.09
003	垫层	27.00 21.60 21.60	0	-5.4
004	缸砖面结合	152.00 106.40 126.00	-19.6	-45.6
005	踢脚	21.95 15.39 15.68	-0.29	-6.56
	合计	204.27 146.62 166.50	-19.89	-57.65

计划工作预算费用(BCWS) 已完成工作预算费用(BCWP) 已完成工作实际费用(ACWP)

图 4.15 费用偏差分析

横道图法形象、直观、一目了然,能够准确地表达出费用的绝对偏差,同时能够以图像的形式反映偏差的严重性。但是横道图法无法反映出费用的相对偏差,表现出的信息量较少,适合较高管理层运用。

(2)曲线法(图 4.16)

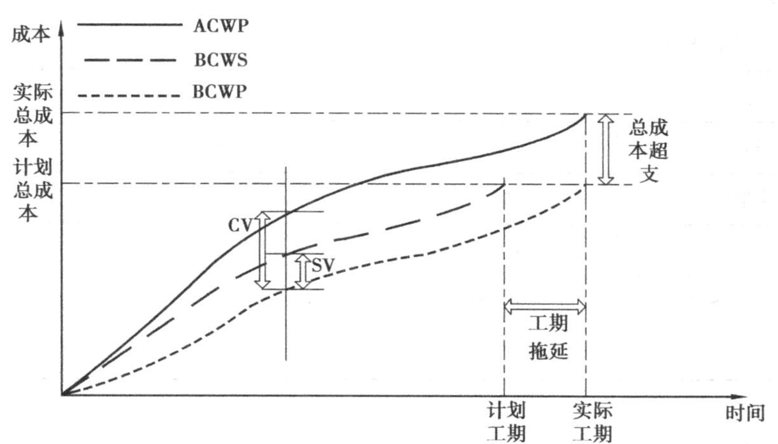

图 4.16 赢得值法评价曲线

采用赢得值法可进行费用、进度的偏差分析和控制。同时,还可以根据当前的进度、费用偏差情况来对未来趋势进行预测,预测项目完工时的进度、费用情况。

BAC(budget at completion)——项目完工预算,指编计划时预计的项目完工费用。

EAC(estimate at cornpletion)——预测的项目完工估算,指计划执行过程中根据当前的进度、费用偏差情况预测的项目完工总费用。

ACV(at completion variance)——预测项目完工时的费用偏差。

$$ACV = BAC - EAC$$

(3)表格法

偏差分析法中最常用的一种方法就是表格法,它将项目编号、名称、项目、各个费用参数以及费用偏差数综合归纳入一张表格中。表格法能反映出大量的信息,适用性强。相对于横道图法、曲线法,它可借助于计算机集成来处理大量的数据,大大提高了偏差分析的效率。

表 4.22　费用偏差分析表

项目编码	(1)	041	042	043
项目名称	(2)	木门窗安装	钢门窗安装	铝合金门窗安装
单位	(3)			
预算(计划)单价	(4)			
计划工作量	(5)			
计划工作预算费用(BCWS)	(6)=(5)×(4)	30	30	40
已完成工作量	(7)			
已完成工作预算费用(BCWP)	(8)=(7)×(4)	30	40	40
实际单价	(9)			
其他款项	(10)			
已完成工作实际费用(ACWP)	(11)=(7)×(9)+(10)	30	50	50
费用局部偏差	(12)=(8)-(11)	0	-10	-10
费用绩效指数 CPI	(13)=(8)÷(11)	1	0.8	0.8
费用累计偏差	(14)=∑(12)	-20		
进度局部偏差	(15)=(8)-(6)	0	10	0
进度绩效指数 SPI	(16)=(8)÷(6)	1	1.33	1
进度累计偏差	(17)=∑(15)	10		

4)成本控制图法

成本控制图法是将全面质量管理方法中的质量控制图法原理引入成本控制中形成的,它是在成本形成过程控制中常用的一种方法。

在项目施工中,有实际偏差、计划偏差和目标偏差这 3 种成本的偏差。它们的公式如下:

目标偏差 = 实际成本 − 计划成本

实际偏差 = 实际成本 − 预算成本

计划偏差 = 预算成本 − 计划成本

项目成本控制的目的是力求减少目标偏差。目标偏差越小,说明成本控制的效果越好,表明了项目系统运行的状态是正常的。计划成本、预算成本和实际成本三者之间的关系如图4.17所示。

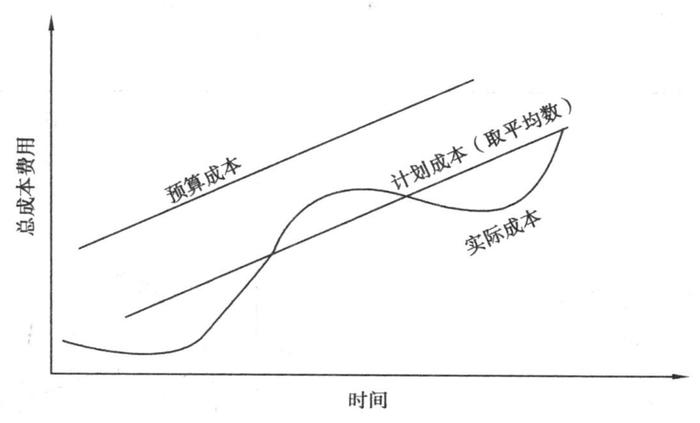

图 4.17　计划成本、预算成本和实际成本关系图

施工项目成本控制法的基本程序如下:

①根据计划成本、预算成本以及最低成本(如果能找出最好,不能也不妨碍该方法的使用),确定实际成本的变化范围,并在成本控制图中绘出各自相应的曲线。

②根据成本核算资料,及时在图中描点连线,绘制实际成本曲线。

③对实际成本曲线进行分析。偏差分析留待后面讨论,下面对实际成本曲线的变化趋势作一些说明:

a.实际成本线并未超过预算成本线,但实际数据点连续呈上升趋势排列,如图 4.18(a)所示,这表示成本控制过程已出现异常,应迅速查明原因,采用相应措施,否则就会出现亏损。

b.实际成本线始终位于计划成本线的一侧,如图 4.18(b)所示。这种情况也不能说明成本控制过程处于正常状态。如果实际成本数据点连续位于计划成本线的上方一侧,则可能存在这样两种问题:一是预算成本偏低而导致计划成本制订得不合理,二是计划成本制订得不合理与预算成本无关。不管哪种情况,都要及时进行调整,否则会影响成本控制工作的深入开展。如果实际成本数据点连续排列于计划成本线的下侧,见图 4.18(c),要注意两个问题:一是计划成本制订的合理性问题,另一个是会不会造成质量低劣而导致返工或影响后续作业的问题。

c.实际成本线超出预算成本线,如图 4.18(d)所示,要迅速查明原因。或实际成本虽未超越界限,而数据点的跳动幅度大,出现忽高忽低的现象,也应深入追查其原因。

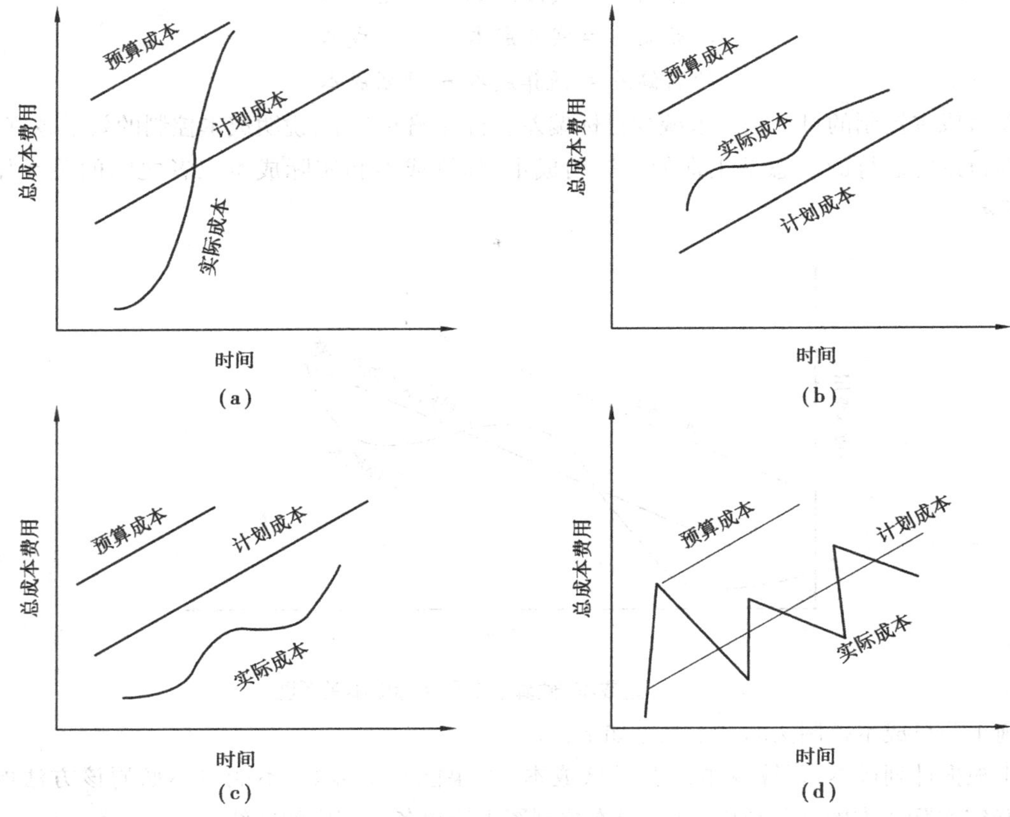

图 4.18　计划成本、预算成本和实际成本分析

任务 4.5　工程成本核算

4.5.1　工程成本核算的作用

工程成本核算是对施工费用支出和工程成本形成的核算，是建筑企业成本管理的重要的环节。企业的成本预测、成本决策、成本计划、成本控制、成本分析和成本考核各个环节，都离不开成本核算工作及其所提供的详细核算信息。特别需要指出的是，项目经理部需要在管理工作中边核算边控制，并不是核算完了以后再据以控制，二者关系密切，形影不离。

成本核算的作用，主要有以下几方面：

(1)可以反映施工耗费和计算工程成本，为施工管理提供信息

在施工经营过程中，要及时记录和反映人力、物力、财力的耗费，将各项施工费用按照经济用途和一定的核算程序，直接计入或间接分配计入各项工程内，正确地计算出各项工程的实际成本，并将它与预算成本和计划成本进行比较，检查成本计划的执行情况，查明成本节约或超支的原因，从而促使企业改善施工经营管理，进一步挖掘降低成本的潜力，不断降低成本，提高

经济效益。

(2)可以对各项施工费用支出进行严格的控制，力求以最少的施工耗费取得最大的施工效果

做好成本核算工作，关键在于对施工经营活动发生的物资耗费和货币支出进行严格控制和监督。在成本核算中，对工程用工、用料、各项费用的开支都要按规定的施工定额、费用定额以及企业自己确定的有关控制指标进行控制，并随时将实际支出与定额、控制指标进行对比，分析其发生差异的原因，及时采取有效措施，以保证降低成本，达到以最少的施工耗费取得最大的施工成果。

(3)可以计算企业所属项目经理部的经济效益，贯彻成本管理责任制

根据经济管理的要求，企业及项目经理部都要实行承包经营责任制和成本管理责任制。通过成本核算控制工作，可以反映出各施工项目成本指标的完成情况，控制和监督用工、用料，减少费用支出，并随时和定期地进行成本考核分析，评价各施工项目的成本水平和工作成果，进一步促进增产节约、增收节支的深入开展。

(4)为分析、考核、预测工程成本提供科学依据

通过成本核算，不仅可以计算各项施工项目工程的工程成本，控制其成本费用支出，而且可以提供各项耗费和支出的时间、地点、条件的资料。根据这些资料，就可以分析考核成本计划的完成情况，从中发现造成施工费用支出超支或节约的施工技术和经营管理上的原因，以便及时采取措施，降低施工耗费，减少费用支出。

为了做好成本预测和编好成本计划，也需要借助于成本核算所提供的数据资料，只有从实际发生的施工费用支出数额中，找出各项耗费和支出变化的规律，才能为正确预测施工项目成本未来变化趋势，以及为编制施工项目成本计划提供科学的依据，此外，也可能为修订预算定额和施工定额提供依据。

(5)工程成本是制定建筑产品价格的基础

建筑产品价格，一般是由各省、市、自治区根据本地区的预算定额、预算价格和取费标准，通过编制工程预算来确定。在制定价格时，除了考虑国家经济政策、物价政策、积累水平之外，还要考虑工程成本水平，如果平均成本比较低，建筑产品价格就可能定得低；反之，则定得高。因此，工程成本在制定建筑产品价格方面起着重要作用。

4.5.2　工程成本核算对象

1)工程成本核算的对象

工程成本核算对象是指施工企业在进行产品成本核算时，应选择什么样的工程作为目标来归集和分配建筑产品的生产成本，即建筑产品生产成本的承担者。合理确定成本核算对象，是正确组织施工企业建筑产品成本核算的重要条件之一。

在实际工作中，如果对工程成本核算对象划分过粗，把相互之间没有联系或联系不大的单项工程或单位工程合并起来，作为一个工程成本核算对象，就不能反映独立施工的各个单项工程或单位工程的实际成本水平，不利于分析和考核工程成本的升降情况；反之，如果对工程成本核算对象划分过细，就会出现许多间接费用需要分摊，其结果是不仅增加了工程成本核算的

工作量,而且也不能保证正确、及时地计算出各项工程的实际成本。

一般情况下,施工企业应根据承包工程的规模大小、结构类型、工期长短和施工现场的条件等具体情况,以单位工程为对象编制施工图预算,再以施工图预算为依据,和甲方(建设单位等发包单位)就所承接的每一建设施工项目签订施工承包合同。因此,施工承包合同与工程成本核算对象之间有着非常密切的关系。通常,施工企业应以所签订的单项施工承包合同作为施工工程成本的核算对象,这样不仅便于将工程的实际成本与工程的预算成本进行比较,以检查预算的执行情况,也有利于核算、分析和考核施工合同的成本降低或超支情况。但是在实际工作中,一个施工企业往往要承包许多个建设项目,每个建设项目的具体情况又各不相同。例如,有的建设项目工程规模很大,工期很长;有的建设项目只是一些规模较小、工期较短的零星改建或扩建工程;还有的建设项目,在一个工地上有若干个结构类型相同的单位工程同时施工,交叉作业,共同耗用施工现场堆放的大堆材料或集中加工的材料等,这就涉及合同的分立与合并问题。因此,施工企业一般应按照与施工图预算相适应的原则,以每一独立签订施工承包合同的单位工程为依据,并结合企业施工组织的特点和加强工程成本管理的要求,来确定工程成本核算对象。

2)工程成本核算对象的确定方式

工程成本核算对象的确定方法主要有以下几种:

(1)以单项施工承包合同作为施工工程成本核算对象

通常情况下,施工企业应以所签订的单项施工承包合同作为施工工程成本核算对象,即以每一独立编制的施工图预算所列单项工程作为施工工程成本核算对象,这样不仅有利于分析工程预算和施工合同的完成情况,也有利于准确地核算施工合同的成本与损益。建筑安装工程一般应以单项施工承包合同作为工程成本核算对象。

(2)对合同分立以确定施工工程成本核算对象

如果一项施工承包合同包括建造多项资产,而每项资产均有独立的建造计划,施工企业可以与甲方就每项资产单独进行谈判,双方能够接受或拒绝与每项资产有关的合同条款,并且建造每项资产的收入和成本均可以单独辨认。在这种情况下,应对该项施工承包合同作分立处理,即以每项资产作为施工工程成本核算对象。

(3)对合同合并以确定施工工程成本核算对象

如果一项或数项资产签订一组合同,该组合同无论对应单个客户还是几个客户均按一揽子交易签订,每项合同实际上已构成一项综合利润率工程的组成部分,并且该组合同同时或依次履行。在这种情况下,应对该组施工承包合同作合并处理,即以该组施工承包合同合并作为施工工程成本核算对象。

施工企业的成本核算对象应在工程开工以前确定,且一经确定后不得随意变更,更不能相互混淆。施工企业所有反映工程成本费用的原始记录和核算资料都必须按照确定的成本核算对象填写清楚,以便于准确地归集和分配施工生产费用。为了集中地反映和计算各个成本核算对象本期应负担的施工生产成本,财务会计部门应该按每一个成本核算对象设置工程成本明细账,并按成本项目分设专栏来组织成本核算,以便于正确计算各个成本核算对象的实际成本。

4.5.3　工程成本核算的基本要求

1）严格遵守国家规定的成本、费用开支范围

成本、费用开支范围是指国家对企业发生的各项支出，允许其在成本、费用中列支的范围，具体包括工程成本和期间费用两大类。施工企业与施工生产经营活动有关的各项支出，都应当按照规定计入企业的成本、费用。

按照企业财务制度的规定，下列支出不得列入产品成本：

①资本性支出。如施工企业为购置和建造固定资产、无形资产和其他长期资产而发生的支出，这些支出效益涵盖若干个会计年度，在财务上不能一次列入建筑产品成本，只能按期逐月摊入成本、费用。

②投资性支出。如施工企业对外投资的支出以及分配给投资者的利润支出。

③期间费用支出。如施工企业的管理费用和财务费用。这些费用与施工生产活动没有直接的联系，发生后直接计入当期损益。

④营业外支出。如施工企业固定资产盘亏，处置固定资产、无形资产的净损失，债务重组损失，计提的无形资产、固定资产及在建工程的减值准备，罚款支出，非常损失等。这些支出与施工企业施工生产经营活动没有直接关系，应冲减本年利润。

⑤在公积金、公益金中开支的支出。

⑥其他不应列入产品成本的支出。如施工企业被没收的财物，支付的滞纳金、罚款、违约金、赔偿金，以及企业赞助、捐赠等支出。

2）加强成本核算的各项基础工作

成本核算的各项基础工作是保证成本核算工作正常进行，以及保证成本核算工作质量的前提条件。施工企业成本核算的基础工作主要包括以下内容：

（1）建立健全原始记录制度

原始记录是反映施工企业施工生产经营活动实际情况的最初书面证明。施工企业应按照规定的格式，对施工生产经营活动中材料的领用和耗费、工时的耗费、生产设备的运转、燃料和动力的消耗、低值易耗品和周转材料的摊销、费用的开支、已完工建筑产品竣工验收等情况，进行及时准确地记录，使每项原始记录都有人负责，以保证施工生产成本核算的真实可靠，为成本核算和成本管理服务，并为施工企业分析消耗定额以及衡量成本计划完成情况提供依据。因此，根据施工企业的实际情况，建立严格、科学的原始记录制度，对于加强施工企业管理、正确计算施工生产成本具有重要的意义。

（2）建立健全各项财产物资的收发、领退、清查和盘点制度

做好各项财产物资的收发、领退、清查和盘点工作，是正确计算成本的前提条件。施工企业的所有财产物资的收发都要经过计量、验收，并办理必要的凭证手续。计量工具要经常校正和维修，以便正确计量各种物资的消耗。施工企业领用材料、设备、工具等物资，都要有严格的制度和手续，防止乱领乱用。对于施工生产经营活动中的剩余物资，要及时办理退库手续或结转到下期继续使用，以便如实反映计入产品成本的物资消耗，以免造成积压浪费。库存物资要定期盘点，做到账实相符，以保护财产物资的安全、完整。

(3)制定或修订企业定额

企业定额主要包括劳动定额、材料消耗定额、机械台班消耗定额、工具消耗定额和费用定额等。其中,劳动定额是据以签发工程任务单的主要依据,用于考核各施工班组的工效;材料消耗定额是据以签发定额领料单的主要依据,用于考核材料的消耗情况;机械台班消耗定额和工具消耗定额,主要用于考核机械设备的使用效率和生产工具的消耗情况;费用定额主要用于控制各项费用开支。企业定额是施工企业对施工生产成本进行量化管理的有效工具,对于提高劳动生产率、节约材料消耗、提高机械设备利用率、减少费用开支、降低施工生产成本都具有非常重要的意义。

3)划清各种费用界限

为了使施工企业有效地进行成本核算,控制成本开支,避免重计、漏计、错计或挤占成本的情况发生,施工企业应在成本核算过程中划清有关费用开支的界限。

①划清生产成本与期间费用之间的界限。

②划清各成本项目之间的界限。

③划清各期施工生产成本之间的界限。

④划清成本核算对象之间的界限。

⑤划清已完合同成本与未完合同成本的界限。

⑥划清实际成本与计划成本、预算成本之间的界限。

4)加强费用开支的审核和控制

施工企业成本核算的目的是节约消耗、降低费用、提高经济效益,因此,必须严格费用开支的审核和控制。施工企业要由专人负责,依据国家有关法律政策、各项规定及企业内部制定的定额或标准等,对施工生产经营过程中发生的各项耗费进行及时的审核和控制,以检查、监督各项费用是否应该开支,应开支的费用是否应该计入施工生产成本或期间费用。对于不合理、不合法、不利于提高经济效益的费用支出,应严格加以限制,做到事前审核、控制,防患于未然;事中审核、控制,纠正偏差,以确保成本目标的实现。

5)建立工程项目台账

由于施工企业的施工工程具有规模大、工期长等特点,工程施工的有关总账、明细账无法反映各工程项目的综合信息。为了对各工程项目的基本情况做到心中有数,便于及时向企业决策部门提供所需信息,同时为有关管理部门提供所需要的资料,施工企业还应按单项施工承包合同建立工程项目台账。其具体内容包括以下几个方面:

①工程项目名称、建设单位(或发包单位)名称、合同规定的工程开工与完工日期。

②工程合同总价、合同变更调整金额、索赔款、奖励款等。

③预计工程总成本、累计已发生成本以及完成合同尚需发生的成本。

④本年和累计的已在利润表中确认的合同收入、合同成本、毛利及毛利率。

⑤本年和累计的已获工程合同甲方签证确认的工作量、已办理结算的工程价款。

⑥实际收到的工程价款,包括预付款和已收工程进度款等。

4.5.4 工程成本核算的方法

成本的核算过程,实际上也是各项成本项目的归集和分配过程。成本的归集是指通过一定的会计制度以有序的方式进行成本数据的收集和汇总,而成本的分配是指将归集的间接成本分配给成本对象的过程,也称间接成本的分摊或分派。

1)人工费核算

内包人工费,按月估算计入项目单位工程成本;外包人工费,按月凭项目经济员提供的包清工工程款月度成本汇总表预提计入项目单位工程成本。上述内包、外包合同履行完毕,应根据分部分项的工期、质量、安全、场容等验收考核情况进行合同结算,以结账单按实据以调整项目的实际值。

2)材料费核算

(1)工程耗用的材料核算

根据限额领料单、退料单、报损报耗单、大堆材料耗用计算单等,由项目料具员按单位工程编制"材料耗用汇总表",据以计入项目成本。

(2)钢材、水泥、木材价差核算

①标内代办。指三材差价列入工程预算账单内作为造价组成部分。由项目成本员按价差发生额,一次或分次提供给项目负责统计的统计员报出产值,以便收回资金。单位工程竣工结算,按实际消耗来调整实际成本。

②标外代办。指由建设单位直接委托材料分公司代办三材,其发生的三材差价,由材料分公司与建设单位按代办合同口径结算。项目经理部只核算实际耗用超过设计预算用量的那部分量差及应负担市场部高进高出的差价,并计入相应的单位工程成本。

(3)一般价差核算

①提高项目材料核算的透明度,简化核算,做到明码标价。

②钢材、水泥、木材、玻璃、沥青按实际价格核算,高于预算费用的差价,高进高出,谁用谁负担。

③装饰材料按实际采购价作为计划价核算,计入该项目成本。

④项目对外自行采购或按定额承包供应材料,如砖、瓦、砂、石、小五金等,应按实际采购价或按议价供应价格结算,由此产生的材料成本差异节超,相应增减成本。

3)周转材料费核算

①周转材料实行内部租赁制,以租费的形式反映消耗情况,按"谁租用谁负担"的原则,核算其项目成本。

②按周转材料租赁办法和租赁合同,由出租方与项目经理部按月结算租赁费。租赁费按租用的数量、时间和内部租赁单价计入项目成本。

③周转材料在调入移出时，项目经理部都必须加强计量验收制度，如有短缺、损坏，一律按原价赔偿，计入项目成本(短损数=进场数-退场数)。

④租用周转材料的进退场运费，按其实际发生数，由调入项目负担。

⑤对U形卡、脚手扣件等零件除执行租赁制外，考虑到其比较容易散失这一因素，故按规定实行定额预提摊耗，摊耗数计入项目成本，相应减少次月租赁基数及租费。单位工程竣工，必须进行盘点，盘点后的实物数与前期逐月按控制定额摊耗后的数量差，按实调整清算计入成本。

⑥实行租赁制的周转材料，一般不再分配负担周转材料差价。

4)结构件费核算

①项目结构件的使用必须要有领发手续，并根据这些手续，按照单位工程使用对象编制结构件耗用月报表。

②项目结构件的单价，以项目经理部与外加工单位签订的合同为准，计算耗用金额计入成本。

③根据实际施工形象进度、已完施工产值的统计、各类实际成本报耗三者在月度时点的三同步原则(配比原则的引申与应用)，结构件耗用的品种和数量应与施工产值相对应。结构件数量金额账的结存数，应与项目成本员的账面余额相符。

④结构件的高进高出价差核算同材料费高进高出价差核算一致。

⑤如发生结构件的一般价差，可计入当月项目成本。

⑥部位分项分包，如铝合金门窗、卷帘门、轻钢龙骨石膏板、平顶屋面防水等，按照企业通常采用的类似结构件管理和核算方法，项目经济员必须做好月度已完工程部分验收记录，正确计报部位分项分包产值，并书面通知项目成本员及时、正确、足额计入成本。

⑦在结构件外加工和部位分包施工过程中，项目经理部通过自身努力获取经营利益或转嫁压价让利风险所产生的利益，均应受益于施工项目。

5)机械使用费核算

①机械设备实行内部租赁制，以租赁费形式反映其消耗情况，按“谁租用谁负担”原则，核算其项目成本。

②按机械设备租赁办法和租赁合同，由企业内部机械设备租赁市场与项目经理部按月结算租赁费。租赁费根据机械使用台班、停置台班和内部租赁单价计算，计入项目成本。

③机械进出场费，按规定由承租项目负担。

④项目经理部租赁的各类中小型机械，租赁费全额计入项目机械费成本。

⑤根据内部机械设备租赁运行规则要求，结算原始凭证由项目指定专人签证开班和停班数，据以结算费用。现场机、电、修等操作工奖金由项目考核支付，计入项目机械成本并分配到有关单位工程。

⑥向外单位租赁机械的，按当月租赁费用全额计入项目机械费成本。

6)其他直接费核算

项目施工生产过程中实际发生的其他直接费，有时并不“直接”，凡能分清受益对象的，应直接计入受益成本核算对象的工程施工“其他直接费”科目。如与若干个成本核算对象有关的，可先归集到项目经理部的“其他直接费”总账科目（自行增设），再按规定的方法分配计入有关成本核算对象的工程施工“其他直接费”成本项目内。分配方法可参照费用计算基数，以实际成本中的直接成本（不含其他直接费）扣除三材差价为分配依据，即人工费、材料费、周转材料费、机械使用费之和扣除高进高出价差。

①施工过程中的材料二次搬运费，按项目经理部向劳务分公司汽车队托运包天或包月租费结算，或以汽车公司的汽车运费计算。

②临时设施摊销费按项目经理部搭建的临时设施总价（包括活动房）除以项目合同工期求出每月应摊销额，临时设施使用一个月摊销一个月，摊完为止。项目竣工搭拆差额（盈亏）按实调整实际成本。

③生产工具用具使用费。大型机动工具、用具等可以套用类似内部机械租赁办法以租费形式计入成本，也可按购置费用一次摊销法计入项目成本，并做好在用工具实物借用记录，以便反复利用。工具用具的修理费按实际发生数计入成本。

④除上述以外的其他直接费内容，均应按实际发生的有效结算凭证计入项目成本。

7）施工间接费核算

施工间接费的具体费用核算内容已在施工项目成本的构成已有论述，这里不再重复。下面着重讨论几个应注意的问题：

①要求以项目经理部为单位，编制工资单和奖金单，列支工作人员薪金。项目经理部工资总额每月必须正确核算，以此计提职工福利费、工会经费、教育经费、劳保统筹费等。

②劳务分公司所提供的炊事人员代办食堂承包、服务、警卫人员提供区域岗点承包服务以及其他代办服务费用计入施工间接费。

③内部银行的存贷款利息，计入“内部利息”（新增明细子目）。

④施工间接费，先在项目“施工间接费”总账归集，再按一定的分配标准计入受益成本核算对象（单位工程）“工程施工—间接成本”。

8）分包工程成本核算

①包清工程，如前所述纳入“人工费—外包人工费”内核算。

②部位分项分包工程，如前所述纳入材料费—结构件费内核算。

③双包工程（指将整幢建筑物以包工包料的形式包给外单位施工的工程），可根据承包合同取费情况和发包（双包）合同支付情况，即上下合同差，测定目标盈利率。月度结算时，以双包工程已完工程价款作收入，应付双包单位工程款作支出，适当负担施工间接费预结降低额。为稳妥起见，拟控制在目标盈利率的50%以内，也可月结成本时作收支持平，竣工结算时再按实调整实际成本，反映利润。

④机械作业分包工程，是指利用分包单位专业化的施工优势，将打桩、吊装、大型土方、深基础等施工项目分包给专业单位施工的形式。对机械作业分包产值的统计的范围是：只统计分包费用，而不包括物耗价值。机械作业分包实际成本与此对应，包括分包结账单内除工期费之外的全部工程费，总体反映其全貌成本。

同双包工程一样，总分包企业合同差包括总包单位管理费、分包单位让利收益等。在月结成本时，可先预结一部分，或月结时作收支持平处理，到竣工结算时，再作项目效益反映。

⑤上述双包工程和机械作业分包工程由于收入和支出比较容易辨认（计算），所以项目经理部也可以对这两项分包工程采用竣工点交办法，即月度不结盈亏。

⑥项目经理部应增设“分建成本”成本项目，核算反映双包工程、机械作业分包工程的成本状况。

⑦各类分包形式（特别是双包），对分包单位领用、租用，借用本企业物资、工具、设备、人工等费用，必须根据经管人员开具的、且经分包单位指定专人签字认可的专用结算单据，如“分包单位领用物资结算单”及“分包单位租用工具设备结算单”等结算依据入账，抵作已付分包工程款。同时，要注意对分包资金的控制，分包付款、供料控制，主要应依据合同及要料计划实施制约，单据应及时流转结算，账上支付款（包括抵作额）不得突破合同。要注意阶段控制，防止资金失控，引起成本亏损。

4.5.5 工程成本核算的程序

工程成本核算程序是指企业在具体组织工程成本核算时应遵循的步骤与顺序。按照核算内容的详细程度，可分为以下两个方面。

1）工程成本的总分类核算程序

工程成本的总分类核算程序是指核算工程成本时一般应采取的步骤和顺序。施工企业对施工过程中发生的各项工程成本，应先按其用途和发生的地点进行归集。其中，直接费用可以直接计入受益的各个工程成本核算对象的成本中；间接费用则需要先按照发生地点进行归集，然后再按照一定的方法分配计入受益的各个工程成本核算对象的成本中。再在此基础上，计算当期已完工程或已竣工工程的实际成本。

2）工程成本的明细分类核算程序

为了详细地反映工程成本在各个成本核算对象之间进行分配和汇总的情况，以便计算各项工程的实际成本，施工企业除了进行工程成本的总分类核算以外，还应设置各种施工生产费用明细账，组织工程成本的明细分类核算。

工程成本的明细分类核算程序应与工程成本的总分类核算程序相适应。施工企业一般应按工程成本核算对象设置工程成本明细账（卡），用于归集各项工程所发生的施工费用。此外，施工企业还应按车间、单位或部门以及成本核算对象分别设置辅助生产明细账，按照施工机械或运输设备的种类等设置机械作业明细账，按照费用的种类或项目设置待摊费用明细账、预提费用明细账和间接费用明细账等，以便于归集和分配各项施工生产费用。

施工企业工程成本的核算主要包括以下步骤：

①分配各项施工生产费用。

②分配待摊费用和预提费用。

③分配辅助生产费用。

④分配机械作业。

⑤分配工程施工间接费用。

⑥结算工程价款。

⑦确认合同毛利。

⑧结转完工施工产品成本。

施工企业工程成本明细账、工程成本明细卡的格式如表4.23和表4.24所示。

表4.23　工程成本明细账

单位:第一工程处　　　　2003年9月　　　　单位:元

2003 月	2003 日	凭证号数	摘　要	借方 人工费	借方 材料费	借方 机械使用费	借方 其他直接费	借方 间接费用	借方 工程成本合计	贷方	余　额
9	1		月初余额	110 000	55 000	32 000	14 500	96 800	308 300		
			分配人工费	672 000					672 000		
			分配职工福利费	94 080					94 080		
			分配材料费		310 100				310 100		
			分配材料成本差异		3 099				3 099		
			分配周转材料摊销		6 400				6 400		
			分配机械使用费			229 040			229 040		
			分配其他直接费				98 650		98 650		
			分配间接费					61 469	61 469		
			本月生产费用合计	766 080	319 599	299 040	98 650	61 469	1 474 838		
			减:月末未完施工成本								
			自开工日起实际成本累计发生额	876 080	374 599	261 040	113 150	158 269	1 783 138		
			已完工程成本								

表 4.24　工程成本卡

单位:第二工程处　　2003 年 9 月　　单位:元

2003		凭证号数	摘要	借方						贷方	余额
月	日			人工费	材料费	机械使用费	其他直接费	间接费用	工程成本合计		
9	1		月初余额	250 000	100 000	50 000	25 000	15 000	440 000		
			分配人工费	112 800					112 800		
			分配职工福利费	15 792					15 792		
			分配材料费		81 300				81 300		
			分配材料成本差异		902				902		
			分配周转材料摊销		1 900				1 900		
			分配机械使用费			119 760			119 760		
			分配其他直接费				32 150		32 150		
			分配间接费					10 287	10 287		
			本月生产费用合计	128 592	84 102	229 040	32 150	10 287	374 891		
			减:月末未完施工成本								
			自开工日起实际成本累计发生额	378 592	184 102	169 760	57 150	25 287	814 891		
			已完工程成本	378 592	184 102	169 760	57 150	25 287	814 891	814 891	0

4.5.6　期间费用核算的内容

期间费用是施工企业当期发生的费用中的重要组成部分,主要包括管理费用和财务费用两部分。期间费用于发生时直接计入当期损益。

(1)管理费用

管理费用是指施工企业为管理和组织企业生产经营活动而发生的各项费用,包括公司经费、工会经费、职工教育经费、劳动保险费、待业保险费、董事会费、聘请中介机构费、咨询费、诉讼费、排污费、税金、技术转让费、研究与开发费、无形资产摊销、业务招待费、计提的坏账准备和存货跌价准备、存货盘亏、毁损和报废(减盘盈)损失、其他管理费用等。

(2)财务费用

财务费用是指企业为筹集生产所需资金等而发生的费用,包括应当作为期间费用的利息

支出(减利息收入)、汇兑损失(减汇兑收益)及相关的手续费等。

任务 4.6　工程成本分析与考核

4.6.1　工程成本分析的作用

工程成本分析,是在工程成本形成过程中,通过对施工耗量和支出的分析、比较、评价,为未来的成本管理工作指导方向。

成本分析主要是利用成本核算资料及其他技术经济资料,全面分析了解成本变动情况,系统研究影响成本升降的各种因素及其形成的原因,寻找降低成本的潜力,提高成本管理水平。成本分析的作用,一般有以下几方面:

(1)通过成本分析,可以掌握成本变动的规律性,寻找进一步降低成本的途径

经常地和定期地对工程成本进行分析,可以正确认识和掌握成本变动情况及其规律性,加强成本控制工作,并寻找进一步降低成本的途径,提高经济效益。

(2)通过成本分析,可以加强成本控制工作

通过成本分析工作,可以检查成本计划执行过程中的现状和发展趋势,观察成本控制是否有效,并针对管理的薄弱环节,采取有效措施,及时制止各种损失和浪费。

(3)通过成本分析,能总结经验,扬长避短

企业总经理和项目经理部可以定期地或施工项目竣工后对成本计划执行的结果进行分析、评价和总结,发扬优点,克服缺点,并为预测成本,编制下期成本计划和经营决策提供重要的依据。

4.6.2　工程成本分析的内容

工程成本分析的目的是为了改进施工经营管理,节约施工耗费,降低工程成本,提高经济效益。成本分析的内容主要有以下几方面:

(1)事前的成本预测分析

企业投标和编制成本计划之前,需要对工程成本进行预测分析。通过预测分析,可以提出投标数值,作为确定是否投标的依据;可以挖掘降低成本的潜力,提出降低成本目标,使工程成本计划指标建立在科学先进的基础上。

(2)日常成本分析

在施工过程中,要经常对施工费用和工、料定额的执行情况进行分析,提示成本变动的趋势,查明发生差异的具体原因;对于发生的损失、浪费,应及时加以控制,并追究其经济责任;对于降低成本的好经验和好措施,应及时总结和推广,促进成本的不断降低。

(3)事后成本分析

事后成本分析,是指对成本计划执行的结果(也即一定时期的实际成本),同计划、同上期、同国内外的工程成本水平进行比较分析,借以检查成本计划的完成程度,从施工技术和经

营管理各个方面总结经验，找出薄弱环节，并提出改善施工与组织管理的措施和方案，保证企业能够取得更好的经济效益。

4.6.3 工程成本分析的方法

随着科学技术经济的发展，成本分析的方法越来越多，下面简要地介绍几种常见的方法，包括比较分析法、比率分析法、因素分析法和趋势分析法。

1）比较分析法

比较分析法，又称对比分析法，简称比较法，是成本分析的主要方法，它是通过经济指标对比，从数量上确定差异，检查经济工作的好坏，研究产生差异的原因和影响程度，采取有效措施，挖掘增产节约潜力的一种方法。这种通过比较进行鉴别的方法通俗易懂，简便易行，便于群众掌握，因而得到广泛应用。

（1）实际成本与计划成本比较

通过实际成本与计划成本对比，可以确定实际成本脱离计划成本的差异，说明计划的完成程度，为进一步分析指明方向。如果是正数差异，说明成本计划完成；反之，负差说明成本超支，成本计划没有完成。

（2）本期实际成本与上期实际成本比较

通过本期实际成本与上期实际成本对比，可以反映工程成本动态，研究工程成本升降变动的方向和速度；此外，还可以说明成本管理工作的改善情况。

（3）实际成本与先进成本比较

通过将本企业的实际成本与国内外同行业的先进成本对比，找出本企业与先进单位的差距，从而采取有效措施，可挖掘降低成本的潜力，赶超先进水平。

应用比较分析法时，应当注意指标之间的可比性，并剔除不可比因素。在指标的计量标准、计价标准、时间单位、指标构成的具体内容和计算方法等方面取得基本一致时，进行比较分析才有意义。

2）比率分析法

比率分析法，也称百分率分析法，是将同一会计期间的相关数据互相比较，求出它们之间的比率，以分析项目与项目之间的相互关系，予以分析说明并作出评价的一种方法。分析时，可以将实际完成数与计划数进行对比，计算出实际完成计划的程度。

现举例说明如下：

假设某建筑公司所属两个项目经理部，年度成本计划完成情况如表4.25所示。

表4.25 年度成本计划完成情况

单位名称	计划降低额	实际完成降低额	计划完成程度/%
第一项目经理部	1 000 000	1 100 000	110
第二项目经理部	800 000	960 000	120

从表4.25可以看出，第一项目经理部实际成本降低额为1 100 000元，比第二项目经理部降低额960 000元多降低成本140 000元。但从计划完成程度分析，可以一目了然地看出第二

项目经理部比第一项目经理部多完成计划10%。

3)因素分析法

因素分析法,也称连锁代替法或连环代替法,它是用来确定影响成本计划完成情况的因素及其影响程度的分析方法。影响成本计划完成的因素是各种各样的,成本计划的完成与否,往往是受多种因素综合影响的结果。为了分析各个因素对成本的影响程度,就需要应用因素分析法来测定每个因素的影响数值。测算时,要把其中一个因素看作可变,其他因素暂时看作不变,并按照各个因素的一定顺序,逐个替换,直到全部因素都替换完了为止,然后分别比较计算结果。这样,就能确定各个因素变动的影响程度。必须注意,各个因素应根据其相互内在联系和所起作用的主次关系,来确定其排列顺序。各因素的排列顺序一经确定,不能任意改变,否则将会得出不同的计算结果,影响分析、计价的质量。

因素分析法的计算程序如下:

①确定分析对象。即将分析的各项成本指标,计算出实际数与计划数的差异,作为分析对象。

②确定该项成本指标是由哪几个因素组成的,并按照各个因素之间相互关系,排列顺序。

③以计划(预算)数为基础,将全部因素的计划(预算)数相乘,作为替代的基础。

④将各因素的实际数逐个替换其计划(预算)数,替换后的实际数应保留下来;每次替换后,都要计算出新的结果。

⑤将每次替换所得的结果,与前一次计算结果比较,二者的差额就是某一因素对计划完成情况的影响程度。

现以材料成本分析的方法为例来说明。影响材料成本的升降因素,主要有以下几方面:

(1)工程量的变动

工程量变动,是指工程量比计划增加,材料消耗总值也会相应地增加。反之,工程量比计划减少,材料消耗总值也会随之减少。

(2)单位材料消耗额的变动

单位材料消耗额变动,是指单位产品的实际用料低于定额用料,材料成本可以降低。反之,实际用料高于定额用料,材料成本就会发生超支。

(3)材料单价的变动

材料单价变动,是材料实际单价小于计划单价,材料成本可以降低。反之,实际单位大于计划单价,材料成本就会发生超支。

现将上述3个因素按工程量、单位材料消耗量、材料单价的排列顺序,列式如下:

①计划数:计划工程量×单位材料消耗定额×计划单价

②第1次替代:实际工程量×单位材料消耗定额×计划单价

③第2次替代:实际工程量×单位实际用料量×计划单价

④第3次替代:实际工程量×单位实际用料量×实际单价

②式与①式计算结果的差额,表明是由于工程量变动的结果。

③式与②式计算结果的差额,表明是由于材料消耗定额变动的结果。

④式与③式计算结果的差额,表明是由于材料单价变动的结果。

下面举例说明因素分析法的具体运用。

【例 9】某项目经理部本月为经济用房砌墙工程红砖的消耗情况如下：红砖消耗总值计划为 612 000 元，实际为 789 360 元，实际超过计划 177 360 元。

【分析】影响砌墙红砖消耗总值的基本因素有砌墙工程量、每 m^3 砖墙红砖的消耗量和每块红砖的单价，3 个因素的关系用公式表示如下：

$$\text{砌墙红砖消耗总值} = \text{砌墙工程量} \times \text{每 } m^3 \text{ 砌墙工程耗用红砖的数量} \times \text{每块红砖单价}$$

根据以上 3 个因素的资料，可编成分析表如表 4.26 所示。

表 4.26

项　目	单　位	计划数	实际数	差异数
		1	2	3=2−1
砌墙工程	m^3	2 000	2 400	+400
每 m^3 砌墙工程耗用红砖	块	510	506	−4
每块红砖单价	元	0.6	0.65	+0.05
红砖消耗总值	元	612 000	789 360	+177 360

从上表可以看出，本月红砖消耗总值增加 177 360 元，增加的主要原因是由于砌墙工程量增加 400 m^3，红砖单价上升 0.05 元的结果，但由于砌墙节约用砖，使红砖消耗总值减少了。这 3 个因素的影响程度，可用因素分析法测算出来。其计算方法和影响程度如表 4.27 所示。

表 4.27

计算顺序	部分指标			综合指标	差异数	差异原因
	砌墙工程量/m^3	每 m^3 砌砖耗用红砖量/块	每块红砖单价	红砖消耗总值		
1	2	3	4	5	6	7
计划数	2 000	510	0.60	612 000	122 400	工程量变动的影响
第 1 次替代	2 400	510	0.60	734 400		
					−5 760	材料消耗定额变动的影响
第 2 次替代	2 400	506	0.60	728 640		
					60 720	材料单价变动的影响
第 3 次替代	2 400	506	0.65	789 360		
合计					177 360	

从上述计算的结果可以看出，红砖消耗总值实际比计划增加 177 360 元，这是由于以下 3 个因素影响的结果：

①由于砌墙工程量增加 400 m^3,使材料消耗总值增加　122 400 元
②由于节约用料,使材料消耗总值节约　-5 760 元
③由于红砖涨价,使材料消耗总值增加　60 720 元
合计　177 360 元

根据分析的结果,可以了解到:材料消耗总值的增加,主要是工程量增加的结果,由于工程量增加,材料消耗总值随之相应增加,是属于正常现象;在施工中节约用料、减少材料费的支出,是好的现象,应查明原因,总结经验,加以发扬;而红砖涨价是属于客观现象,在计算工程实际成本时,应按规定予以调整。

应用因素分析法时,应注意各个因素的排列顺序必须固定不变,不得随意改变,否则,所测算各因素对经济指标的影响程度就不相同,将得出不同的结论。

4)趋势分析法

趋势分析法,是通过观察连续数期的财务报表,比较各期相关项目的增减方向和幅度,从而揭示当期财务状况和经营情况的增减变化及其发展趋势。

趋势分析法,通常采用编制历年财务报表的方法,将连续多年的报表(至少是对最近两三年,甚至五年、十年的报表)列示在一起加以分析,以观察其变化趋势。观察分析多年的财务报表,比只看一年的财务报表,能了解更多的情况和信息,并有利于分析变化发展的趋势。

运用趋势分析法,可以制作统计图表,以观察变化发展的趋势。对比财务报表的方法,可以用绝对金额进行比较,也可以用百分比进行比较。

项目经理部一般都是负责一个施工项目的施工,在一个施工项目当中,可能只有一个单位工程,但也有若干个单位工程,单位工程一般是成本核算对象,成本分析的内容应与成本核算对象的划分同步。因此,应对单位工程进行成本分析。与此同时,还要在单位工程成本分析的基础上,进行施工项目的成本分析。

5)项目经理部施工项目成本分析实例

某项目经理部承担了两个单位工程的施工任务。根据施工项目成本表编制“施工项目成本分析表”,其一般格式如表 4.28 所示。

表 4.28　施工项目成本分析表

项目经理:　　　　20××年度　　　　单位:元

成本项目	施工项目	甲单位工程	乙单位工程	合　计
人工费	预算	110 000	100 000	210 000
	实际	110 000	120 000	230 000
	降低额	—	-20 000	-20 000
材料费	预算	550 000	600 000	1 150 000
	实际	500 000	620 000	1 120 000
	降低额	50 000	-20 000	30 000
机械使用费	预算	16 000	20 000	36 000
	实际	14 000	21 000	35 000
	降低额	2 000	-1 000	1 000

续表

成本项目	施工项目	甲单位工程	乙单位工程	合　计
其他直接费	预算	7 000	10 000	17 000
	实际	6 000	9 000	15 000
	降低额	1 000	1 000	2 000
间接费用	预算	90 000	100 000	190 000
	实际	80 000	90 000	170 000
	降低额	10 000	10 000	20 000
单位成本	预算	773 000	830 000	1 603 000
	实际	710 000	860 000	1 570 000
	降低额	63 000	-30 000	33 000

从表4.27可以看出,该项目经理部的项目实际成本总的比预算成本降低了33 000元,其中甲单位工程成本降低了63 000元,乙单位工程成本超支了30 000元(还要与计划成本比较,以确定是否完成了降低成本任务)。除人工费超支20 000元外,其他成本项目都有不同程度的降低。

从两个单位工程的成本来看,甲单位工程成本降低了63 000元,取得了较好的成绩,但乙单位工程成本超支了30 000元。为了详细了解乙单位工程成本超支的原因,可将其作为重点分析对象,对项目成本作进一步分析。

4.6.4 工程成本分析

1)人工费的分析

影响人工费变动的因素一般有两个,一是工程用工数量,二是平均日工资。前者反映劳动生产率水平的高低,后者反映平均工资水平的高低。

假设乙单位工程有关人工费的资料如表4.29所示。

表 4.29

项　目	单　位	预算成本	实际成本	节约(+)、超支(-)
人工费	元	100 000	120 000	-20 000
用工数	工日	10 000	10 800	-800
日平均工资	元	10	11.111 1	-1.111

根据上述资料,可以分析人工费的节超情况如下:

(1)由于实际用工数增加,使人工费增加:800×10=8 000(元)

(2)由于每工日平均工资额增加,使人工费增加:1.111 1×10 800=12 000(元)

上述两个因素影响,使人工费共超支20 000元。

通过分析,可以初步了解乙单位工程成本总的超支20 000元。超支原因是由于实际用工

数超过定额用工,使人工费超支 8 000 元(800 工日×10 元),二是由于平均日工资由 10 元增加到 11.111 1 元,使人工费超支 12 000 元(10 800 工日×1.111 1 元)。具体原因,需要进一步查清。

2)材料费的分析

影响材料费变动的基本原因有两个,一是材料耗用量的变动,二是材料单价的变动。前者一般简称“量差”,后者简称“价差”。

在工程预算成本中,材料费是根据实物工程量、单位工程量的材料耗用定额和材料预算单价计算出来的;实际工程成本则是按材料的实际耗用量和材料实际单价计算的。因此,在施工过程中,节约工程用料和降低材料单价就成为降低材料费的主要途径。

假定乙单位工程有关材料情况,如表 4.30 所示。

表 4.30

材料名称	单位	材料用量			单价/元			材料费/元		差异		
		预算	实际	节(+)超(-)	预算	实际	节(+)超(-)	预算	实际	差异总额	量差	价差
甲	乙	1	2	3=1-2	4	5	6=4-5	7=1×4	8=2×5	9=8-7	10=3×4	11=6×2
红砖	千块	7 000	6 800	200	80	82	-2	560 000	557 600	2 400	16 000	-13 600
水泥	t	20	21	-1	70	72	-2	1 400	1 512	-112	-70	-42
…												
合计								600 000	620 000	-20 000	15 000	-35 000

现以红砖为例,说明材料量差和价差的计算方法。

(1)由于节约用料量,使材料费减少:200×80=16 000(元)

(2)由于材料单价超支,使材料费增加:-2×6 800=-13 600(元)

以上两个因素影响的结果,使红机砖费用节约 2 400 元(16 000 元-13 600 元)。

水泥及其他材料的量差和价差,也可以按上述方法分析计算,从略。

通过分析可以看出,乙单位工程材料费共超支 20 000 元,从材料量差来看,共节约 15 000 元,但是否达到降低成本的目标,还应进一步分析。从材料价差来看,共超支 35 000 元,也应查明超支的具体原因,找出主客观因素,以便采取对策,抑制材料价格的上升。

影响材料消耗量超支的原因很多,一般是由于技术管理不善,工程质量差,返工多造成的;或者是材料利用不合理,大材小用,优材劣用,又或者在施工中随意浪费材料等,都会使材料费用超支。此外,还可能由于施工现场管理混乱,丢失严重,从而造成材料费的超支。分析时,一方面应确定材料消耗量超支的原因和责任人,另一方面还要研究材料消耗定额是否准确,有无偏高或偏低的现象。无论何种原因,都要查询清楚,力求有效地控制成本,按照既定控制目标,完成降低成本任务。

影响材料价格变动的因素也是多方面的。这些因素有些是与采购业务工作有关的主观因素,有些则是与其无关的客观因素,在分析时必须加以区分,以便正确地评价企业的工作。建筑材料价格是由买价、包装费、运输费和采购保管费组成的,其中材料的买价、包装费和运输费有的是由国家规定，但也可能受市场价格的变动影响。应该查明供应价格发生的变动是否属于外来客观因素，是否是本单位采购工作的缺点或营私舞弊造成的。例如，运输费用的变动，可能是由于供应单位所在地区或运输方式的变动造成的，因此，应尽量就地取材，防止舍近求远。

采购保管费也是材料成本的主要组成部分，应加大控制力度，尽量节约这项费用的支出。成本管理人员要认真研究材料的验收、保管和收发工作，特别要注意运输和仓库保管中发生的定额短缺情况。此外，也应研究办公费、差旅交通费等管理费用的支出情况，促使企业和项目经理部注意节约，降低材料成本。

3）机械使用费的分析

机械使用费在建筑工程成本中所占的比重很小，一般为3%～5%，但在水力发电站的建筑工程上，机械使用费所占的比重比较大，占工程成本的8%～10%。必须指出，机械化施工并不意味着仅仅增加机械的数量，提高机械的利用率，防止机械窝工是一个十分重要的方面。因此，加强施工机械的管理工作、提高机械利用率和降低机械台班成本，是每一个项目经理部的重要任务之一。

影响机械使用费变动的主要因素有两个，一是台班数的增减变动，二是台班成本的升降。如果项目经理部提高了施工组织管理水平和成本控制水平，充分利用施工机械和降低了台班成本，则将节约机械使用费；反之，机械使用费就会超支。

【例10】例如，某项目经理部乙单位工程机械使用费实际成本比预算成本超支1 000元，经查明主要是该工程使用了一台塔吊，发生费用超支，假定其有关资料如表4.31所示。

表4.31

项目	单位	计划	实际	差异
1.塔吊使用费	元	12 000	13 750	+1 750
2.台班数	台班	100	110	+10
3.每台班成本	元	120	125	+5

从表4.31可以看出，塔吊使用费超支1 750元，其原因分析如下：

（1）由于台班数的增加，使机械使用费增加：+10×120＝1 200（元）

（2）由于台班成本的超支，使机械使用费增加：+5×110＝550（元）

从计算结果可以看出，塔吊使用费超支1 750元，其中由于台班数增加，使机械使用费增加1 200元，由于台班成本的超支，使机械使用费增加550元。

台班数量增加的原因，可能是由于施工机械保养不好，临时发生故障，或由于工作线没有划好，造成工作班内的停工，应根据施工机械明细卡片等核算资料，查清原因。

台班成本，按其费用的性质，可分为变动费用和固定费用。单位台班成本所负担固定费用的数额，取决于固定费用的发生额和施工机械的运转程度。因此，提高施工机械的利用率，就可以降低单位台班成本。对于变动费用，也应该力求节约，随着管理水平的提高，变动费用也可以相对地节约。

4）其他直接费的分析

其他直接费的分析方法，一般是根据工程成本表所列示的实际数与预算数进行比较，确定

节约或超支情况。本例中，甲乙单位工程的其他直接费用降低额为 1 000 元，这是好的现象。分析时，要注意其他直接费项目的预算成本与实际成本这二者所包括的内容是否一致，否则，将失去比较的意义。此外，还要注意分析其他直接费用的实际支用情况，随时进行控制和检查，防止发生损失和浪费。

5）间接费用的分析

间接费用的预算成本，是根据工程直接费（或人工费）乘费用定额计算出来的，将间接费用的实际成本与预算成本进行对比，即可确定其节约额。但在间接费预算成本和间接费实际成本中，都应扣除公司的管理费，因为公司本部的管理费用是不计入工程成本、而应直接计入当期损益的。

分析时，一般根据间接费用表所列示的实际数与计划数进行比较，就可以分析考核各项间接费用的节超情况。

假定该项目经理部的间接费用支出情况如表 4.32 所示。

表 4.32

项目	计划数	实际数	节约（+）超支（-）
1.临时设施摊销费	11 000	9 200	1 800
2.现场管理人员工资、奖金	40 000	42 000	-2 000
3.职工福利费	5 600	5 880	-280
4.办公费	10 000	9 500	500
5.差旅交通费	37 000	30 900	6 100
6.取暖费	9 000	8 000	1 000
7.水电费	8 000	7 000	1 000
8.固定资产使用费	5 000	4 220	780
9.行政工具用具使用费	11 400	11 400	
10.劳动保护费	4 000	4 000	
11.职工教育经费	1 000	800	200
12.财产保险费	2 000	2 000	
13.工程保修费	10 000	9 000	1 000
14.工程排污费	3 000	3 000	
15.其他费用	23 000	23 100	-100
合计	180 000	170 000	10 000

从表 4.32 可以看出，该项目经理部的间接费实际比计划降低了 10 000 元，从明细项目分析，间接费用的降低主要是差旅交通费、办公费、取暖费、水电费、固定资产使用费和工程保修费等项目节约的结果，而现场管理人员工资等项目则超支，要查明原因，采取相应措施，控制其支出。

【例 11】项目经理部技术组织措施效果分析实例。为了检查施工项目降低成本技术组织措施计划的完成情况，该项目经理部要定期地编制施工项目降低成本技术组织措施计划完成情况表并进行分析。假设某项目经理部 20××年度降低成本技术组织措施计划的完成情况如表 4.33 所示。

表 4.33　降低成本技术组织措施计划完成情况表

措施项目	单位	工程量		节约额		人工费		材料费		机械费		其他直接费		合计		差额
		计划	实际	计划	实际	计划	实际	计划	实际	计划	实际	计划	实际	计划	实际	
回填土利用现场存土	m^3	5 000	6 000	3	3	14 000	16 700					1 000	1 300	15 000	18 000	+300
冷拔钢筋	t	120	130	32	32			3 840	4 160					3 840	4 160	+320
模板利用旧钉子	kg	180	200	5	5			900	1 000					900	1 000	+100
砌砖降低损耗率	m	80 000	80 000	0.08	0.08			6 400	6 400					6 400	6 400	
提高机械利用率	台班	80	82	80	80					6 400	6 560			6 400	6 560	+160
利用剩余板材制作窗帘盒及其他木制品	扇门	340	350	59.4	59.4			20 196	20 790					20 196	20 790	+594
降低成本合计						14 000	16 700	31 336	32 350	6 400	6 560	1 000	1 300	52 736	56 910	+4 174

从表 4.33 可以看出，某项目经理部施工项目降低成本技术组织措施计划执行得比较好，计划规定降低成本 52 736 元，实际降低成本 56 910 元，比计划多降低 4 174 元。从各项措施项目来看，除了砌砖墙降低损耗率刚好完成计划节约额外，其他各项措施都执行得比较好，降低成本额都超额完成计划。

4.6.5　施工项目成本考核

施工项目成本考核，是指项目经理在施工过程中和施工项目竣工时，对工程预算成本、计划成本及有关指标的完成情况进行考核、评比，通过考核，使工程成本得到更加有效地控制，更好地完成成本降低任务。

施工项目成本考核的目的在于：贯彻落实责权利相结合的原则，充分调动职工的自觉性、主动性和创造性，挖掘内部潜力，达到以最少的耗费，取得最大的经济效益。

施工项目的成本考核，是对项目经理部考核的重要内容之一，是确保经济效益和社会效益不断提高的重要手段。因此，项目经理部应全面考核成本、工期、质量和安全，并对职工进行合理的奖励。

施工项目的成本考核，特别要强调施工过程的中间考核，这对具有一次性特点的项目来说尤为重要。因为通过中间考核能够及时总结经验，发现问题，能起到"亡羊补牢"的作用。而施工项目竣工后的成本考核也很重要，虽然有点"时过境迁"，施工中造成的损失浪费已无法弥补，但可以在工程竣工决算时总结经验，以利再战，指导今后的项目管理和项目成本控制。

施工项目成本考核控制，一般可以分两个层次：一是企业对项目经理的考核控制；二是项目经理部对所属经营管理、成本核算、施工管理、技术质量管理、物资设备管理部门和施工队、班组的考核。通过多层次的考核，可以督促项目经理、责任部门和责任者更好地完成自己的责任成本，从而形成实现项目成本目标的层层保证体系。

4.6.6　施工项目成本考核原则

施工项目成本考核的原则，一般有以下几方面：

(1) 以国家方针政策、法令和成本管理制度为考核的依据

项目经理部要提高施工管理水平，促进成本管理工作的健康发展，更好地完成施工项目的成本目标，首先要遵守国家的政策法令、施工管理和成本管理条例及实施细则，严格执行国家规定的成本开支范围和费用开支标准，确保工程质量和用户满意。因此，对施工项目成本进行考核时，必须以国家的政策法令为依据，检查、评价施工项目成本控制和管理工作。

(2) 以施工项目成本计划为考核控制的依据

施工项目成本计划，是项目经理和项目经理部员工的奋斗目标。因此，成本考核必须以计划为目标，检查成本计划的完成程度，查明成本升降的原因，从而更好地做好成本管理工作，促使项目经理部更好地完成和超额完成成本计划规定的指标。

(3) 以真实可靠的施工项目成本核算资料为考核的基础

考核控制项目成本必须依靠真实、可靠的成本核算资料。如果成本核算资料不全面、不真实，也就失去了考核控制的基础。因此，在成本考核之前，首先要对成本核算所提供的各项数

据进行认真的检查和审核，只有在数据真实、准确、可靠的基础上，才能对成本进行考核和评价。

(4)以降低成本提高经济效益为考核目标

全面成本管理的最终目的，是降低成本，使项目经理部能以最少的施工耗费，取得最大的经济效益。因此，要通过成本考核，调动职工群众的积极性、创造性，挖掘一切内部潜力，使之获得最佳经济效益。对于能够节约消耗有效控制成本的，应根据其贡献大小，给予奖励；对于浪费资财、控制不力的，应追究其经济责任。

4.6.7 施工项目成本考核的内容

根据上节所述施工项目成本考核的原则，确定施工项目成本考核的内容，其内容一般有以下几方面：

1)企业对项目经理部成本考核内容

建筑企业对项目经理部成本考核的内容，一般有以下几方面：

(1)检查项目经理部的项目成本计划编制和成本目标的落实情况

建筑企业在每年度通过编制成本计划，规定各项目经理部的降低成本额和降低率。为了确保成本计划既积极先进又合理可行，公司总经理及公司本部应指导、协助项目经理部挖掘降低成本的内部潜力，尽量采取先进施工技术方法和技术组织措施，编好成本计划，并协助层层分解和落实成本指标。

(2)检查、考核成本计划的完成情况

为了完成和超额完成项目成本计划，企业应经常地和定期进行检查和考核，特别是一个施工项目竣工时，应组织力量全面检查分析，考核各项成本指标的完成情况。即将施工项目实际成本与预算成本、计划成本进行对比分析，按照成本项目逐项检查分析，查明成本节超的原因。

(3)检查、考核成本管理责任制的执行情况

建筑企业应根据成本管理责任制规定的精神，对项目经理部的成本管理工作进行检查，看其是否认真贯彻执行成本管理责任制。如果发现成本管理不落实、成本核算不规范、成本控制不力、违法乱纪的，应严肃处理。

2)项目经理对施工项目成本考核的内容

项目经理对施工项目成本考核的内容，主要有以下几方面：

(1)对项目经理部各部门的考核

项目经理对各部门的考核主要有两方面，一是考核本部门、本岗位责任成本的完成情况；二是考核本部门、本岗位成本管理责任的执行情况。

项目经理一般只对一个施工项目进行施工，因此，应对该项工程的各个成本项目进行检查、考核，看其成本降低额和降低率是否完成计划，并对整个施工项目考核其成本降低额和降低率是否完成计划。

(2)对施工队组的考核

施工队组是直接完成施工项目施工任务的基层核算单位。有的施工队组是本企业的施工力量，有的是外单位所属的施工队伍。对于前者，项目经理应负责对其所负责的分部分项工程

的直接费成本进行考核,将直接费用成本与施工预算成本进行比较分析,分别分析和考核其成本降低额和降低率是否完成,并应仔细查明成本节超原因。

此外,项目经理还要对劳务合同的执行情况、劳动合同以外的补充收费情况,以及班组完成施工任务等方面进行分析考核。

应该指出,无论对哪一环节成本进行考核,都是检验其是否完成降低成本目标,从而加强成本管理工作,取得更佳的经济效益。如果成本管理不力,不抓控制、核算、分析、考核,不与职工物质利益直接挂钩,所谓成本管理就是一句空话。如果成本管理流于形式,将发生亏损,甚至导致项目经理部难以生存。

4.6.8　工程成本管理案例

某栋综合教学楼通过公开招标的方式,由具有房屋建筑工程施工总承包一级资质的××公司承建。该项目合同规定工期为 210 天,工程总造价为 3 100 万元,其中土建部分造价为2 250 万元,安装部分造价为 850 万元。

工程概况如下:整个项目总建筑面积为 11 492.46 m^2,地上 6 层,总高度约为 21.9 m,首层至 5 层层高为 3.6 m,顶层层高为 3.9 m,每层面积约为 1 910 m^2。整个建筑物平面投影为矩形,坐北朝南。根据合同,该项目实行综合单价包干,工程量按实结算。其中,工程进度款支付方式为:按月支付工程款,每期支付核定工作量的 90%,验收通过后支付至合同总价的 95%,工程结算后提取最终结算价的 5%作为保修金,在竣工验收满 1 年后的 15 天内退还 50%保修金,满 2 年后的 15 天内退还另外 50%保修金。工期考核以合同工期为标准,每逾期一天按工程合同总价的万分之五罚款。

1)成本预测

(1)项目造价组成

根据业主提供的工程设计图纸,按合同约定,参照现行定额规定,编制该综合楼的施工图预算,并进行造价分析,情况见表 4.34。

表 4.34

分部工程	预算造价/万元	占预算总造价的比例/%	施工安排情况
钢筋混凝土结构	702.8	22.67	自行施工
基坑维护结构	138	4.45	分包
土方工程	69.54	2.24	分包
钻孔灌注桩	126.32	4.08	分包
砌筑结构工程	241.14	7.78	分包
装饰工程	972.2	31.36	分包
小计	2 250	72.58	土建总产值
安装	850	27.42	安装公司
总造价	3 100	100	

(2)项目土建工程成本预测

针对综合楼土建部分,项目经理部搜集资料后,对项目成本进行了细致分析,预测确定了项目的目标成本为:工程预计收入 2 250 万元,目标成本支出 2 209.37 万元。根据合同文件、施工图纸和定额计算等,分析情况如下:

①人工费。预算收入 62.7 万元,预计目标支出 73.48 万元。亏损 10.78 万元,占人工费预算收入的 17.19%。人工费亏损的主要原因有:随着物价的上涨,工人每个工日的单价发生了增长。

②材料费。预算收入 187.71 万元,预计目标支出 152.53 万元。节支 35.18 万元,占材料费预算收入的 18.74%。材料费节支的主要原因有:

a.根据预测,按施工预算商品混凝土数量可以得到节支,节支约 12.04 万元。

b.商品混凝土的单价在实际与供销商的协议中,取得了比预算单价更低的单价,节支约 20.14 万元。

c.其他主材可节约费用较少,节支约 3 万元。

③机械费。预算收入 41.27 万元,预计目标支出 14.68 万元。节支 26.59 万元,占机械费预算收入的 64.43%。成本预测时考虑结构施工阶段采用 1 台 70HC 内爬式塔吊,2 个月租费加上进出场费及人工费,需支出 10.23 万元;另外用 2 台井架吊篮,5 个月租费 2 万元,加上其他机械费用,共计支出 14.68 万元。

④构件费。预算收入 190 万元,预计目标支出 204.53 万元。亏损 14.53 万元,占构件费预算收入的 7.65%。亏损原因主要在于:实际与供货商签订的供料协议中,钢筋原材料比预算单价高,加上加工费,实际单价比预算单价每吨高了 150 元,最终导致了亏损。

⑤其他直接费。预算收入 37.73 万元,预计目标支出 55 万元。节支 17.27 万元,占其他直接费预算收入的 45.75%。

⑥间接费。预算收入 61.33 万元,预计目标支出 128.05 万元。亏损约 66.72 万元,占间接费预算收入的 108.78%。分析其亏损原因,主要有:

a.临时设施费实际发生 38 万元(场地狭小,产生了民工宿舍借房费)。

b.支付有关单位总包服务费 20 万元。

c.管理人员管理费用等开支超支。

⑦分包工程。预算收入 1 615.69 万元,预计目标支出 1 505 万元。节支约 110.69 万元,占间接费预算收入的 6.85%。

2)制订目标成本

针对该综合楼在成本预测阶段的主要情况,在综合考虑了项目整体工程进度和工程质量后,对工程预算成本中各分部分项工程以及重要工序进行分析,找出能够降低成本的关键点,进行资源配置的合理优化,并按费用类别详细制订了该综合楼的目标成本,该综合楼土建工程目标成本汇总见表 4.35。

3)项目目标成本分解

在成本预测时已制订了目标成本,该项目经理部按项目施工进度指标对目标成本进行了详细的分解:该项目周期为 210 天(即 7 个月),以月度为单位对项目成本目标进行分解。该项目分包工程成本在分包合同中已经明确,故剔除该部分。因此,以混凝土和钢筋工程为对象编制。由于混凝土工程和钢筋工程主要是在前期和中期,其按进度分解目标成本见表 4.35 和表 4.36。

表 4.35　综合楼土建工程目标成本汇总表

项目	预算成本/元	目标成本/元	变化额/元	降低率(占本项预算成本)/%	降低率(占总预算成本)/%
人工费	627 018	734 777	−107 759	−17.19	−0.48
材料费	1 877 068	1 525 277	+351 791	+18.74	+1.56
机械费	412 688	146 777	+265 911	+64.43	+1.18
构件费	1 899 975	2 045 279	−145 304	−7.65	−0.65
其他直接费	377 348	550 000	−172 652	−45.75	−0.77
间接费	613 325	1 280 500	−667 175	−108.78	−2.96
分包工程	16 156 875	15 050 000	+1 106 875	+6.85	+4.92
开办费	35 652	0	+35 652	100	+0.16
工程预算成本合计	21 999 949	21 332 610	+667 339	+3.03	+2.97
计划利润	319 408	0	+319 408		
税金	761 090	761 090	0		
合同让利	−580 447	0	−580 447		
合计	22 500 000	22 093 700	406 300	+1.81	+1.81

表 4.36　月度目标成本表

月份	人工费/元	材料费/元	机械费/元	其他费/元	总目标成本/元
1	101 236	421 321	92 285	111 241	726 083
2	212 146	1 248 076	112 107	338 097	1 910 426
3	350 975	1 932 314	191 219	648 161	3 122 669
4	46 234	307 030	100 650	69 518	523 432
合计	710 591	3 908 741	496 261	1 167 017	6 282 610

4)成本控制

(1)施工准备阶段的成本控制措施

①土方开挖回填。该工程开发土石方量较大,考虑到施工场地狭小,并且处在市中心,土石方堆积不便,故将整个施工区域划分为三块,分块开挖和回填。

②结构施工。拟采用定型钢模板,泵送混凝土施现浇施工。脚手架为了提高利用率,应随着工程进展逐渐增加。钢模板需要科学维护,提高重复使用率。

③材料采购和堆放。采购管理事前应做好市场信息搜集工作，提前编制好采购计划，主材应签订好年度合同以降低价格，对供应商应加强管理和培训，采购合同应做好评审工作。

④外委工程。安装分包工程应选择长期合作的外委工程公司。做好合同管理，双方责任和义务，验收，付款，索赔等条款应明确清楚。

(2)施工进行阶段的成本控制措施

①将实际成本与预算成本动态对比。确定目标成本以后，在施工过程中时刻将实际成本与目标预算成本进行跟踪动态对比，并采取各种措施对偏差加以控制，确保项目成本目标的实现。

②建立成本动态管理台账。费用支出方面完善成本动态管理台账，制定阶段性成本核算周期，以发挥台账的动态监测作用。人工费方面按现行定额和市场行情实行综合单价结算，对分包施工队的工作范围要做到定义清楚，不存在误项、漏项。对额外工程，在分包合同里要明确对零星工程的责任划分。另外要加强合同管理，将施工单位的风险转嫁于分包合同中，保证工程按时按质量完成。

③优化模板周转方案。由于结构工期紧，经过讨论研究，现决定优化模板的周转方案，模板由三套改为两套半，同时加强施工管理，做好回收和旧模的利用。

④优化机械配置方案。根据项目组测算后，采用2台井架吊篮代替电梯施工，可节省机械租赁费。

⑤处理好与业主和监理的关系。注重及时做好工程修改及增加账的签证，在项目变更中做好变更报价，争取在项目变更工程中获得较高的利润率。

⑥做好总包管理。加强与分包队伍的谈判力度，做好总包管理，争取对分包单位收取较高比率的总包管理费和配合费。

(3)施工阶段进度和成本偏差分析

项目开始实施后，每周都对项目进度和成本差异进行分析。在项目进行到第8周完毕后，进行项目进度与费用统计，统计收集了 ACWP、BCWP、BCWS 参数值，见表4.37。

表4.37 项目进度与费用统计表

周数	计划工作预算费用 BCWS /万元	已完工作预算费用 BCWP /万元	已完工作实际费用 ACWP /万元
1	8.843 4	9.732 7	9.882 4
2	25.423	26.595 4	24.929 1
3	42.726 2	43.387 7	39.899 2
4	71.064 1	72.638 7	68.134 5
5	111.732	113.142 7	109.187 3
6	147.923	152.609 8	147.872 1
7	197.667 5	201.873 6	199.652 1
8	255.194 3	263.650 9	280.090 9

由表 4.36 可知，项目开始时项目成本和进度都控制得很好，偏差较小，但从第 8 周开始，开始出现了明显的成本进度偏差。第 8 周时虽然进度还是提前的，但是此时费用出现了超支的情况。针对这种情况可以调查为何进度提前突然带来了费用迅速的增加，以致出现了费用超支情况，并采取有效措施；同时，我们也可以总结成本节支的原因，为以后的项目施工积累经验。

在工程项目实施过程中，BCWS、BCWP 和 ACWP 这 3 条曲线靠得很近并且平稳上升表明项目按预定计划进行，此时是项目进行的最优状态；如果 3 条曲线距离不断增加，则表明将来可能会出现关系到项目成败的重要影响因素。对项目进行偏差分析的目的主要是为了找出引起偏差的原因，以便项目管理人员能够及时地采取有效措施避免类似的事情发生。

5）成本核算

表 4.38 对项目成本实际发生成本进行了汇总核算。

表 4.38

项目	预算成本/元	目标成本/元	实际成本/元	预算成本-实际成本/元	计划成本-实际成本/元
人工费	627 018	734 777	901 600	-274 582	-166 823
材料费	1 877 068	1 525 277	1617000	260 068	-91 723
机械费	412 688	146 777	188 200	224 488	-41 423
构件费	1 899 975	2 045 279	1 675 000	224 975	370 279
其他直接费	377 348	550 000	498 760	-121 412	51 240
间接费	613325	1 280 500	906 950	-293 625	373 550
分包工程	16 156 875	15 050 000	15 293 000	863 875	-243 000
开办费	35 652	0	0	35 652	+0.16
工程预算成本合计	21 999 949	21 332 610	21 080 510	919 439	252 100
计划利润	319 408			319 408	
税金	761 090	761 090	761 090		
合同让利	-580 447			-580 447	
合计	22 500 000	22 093 700	21 841 600	658 400	252 100

从表 4.38 可知，该综合教学楼土建工程盈利 658 400 元，占预算成本的比例约 2.93%。

思考与练习

1.什么是费用？什么是成本？二者之间有什么区别和联系？

2.什么是工程成本？工程成本有哪些类别？

3.成本管理包括哪些内容？每项管理活动之间有什么联系？

4.简述工程成本计划的内容、编制方法及步骤。

5.简述工程成本核算的内容及程序。

6.简述工程成本控制的方法。

7.简述工程成本分析的方法。

8.某土方工程总挖方量为 4 000 立方米。预算单价为 45 元/立方米。该挖方工程预算总费用为 180 000 元。计划用 10 天完成,每天 400 立方米。开工后第 7 天早晨刚上班时业主项目管理人员前去测量,取得了两个数据:已完成挖方 2 000 立方米,支付给承包单位的工程进度款累计已达 120 000 元。

问题:计算 BCWP、BCWS、ACWP,并分析费用 CV、SV、CPI、SPI。

9.某项目经理部本年计划节约"三材"的目标为 120 000 元,实际节约 130 000 元,上年节约 115 000 元,本企业的先进水平节约 138 000 元。

要求:(1)用对比法进行对比,并列表计算。

(2)对比法的应用形式有哪些?

10.某施工项目经理部在某工程施工过程中,将标准层的商品混凝土的实际成本、目标成本情况进行比较,数据见表 4.39。

表 4.39　商品混凝土目标成本与实际成本对比表

项目	单位	计划	实际	差额
产量	m^3	300	310	+10
单价	元	800	820	+20
损耗率	%	4	3	-1
成本	元	249 600	261 826	12 226

要求:(1)试述因素分析法的基本理论。

(2)用因素分析法分析成本增加的原因。

11.某施工项目经理部在某工程施工时,发现某月的实际成本降低额比目标成本增加了 3.6万元,具体见表 4.40。

表 4.40　降低成本目标与实际对比

项目	目标	实际	差异
预算成本/万元	280	300	+20
成本降低率/%	3	4	+1
成本降低额/万元	8.4	12	+3.6

要求:(1)说明因素分析法的基本原理。

(2)根据表中资料,用因素分析法分析预算成本和成本降低率对成本降低额的影响程度。

(3)说明成本分析的对象、成本分析的具体内容及资料来源。

学习情境五　施工经营管理分析

【知识目标】

(1)掌握建筑安装工作量完成情况、竣工工程指标完成情况、施工工期分析计算;

(2)掌握工程品级率、质量事故相应指标分析计算;

(3)掌握劳动力需要量、劳动生产率分析计算;

(4)掌握机械化程度、机械装备程度、施工机械完好利用情况分析计算;

(5)掌握材料供应对施工计划完成情况的影响、材料供应的及时性与完整性分析计算;

(6)重点掌握利润计划完成情况总评价计算、工程结算利润、销售利润、营业外收支分析计算。

【能力目标】

(1)拥有较好的学习新技能与知识的能力;

(2)具有较好的解决问题的能力目标;

(3)能准确地计算各项经营管理指标;

(4)能较好地完成各项经营管理工作,以提高企业经济效益,增强企业竞争力。

【问题引入】

宏岩建设集团2012年度自行完成点交工程和产品、作业、材料、其他销售的成本和收入的计划数、实际数以及2011年度的实际数见表5.1。

表5.1

项目	2011年度实际/万元	2012年度	
		计划/万元	实际/万元
(1)自行完成工程成本	1 704.15	2 600	2 622
自行完成工程价款收入	2 103.88	3 000	3 096
(2)产品销售成本	629.62	667.5	677.12
产品销售收入	828.44	890	921.5
(3)作业销售成本	11.33	12.45	14.53
作业销售收入	13.65	15	17.51

续表

项目	2011 年度实际/万元	2012 年度	
		计划/万元	实际/万元
(4)材料销售成本	8.07	8.3	13.36
材料销售收入	9.49	10	15.72
(5)其他销售成本	1.50	4.25	6.42
其他销售收入	1.76	5	7.38

根据表 5.1 资料,分别计算出下述几个指标:

(1)2012 年度实际成本利润率;

(2)2012 年度计划成本利润率;

(3)2012 年度实际收入利润率;

(4)2012 年度计划收入利润率;

(5)2011 年度实际成本利润率;

(6)2011 年度实际收入利润率。

任务 5.1 施工经营管理分析概述

施工经营管理,是指企业为了完成建筑产品的施工任务,从接受施工任务开始到工程竣工交付使用为止的全过程的组织管理工作。

建筑产品的施工是一项非常复杂的生产活动,它不仅需要有诸如计划、质量、安全和成本等项目标管理,以及对劳动力、建设物资、施工机械、工艺技术及财务资金等项要素管理,而且要有为完成施工目标和合理组织诸施工要素的生产事务管理,否则就难以充分地利用施工条件,发挥各施工要素的作用,甚至无法进行正常的施工活动,实现施工目标。

施工经营管理分析,就是利用各种计划资料和核算资料,结合调查研究,对企业的施工、经营、财务活动、成本控制进行系统、全面和科学分析研究,以便总结经验,揭露矛盾,找出差距,扬长避短,进一步提高企业的经营管理水平。

生产越现代化,生产的规模越大,相应地要求管理水平也就越高,作为改善企业经营管理的经营管理分析也必然越来越重要。

经营管理分析的任务,主要有以下几方面:

①挖掘企业内部的一切潜在力量,提高经济效益。

②检查企业各项计划的完成情况,查明影响计划完成的各项因素,评价企业施工经营管理工作的业绩,促使企业更快、更好地发展。

③促使企业坚持勤俭办企业的方针、遵纪守法,不断改进提高企业利润水平的具体措施,为国家提供更多的积累。

施工经营管理分析的内容，主要包括以下几方面：

- 施工活动的分析；
- 工程质量的分析；
- 劳动力利用效果的分析；
- 施工机械利用效果的分析；
- 材料供应情况的分析；
- 利润的分析；
- 财务分析；
- 工程成本分析等。

任务 5.2　施工活动的分析

施工活动是建筑企业的基本经济活动，施工任务完成的好坏直接影响其他各项经济活动。因此，施工活动的分析在建筑企业施工经营管理分析中占有十分重要的地位。

5.2.1　建筑安装工作量完成情况的分析

建筑安装工作量，是以货币表现的在一定时期内建筑企业所生产的建筑产品总量，也称为施工产值或总产值。建筑安装工作量是反映建筑安装施工活动成果的一项综合性指标，反映出建筑企业生产发展的规模和水平，其主要包括：

①建筑工作量。

②设备安装工作量（不包括被安装设备本身的价值）。

③房屋、建筑物修理工作量。

④现场非标准设备制作工作量。

如果是总包单位，则还要反映出自行完成工作量和分包单位完成工作量。

建筑安装工作量完成情况分析所依据的资料，主要是企业的施工计划和施工完成情况月报等，再结合日常施工管理所掌握的情况，即可进行分析。分析时，首先应当分析企业自行完成的建筑安装工作量完成情况，然后分析分包单位完成的工作量。

分析企业自行完成的工作量完成情况时，应先将本期自行完成的工作量的实际数与计划数进行比较，求出计划的完成情况；然后再将本期自行完成工作量的实际数与基期（即上期）自行完成的工作量比较，求得自行完成工作量的增长情况，即计算自行完成工作量的增长率。计算公式如下：

$$\text{自行完成建筑安装工作量增长率} = \left(\frac{\text{报告期自行完成建筑安装工作量}}{\text{基期自行完成建筑安装工作量}} - 1\right) \times 100\%$$

为了说明其分析方法，现以某企业 3 月份工作量完成情况为例。分析资料见表 5.2。

表 5.2

项　目	计划/万元			实际完成/万元			完成/%			去年同期完成/万元		去年同期对比/%	
	本年	本季	本月	自年初	自季初	本月	年计划	季计划	月计划	第一季度	3月份	第一季度	3月份
承包工作总量	10 000	2 000	800	2 100	2 100	880	21.0	105	110	1 800	760	116.7	115.8
其中:自行完成工作量	8 000	1 600	640	1 728	1 728	704	21.6	108	110	1 400	610	123.4	115.4
其中:													
建筑工作量	8 000	1 600	640	1 728	1 728	704	21.6	108	110	1 400	610	123.4	115.4
设备安装工作量	—	—	—	—	—	—	—	—	—	—	—	—	—
建筑物修理工作量	—	—	—	—	—	—	—	—	—	—	—	—	—
现场非标准设备制作量	—	—	—	—	—	—	—	—	—	—	—	—	—
分包单位完成工作量	2 000	400	160	372	372	176	18.6	93	110	400	150	93	117.3

从表5.2可以看出,该企业 3 月份计划承包工作总量为 800 万元,实际完成 880 万元,完成月计划的 110%;其中由本企业自行完成的工作量超过计划 64 万元,完成计划的 110%。与上年同期比较,上年 3 月份完成的工作总量为 760 万元,本年 3 月份完成 880 万元,超过上年 120 万元,即完成上年同期115.8%;本企业自行完成的工作量超过上年同期 94 万元,完成上年同期的115.4%,说明今年 3 月份工作量不仅完成了月计划,而且比去年同期有较大的增长。

从第一季度来看,季计划规定承包工作总量为2 000万元,实际完成2 100万元,完成季计划的 105%,占年计划的 21%。与上年同期比较,上年第一季度完成总量为1 800万元,今年比去年同期完成116.7%。从本企业自行完成工作量来看,今年第一季度完成工作量为1 728万元,比上年同期完成123.4%,说明今年第一季度工作量完成得比较好。

其次,应分析分包单位工作量计划的完成情况。从表 5.2 可以看出,分包单位 3 月份完成的工作总量为 176 万元,比计划超过 16 万元,完成计划的 110%,说明施工情况比较好。但是,从第一季度来看,只完成计划的 93%,说明分包单位 1 月份或 2 月份在施工安排方面存在问题,应查明原因。

5.2.2 竣工工程指标完成情况的分析

建筑安装工程施工的最后成果是建筑产品,各个工程项目的按期竣工,可以增加新的生产能力和住房,对我国社会主义经济的发展和人民物质文化生活水平的提高有着重大意义。同时,按期竣工对建筑企业来说也有重大意义,因为工程项目的按期完成和提前完成,就有可能减少施工费用的支出,从而降低工程成本,增加企业盈利,并可及时收取工程价款,减少贷款利息支出，加速流动资金的周转。

分析竣工工程指标完成情况所根据的资料，主要是施工计划、房屋建筑工程竣工情况月报表及其他有关资料。工程竣工计划的完成情况，一般可从竣工工程产值计划完成情况、工程竣工项目计划完成情况和竣工面积计划完成情况进行分析。

竣工工程产值也称建筑商品产值或竣工产值，它是以价值表示的竣工工程数量，反映一定时期内通过施工活动为社会提供的竣工工程价值。采用这个指标，可以弥补工作量指标的不足，促使企业面向竣工工程，狠抓工程项目竣工投产或交付使用。

竣工工程产值计划完成情况的分析，一般可用下列公式计算：

$$\text{竣工工程产值计划完成程度} = \frac{\text{实际竣工工程产值}}{\text{计划竣工工程产值}} \times 100\%$$

工程竣工项目计划完成情况的分析，一般是将实际完成竣工项目的个数与计划竣工项目的个数进行比较，分析考核其计划的完成程度。其计算公式如下：

$$\text{竣工项目计划完成程度} = \frac{\text{实际竣工项目个数}}{\text{计划竣工项目个数}} \times 100\%$$

竣工面积计划完成情况的分析，一般是将实际竣工面积与计划竣工面积进行比较，分析和考核其计划的完成程度。其计算公式如下：

$$\text{竣工面积计划完成程度} = \frac{\text{实际竣工面积}}{\text{计划竣工面积}} \times 100\%$$

【**例 1**】某建筑企业 2012 年度的计划和实际的竣工项目、竣工工程产值和竣工面积见表 5.3。

表 5.3

竣工项目名称	竣工工程产值/万元		竣工面积/m^2	
	计划	实际	计划	实际
第一车间	900	900	300	300
第二车间	1 050	1 050	350	350
第三车间	1 400	1 400	400	400
办公楼	1 200	1 200	400	400
A 宿舍	900	—	300	—
B 宿舍	1 200	1 200	400	400
C 宿舍	1 200	1 200	400	400
合计	7 850	6 950	2 550	2 250

【**解**】根据表 5.3 资料，可以计算如下：

$$\text{竣工工程产值计划完成程度} = \frac{6\ 950}{7\ 850} \times 100\% = 88.5\%$$

$$\text{竣工项目计划完成程度} = \frac{6}{7} \times 100\% = 85.7\%$$

$$\text{竣工面积计划完成程度} = \frac{2\ 250}{2\ 550} \times 100\% = 88.2\%$$

计算结果说明，各项竣工工程指标都没有完成计划，不能完成计划的原因是由于 A 宿舍工程项目没有竣工，应进一步查明原因。

为了更好地了解企业工程竣工计划的完成情况,还可以采用房屋建筑面积竣工率指标来考核房屋建筑面积的大小。房屋建筑面积竣工率,是反映企业报告期竣工的房屋建筑面积占报告期施工的建筑面积的比率,其计算公式如下:

$$房屋建筑面积竣工率 = \frac{报告期房屋建筑竣工面积}{报告期房屋建筑施工面积} \times 100\%$$

一般来说,房屋建筑面积竣工率越高越好,这反映出施工效果良好,说明企业对社会所作的贡献越大。但是在分析时,对具体问题也要具体分析,要注意检查企业是否有片面追求房屋建筑面积竣工率,而忽视开工面的现象。如果出现这种情况,就有可能影响下期的正常施工。

假设上述企业20××年度计划和实际完成的施工面积、竣工面积见表5.4。

表 5.4

项目	计划	实际
施工面积/m²	4 200	5 000
竣工面积/m²	2 550	2 250

根据表5.4的资料,可计算如下:

$$房屋建筑面积计划竣工率 = \frac{2\ 550}{4\ 200} \times 100\% = 60.7\%$$

$$房屋建筑面积实际竣工率 = \frac{2\ 250}{5\ 000} \times 100\% = 45\%$$

从计算结果可以看出,该企业房屋建筑面积实际竣工率为45%,大大低于计划竣工率。经查,原因之一是由于本季度开工面过大,不能集中人力、物力、确保计划竣工项目的需要,应该总结经验、化短为长,合理安排施工,既要保证工程竣工计划的完成,又要注意有适当的施工面,不能顾此失彼。

5.2.3 施工工期的分析

施工工期,是指建筑产品从开工到竣工为止所用的时间。施工工期的分析是考核企业施工组织管理水平和经济效益的手段之一。加快施工进度,缩短工期,使工程项目尽快竣工投产使用,不仅能使企业降低工程成本,而且能够缩短建设项目的建设周期,提高投资经济效益。

总的来说,施工工期的分析方法有两种:一是对各项工程的实际竣工时间与计划竣工时间直接进行对比,并查明提前竣工或拖延工期的原因;二是综合分析各竣工项目工期的长短。为了综合考核工期的长短,需要计算平均施工工期。竣工项目平均施工工期有两种计算方法,一是按照各项竣工工程数量计算,二是按照竣工工程面积计算,一般以100 m² 竣工面积为单位,说明平均完成100 m² 竣工建筑面积的施工工期。

(1)按竣工工程数量计算的平均施工工期

$$竣工工程平均施工工期 = \frac{各个竣工单位工程施工工期之和}{竣工单位工程个数}$$

(2)按竣工工程面积计算的平均施工工期

$$竣工工程平均施工工期=\frac{各个竣工单位工程施工工期之和}{竣工工程面积(100\ m^2)}$$

应该指出,按竣工工程数量计算的平均施工工期,往往受到竣工单位工程规模大小的影响。即在其他条件不变的情况下,规模大的工程,施工工期就长一些;规模小的工程,施工工期就短一些。为此,在计算平均施工工期时,最好的办法是按工程的规模、结构进行分组,以便比较正确地反映出施工工期的变化。例如,民用建筑可分为高层住宅和多层住宅;工业建筑可以分为多层厂房和单层厂房等。即使如此细分,由于住宅层数的多少、建筑面积的大小不同,也不能完全正确地反映出施工工期的长短。因此,按竣工项目面积计算的平均施工工期,才能排除工程结构、层数、面积大小的影响,比较正确地反映施工工期的变化情况。

【例 2】某建筑企业 2012 年度竣工单位工程的施工工期和竣工面积见表 5.5。

表 5.5

竣工工程项目	工期/天	竣工面积/m^2
单层工业厂房		
第一车间	150	300
第二车间	160	350
第三车间	200	400
民用建筑		
办公楼	180	400
A 宿舍		
B 宿舍	200	400
C 宿舍	190	400

【解】根据表 5.5 的资料,可计算竣工工程的平均施工工期如下:

按竣工工程数量计算:

$$竣工单层工业厂房工程平均施工工期=\frac{150+160+200}{3}=170(天)$$

$$竣工民用建筑工程平均施工工期=\frac{180+200+190}{3}=190(天)$$

按竣工工程面积计算:

$$竣工工程平均施工工期=\frac{150+160+200+180+200+190}{(300+350+400+400+400+400)\div100}=\frac{1\ 080}{2\ 250\div100}=48(天/100\ m^2)$$

将实际平均施工工期(48 天/100 m^2)与计划平均施工工期或以前年度平均施工工期比较,就可以看出本年度工期是否存在缩短或拖延情况。例 2 中假设企业上年度平均施工工期为 45 天/100 m^2,则本年度为上年实际平均施工工期的 106% $\left(\frac{48天/100\ m^2}{45天/100\ m^2}\times100\%\right)$,即比上年平均拖延工期 6%。

任务 5.3 工程质量的分析

建筑产品质量,是针对结构坚固、性能良好、经久耐用、造型美观的程度而言。建筑产品使用年限长、造价高,是国家、企业和人民重要的财富,因此其质量的好坏,对社会主义经济的发展和人民生活水平的提高有着重大的影响。建筑产品质量好,不仅能延长建筑使用寿命,减少社会的物质消耗,为国家和企业单位节约大量的建设资金,而且还和方便用户使用及保障人民的安全都有极大关系。如果工程质量不好,就可能发生结构下沉、裂缝、倾斜、倒塌,缩短使用年限或者影响使用,给国家和人民生命财产造成重大损失。

提高工程质量,也是提高我国建筑企业国际信誉和地位的重要因素,是进入国际市场的重要条件。国际市场上的竞争十分激烈,如果不建立起用户信得过的质量标准,那是寸步难行的。

为了确保工程质量,在施工管理中,必须贯彻"百年大计,质量第一"的方针,要加强质量管理的力度,把质量分析放在重要的地位上,要严格按照国家制定的建筑安装工程质量检验评定标准和规范,坚持经常分析工程质量,查明发生质量事故的原因,以便采取有效措施,不断提高工程质量。

工程质量分析的内容,一般包括工程品级率的分析和质量事故的分析两方面。

5.3.1 工程品级率的分析

工程品级率是反映全部验收鉴定工程中被评为优良品或合格品的工程与全部验收工程之间的比例。按规定,工程质量等级一般分为合格与优良两级。分析时,要分析单位工程优良品率和合格品率。优良品率是指优良品单位工程个数(或面积数量)占验收鉴定的单位工程个数(或面积数量)的比率。合格率是指合格品单位工程个数(或面积数量)占验收鉴定的单位工程个数(或面积数量)的比率。在分析期中,优良品率所占比重越大,说明工程质量越好。它的计算公式如下:

$$\text{工程优良品率} = \frac{\text{优良品单位工程个数(或面积数)}}{\text{验收鉴定的单位工程个数(或面积数)}} \times 100\%$$

$$\text{工程合格品率} = \frac{\text{合格品和优良品的单位工程个数(或面积数)}}{\text{验收鉴定的单位工程个数(或面积数)}} \times 100\%$$

分析主要是根据工程质量情况报表及其他有关资料来进行。

假设某企业××项目经理部在20××年度中进行验收鉴定的单位工程及被评为优良品和合格品的单位工程个数、面积见表5.6。

表 5.6

项目	单位	合计	优良品	合格品	不合格
竣工单位工程个数	个	4	3	1	0
竣工单位工程面积	m^2	12 000	10 000	2 000	0

按单位工程个数计算：

$$\text{优良品率} = \frac{3}{4} \times 100\% = 75\%$$

$$\text{合格品率} = \frac{1+3}{4} \times 100\% = 100\%$$

按工程面积计算：

$$\text{优良品率} = \frac{10\ 000}{12\ 000} \times 100\% = 83\%$$

$$\text{合格品率} = \frac{2\ 000 + 10\ 000}{12\ 000} \times 100\% = 100\%$$

对于优良品率计划完成情况的考核，可用完成和超额完成优良品率计划的百分率和优良品率计划完成程度来表示。其计算公式如下：

$$\text{完成和超额完成优良品率计划的百分比率} = \text{实际优良品率} - \text{计划优良品率}$$

$$\text{优良品率计划完成程度} = \frac{\text{实际优良品率}}{\text{计划优良品率}} \times 100\%$$

如上述××项目经理部按单位工程个数计算的计划优良品率为74%，则：

$$\text{完成和超额完成优良品率计划的百分比} = 75\% - 74\% = 1\%$$

$$\text{优良品率计划完成程度} = \frac{75\%}{74\%} \times 100\% = 101.3\%$$

上述两种方法计算结果不同：第一种方法说明实际优良品率比计划高1%，第二种方法说明超额1.3%完成了优良品率计划。用第一种方法，表明平均每100个单位工程中，实际优良品数比计划多1个；而采用第二种方法计算的结果，是计划完成程度相对数，它说明实际优良品率与计划优良品率的差别程度。

5.3.2　质量事故的分析

工程优良品率和合格品率，是从施工的结果上说明建筑产品本身的质量。一个优良品或合格品工程在施工过程中，可能发生一次或多次局部返工，而这些返工情况不能在优良品率或合格品率中反映出来。为了比较全面地反映施工管理水平，在分析工程品级率的基础上，还应分析工程上的质量事故。所谓质量事故，即是指工程质量不符合规定的标准或生产的要求，它包括设计错误、材料设备不合格、施工方法错误等原因所造成的质量事故。

按事故的性质，可分为重大质量事故和一般质量事故。所谓重大事故，是指：结构倒塌、基础下沉、混凝土梁、柱、屋架断裂、大面积屋面漏雨等影响结构安全和使用年限；严重影响设备及其相应系统的使用功能；造成不可挽回的严重历史缺陷；返工损失一次在一定金额以上的。

分析时，应检查工程质量事故次数、返工损失金额、返工损失率和返工补修率。

①质量事故次数，是指施工的工程质量不符合规定的标准或生产要求的事故次数。返工损失金额在一定数额（如100元）以上的作为一次质量事故。

②返工损失金额，是指因工程质量事故而进行返工损失的材料费、人工费和一定数额的施

工管理费，但应扣除拆下来还可以利用的材料价值。

③返工损失率，是指返工损失金额与自行完成工作量的比率。由于本月发生的工程质量事故，往往不在本月返工，为了使二者口径比较一致，返工损失率可采用累计数来计算。其计算公式如下：

$$返工损失率 = \frac{自年初累计返工损失金额}{自年初累计自行完成工作量} \times 100\%$$

④返工补修率，是指每年保修费支出与自行完成工作量的比率。由于建筑安装工程的某些质量问题有一定的隐蔽性，在完工交付使用时，往往检查不出来，所以国家规定建设工程交工验收后，建筑企业要在一定时间（一年或两年）内进行保修，从而发生保修费用支出。这种保修费用支出的大小，也就能反映出工程质量的优劣。其计算公式如下：

$$返工补修率 = \frac{自年初累计保修费用支出}{自年初累计自行完成工作量} \times 100\%$$

返工损失率、返工补修率越大，说明返工损失金额和保修费用支出越多，工程质量越差。

任务 5.4 劳动力利用效果的分析

建筑企业施工计划的完成要受劳动力方面的影响。一是由于职工平均人数的增加或减少，使完成的工作量增加或减少；二是由于劳动生产率的提高或降低，使完成的工作量增加或减少。在分析这两个因素的基础上，还应进一步分析提高劳动生产率的原因，挖掘潜力，力争实现增产不增人或增产少增人。

5.4.1 劳动力需要量的分析

劳动力需要量的分析，是研究劳动力的数量，如何在最合理、最节约使用的情况下保证施工计划的完成。

劳动力需要量的分析，除了分析全部职工总数的变动情况外，应着重分析建筑安装工人数量的变动情况。因为建筑安装工人数量的变动，会直接影响施工计划的完成情况。

分析时，首先计算出最大可能利用的生产工日，然后与计划工日比较，看看应当需要多少劳动力，并做出安排。

各工种最大可能利用的生产工日，即各工种在一定时期内，最大可能从事生产作业的工日，其计算公式如下：

$$最大可能利用的生产工日 = 生产工人数 \times 制度工日数 \times 制度工日利用率$$

制度工日数，是企业最大可能利用的劳动时间总数，是考核企业劳动时间利用好或差的标准。

$$制度工日数 = 日历工日数 - (实际公休工日数 + 公休日加班工日数)$$

制度工日利用率，是反映制度工日的利用程度，它受停工工日、公假工日和缺勤工日的影响。

$$制度工日利用率 = \frac{作业工日数}{制度工日数} \times 100\%$$

通过上述公式的计算，可得出企业在计划期内最大可能利用的生产工日。然后同计划劳动工日（按照计划期内所安排的实物工程量和施工定额计算其应用的劳动工日）比较，如果可能利用的生产工日与计划所需劳动工日二者平衡，说明企业劳动力有保证，可以保证施工计划的完成。如果二者不平衡，应根据企业的实际情况，采取措施，进行平衡调度。

5.4.2　劳动生产率的分析

劳动生产率是建筑企业的一项重要的工作质量指标。劳动生产率的提高，意味着企业职工在施工生产中劳动效率的提高。提高劳动生产率是加快进度、降低工程成本、增加企业盈利的重要途径。

建筑企业的劳动生产率，通常以单位时间内每个职工平均完成的工作量或工程量来表示。其计算公式如下；

$$全员劳动生产率 = \frac{自行完成工作量}{全部职工平均人数 + 非本企业平均人数}$$

或

$$全体职工平均竣工面积(或产量) = \frac{房屋建筑竣工面积或其他建筑产品产量}{全部职工平均人数 + 非本企业平均人数}$$

式中的非本企业平均人数，是指参加企业活动的非本企业人员（如民工、军工等），无论其劳动报酬是否由该企业支付，但劳动成果和人数均应计入该企业之内。

由上面两个公式可见，提高劳动生产率取决于两个因素：一是产值或产量的提高，二是平均人数的减少。因此，提高劳动生产率的途径主要有以下几方面：

①提高职工的政治觉悟和劳动热情，保证较高的工时利用率和出勤率。

②做出合理的劳动组织与人员配备，控制和压缩非生产人员和非生产用工。

③切实做好劳动力的平衡调度工作，及时消灭或减少劳动力窝工浪费的现象，并将多余的劳动力充实到生产急需的地方。

④采用先进合理的劳动报酬分配制度。

⑤提高职工的文化和技术水平。

⑥开展社会主义竞赛等。

任务 5.5　施工机械利用效果的分析

施工机械是施工的重要物质技术基础，它能减轻工人的劳动强度，提高劳动生产率，缩短工期，保证工程质量，降低工程成本和提高经济效益。充分地利用施工机械，对完成和超额完成施工任务具有十分重要的作用。

5.5.1 机械化程度的分析

施工机械化程度，是指利用机械来施工的程度。建筑企业确定机械化程度，一般以利用机械完成的工程实物量为计算基础。例如，某建筑企业某月完成混凝土 500 m^3，用机械搅拌、运输的用量为 450 m^3，则混凝土工程项目的机械化程度为 90%。

机械化程度的计算，一般以分项工程为基础。其计算公式如下：

$$\text{某实物工程机械化程度} = \frac{\text{某实物工程机械化完成量}}{\text{某实物工程完成的总工程量}} \times 100\%$$

5.5.2 机械装备程度的分析

为了保证机械化施工工程量的完成，企业必须拥有足够数量的施工机械，它是完成施工任务的物质技术基础。每个建筑企业为了完成施工任务，都必须配备一定数量的施工机械。反映企业的机械装备水平，可用实物指标和价值指标来表示。以实物指标表示的机械装备水平有两种形式：一是以分析期内某一天的各种施工机械的实有数量和能力来表示；二是以分析期内各种施工机械的平均在册台数和能力（简称机械平均能力）来表示。由于评价企业的机械装备水平一般是以整个分析期来进行评价的，因此，运用机械平均能力指标就更能说明企业的装备水平。

机械的平均能力，是指分析期内每天平均拥有的机械能力。它是根据分析期内每天的机械能力之和，除以日历日数计算出来的。机械能力一般按照机械的工作部分或动力部分的容量（或功率等）计算，如挖土机、混凝土搅拌机按工作部分的斗容量计算能力，推土机按工作部分的功率来计算能力等。

假设某建筑企业第一季度混凝土搅拌机的台数和能力如下：

①1 月 1 日至 3 月 31 日，混凝土搅拌机 1 台，搅拌能力为 0.4 m^3。

②1 月 10 日至 3 月 31 日，混凝土搅拌机 1 台，搅拌能力为 1 m^3。

③2 月 1 日至 3 月 31 日，混凝土搅拌机 1 台，搅拌能力为 1 m^3。

根据上述资料，可以计算出该施工单位第一季度混凝土搅拌机的平均能力。

$$\text{混凝土搅拌机的平均能力} = \frac{(0.4 \times 1 \times 90) + (1 \times 1 \times 81) + (1 \times 1 \times 59)}{90\text{天}} = 1.96(\text{m}^3)$$

月平均能力的计算方法与上述方法相似，即将分析期天数改为 30 天。年平均能力，可将 12 个月的平均能力之和除以 12 计算求得。

有了混凝土搅拌机实际平均能力这个指标，就可以考察混凝土搅拌机是否能够保证够用。

假设某施工单位第一季度的混凝土搅拌机的平均能力见表 5.7。

表 5.7

机械名称	搅拌能力	单位	计划需要量	实际平均在册台数	平均能力/m^3	
					计划	实际
混凝土搅拌机	0.4 m^3	台	4	5	1.45	1.5
混凝土搅拌机	1 m^3	台	1	1	1.0	1.0
合　计			5	6	2.45	2.5

从表 5.7 可以看出，该单位的混凝土搅拌机平均能力为 2.5 m^3，超过计划平均能力 2.45 m^3，保证了机械施工的需要。

机械平均能力指标，是反映各种施工机械的装备水平，但它不能确切说明整个企业的机械水平，因此需要利用价值指标，即按价值计算的机械装备程度指标。这个指标一般称为劳动技术装备率或劳动技术装备系数，它是建筑企业施工机械与工人人数的比率。其计算公式如下：

$$\text{劳动技术装备率} = \frac{\text{年机械平均价值(元)}}{\text{年平均工人人数(人)}}$$

或

$$\text{劳动技术装备率} = \frac{\text{年末机械价值(元)}}{\text{年末工人人数(人)}}$$

计算年机械平均价值，一般应按机械的原值计算。因为一台机械尽管由于施工发生磨损甚至已经磨损很多，其净值不多，但在报废之前，它基本上仍然可以顶一台机械使用。所以，按机械原值计算机械平均价值，要比机械净值更能确切地表明企业所拥有的机械设备数量。

分析时，可将实际劳动技术装备率与上年同期或几个年度同期进行比较，以观察机械装备程度的发展变化情况。

5.5.3　施工机械完好利用情况的分析

企业为了顺利完成机械化施工任务，除了有足够数量的施工机械以外，还必须充分利用现有的机械设备，最大限度地发挥每一台设备的作用，这对于提高劳动生产率、降低工程成本、提高经济效益都具有重要的意义。因此，除了分析机械装备程度外，还要分析机械的完好利用情况。分析的目的，在于检查机械的维修、保养和使用情况，以便加强机械管理，充分发挥机械的能力，提高机械的利用率，顺利完成和超额完成施工计划。

完好的施工机械，一般应具备以下 3 个条件：

①性能良好。性能良好，是指运转无超温、超压、异响、失灵等现象，能使设计能力正常工作。

②运转正常。运转正常，是指部件齐全，磨损腐蚀程度不超过规定技术标准，主要的计量仪表和供电、供水、润滑、制动系统正常。

③燃料、油料消耗正常，基本没有漏油、漏气、漏水、漏电等现象。

机械完好率，可以按机械完好台日数或台数进行计算。其计算公式如下：

$$\text{机械完好率} = \frac{\text{报告期机械完好台日数}}{\text{报告期制度台日数}} \times 100\%$$

或

$$\text{机械完好率} = \frac{\text{报告期完好机械台数}}{\text{报告期实有机械台数}} \times 100\%$$

机械利用率，是指在一定时期内，机械实际工作台日数与制度台日数的比率。其计算公式如下：

$$\text{机械利用率} = \frac{\text{报告期机械实际工作台日数}}{\text{报告期制度台日数}} \times 100\%$$

完好台日数，是指机械处于完好状态下的台日数，不管该机械是否参加了施工，都应计算在内。完好台日数包括修理不满一天的机械，但不包括在修、待修、送修在途的机械。

制度台日数，是指本期内全部机械台数（不管该机械的技术状况和工作状况如何）乘以制度工日数（即日历数减例假节日数）之积数。

分析施工机械完好利用情况所依据的资料主要是机械装备完好和利用情况报表及有关其他资料。

假设某建筑企业机械的完好和利用情况见表5.8。

表5.8

机械名称	平均台数	制度台日数	完好情况				利用情况			
			完好台日数		完好率/%		实作台日数		利用率/%	
			计划	实际	计划	实际	计划	实际	计划	实际
推土机	4	1 200	1 100	1 150	92	96	1 000	900	83	75
混凝土搅拌机	10	3 000	2 600	2 800	87	93	2 500	2 300	83	77

从表5.8可以看出，该企业的推土机和混凝土搅拌机的完好率都超过了计划指标，但是利用率都比计划差，说明该企业停工台日比较多，应进一步查明停工的具体原因。

机械完好率的高低，对机械利用率将直接发生影响。一般来说，前者为后者创造条件，有了较高的完好率，就可能有较好的利用率。但有的时候，也可能有较好的完好率，却由于停工等原因造成利用率低，本例就是属于这种情况。

任务5.6 材料供应情况的分析

材料供应情况主要从两方面进行分析：一是检查材料供应对施工计划完成情况的影响；二是分析材料供应的及时性和完整性，以保证全面完成材料供应计划，促使施工计划的顺利完成。

5.6.1 材料供应对施工计划完成情况影响的分析

在分析企业材料供应计划完成情况时，应将材料的供应情况同材料的耗用情况和材料储备情况联系起来研究，才能得出正确的结论。其计算公式为：

$$材料的供应量 = 材料的耗用量 - 材料期初储备量 + 材料的期末储备量$$

在施工过程中，由于材料消耗节省或动用储备定额内的材料，在供应不足的情况下也可能完成施工任务，抵消材料供应不足所带来的影响；相反如果工程用料发生浪费，虽然完成了材料供应计划，也会使材料储备不足，可能会给今后施工带来不利的影响。另外，当材料计划与施工计划均未完成时，应具体分析两者之间的因果关系，是材料供应不足影响施工，还是由于施工任务减少而临时减少材料的供应。前一种情况说明材料供应工作上有问题，有待于查明原因改进材料供应工作；后一种情况是根据施工情况的变动而调整材料供应量，这是材料供应工作做得比较好的表现。

分析材料供应情况所根据的资料，主要是材料收发结存情况表及其他有关资料。现以水泥为例来说明材料供应分析的方法。

假设某企业第一季度水泥的供应、耗用和储备情况见表5.9。

表5.9

项　目	计　划	实　际	差　异
季初库存量/t	100	100	
本季进料量/t	350	330	−20
本季耗用量：			
完成混凝土工程量/m^3	1 000	1 100	100
每 m^3 混凝土工程耗用水泥/t	0.35	0.34	−0.01
耗用水泥量/t	350	374	+24
季末库存量/t	100	56	−44

根据表5.9列示的水泥计划供应数量求得：

$$水泥计划进料量 = 350 - 100 + 100 = 350(t)$$

从表5.9可以看出，该企业第一季度材料供应计划没有完成，计划规定购买水泥350 t，实际只购进330 t，比计划少买20 t。假定其他条件不变，单纯从材料供应数量上来看，减少20 t水泥，将少完成混凝土工程57 m^3（20÷0.35），使混凝土工程量的计划完成受到影响。但是，该企业第一季度实际上超额完成计划100 m^3，这是在材料供应不足的情况下超额完成生产任务的。超额完成任务的原因是由于该企业节约使用水泥和动用水泥储备的结果。具体分析如下：

（1）第一季度超额完成量

$$1\ 100-1\ 000=100(m^3)$$

（2）因素分析

①由于节约了水泥的耗用量，按消耗定额计算，使混凝土工程量增加：

$$(0.01\times1\ 100)\div0.35=31(m^3)$$

②由于利用水泥储备量，按消耗定额计算，使混凝土工程量增加：

$$44\div0.35=126(m^3)$$

③由于水泥供应量减少，按消耗定额计算，使混凝土工程量减少：

$$-20\div0.35=-57(m^3)$$

将以上3个因素相加，即得混凝土工程实际超过计划的差额：

$$31+126-57=100(m^3)$$

从上述分析可看出，该企业由于节约用料和减少材料储备量，使混凝土工程超额完成计划。由于节约用量，不仅可以降低工程成本，而且还可以在材料供应不足的条件下超额完成生产任务。对于水泥储备量的减少应进行具体分析，一般说来，期末储备量大量减少是不正常的现象，将会影响下一季度的施工生产，为此，应采取积极措施，加强采购工作，完成采购任务。发现储备量过多，及时调整了材料供应计划，降低储备量，这是材料供应工作做得积极主动，应给予好评。否则,不顾耗料情况和资金管理情况,供需脱节,机械地执行原定供料计划,就将造成积压材料资金的不良后果。

5.6.2 材料供应的及时性与完整性的分析

材料供应情况的分析,除了对供应数量的分析外,还要对供应的及时性和完整性进行分析。如果不及时供应材料,就可能引起停工待料,造成施工不均衡的现象。不按计划品种规格供应材料,除了不能满足施工需要外,还会造成大材小用、优材劣用和积压资金的不正常现象。

根据施工计划、材料收发结存情况表及其他有关材料,即可分析各种材料是否及时供应。

现以某企业钢筋为例来说明其分析方法,某企业钢筋供应情况见表5.10。

表5.10

月(季)份	计划需要量/t	计划供应量/t	月(季)初库存量	收入材料		月(季)末库存量
				供应日期	收入量	
1月	60	70	60	1月29日	70	70
2月	70	65	70	2月26日	65	65
3月	70	80	65	3月27日	80	75

从表5.10可以看出,钢筋供应计划完成100%,说明计划完成得好。1月需用钢筋60 t,而月初库存量为60 t,可以保证施工需要。2月计划需用钢筋70 t,月初钢筋库存量为70 t,恰好够用。3月计划需用钢筋70 t,月初库存量只有65 t,在不浪费材料的情况下,能保证用到3月29日,因此,要求3月28日前材料必须运达仓库,否则,将发生停工待料的不良现象。

建筑企业除了上述材料供应及时性分析外,对材料完整性的分析也很重要。建筑企业各种优质材料配齐,才能满足施工需要,确保施工计划的完成。否则,材料供应不足或品种规格、质量不合乎规定,必将影响施工的进行,甚至造成材料积压、大材小用或工程质量低劣的不良后果。

分析时,应选择用量较大和材料质量要求较高的主要材料进行检查分析,查明不及时和不完整供应材料的具体原因,并采取有效措施,改善材料供应工作。

任务5.7 利润的分析

5.7.1 利润计划完成情况的总评价

(1)利润分析的意义和任务

建筑企业的利润,是企业在一定时期内施工经营活动的最终经济效果。利润指标与生产指标、成本指标和工程价款收入指标等都有密切的联系,它是反映建筑企业施工经营管理工作质量的一项综合性指标,集中体现了企业经营管理工作的成效。

建筑企业利润分析的任务，主要是在检查企业是否遵守党和国家的方针、政策和财经纪律的基础上，分析利润计划的完成情况，找出导致利润额和利润率变动的因素及各因素的影响程度，制订出改进施工生产经营管理、提高企业利润的具体措施，促使企业不断挖掘内部潜力，取得最好的经济效果。

(2)利润总额完成情况的分析

建筑企业利润总额的分析，首先是将本期实现的利润总额与计划利润总额进行比较，考察利润总额计划的完成情况；与上年同期利润总额进行比较，考察利润总额的增长速度。然后，进一步对利润总额的各个组成部分进行分析，以便查明影响利润总额计划完成情况的具体原因。

利润总额完成情况的分析，可根据财务计划中的利润计划、资产负债表、利润表及有关账户的记录来进行。

假设某企业 2010 年的实际利润、计划利润和 2009 年的实际利润构成见表 5.11。

表 5.11

项　目	2009 年实际	2010 年		差异	
		计划	实际	比计划	比上年
工程结算利润	2 945 400	3 120 000	3 801 900	681 900	856 500
产品销售利润	1 573 965	1 780 000	1 983 068	203 068	409 100
作业销售利润	16 382	18 000	21 012	3 012	4 630
材料销售利润	9 490	12 000	15 720	3 720	6 230
其他销售利润	1 760	5 000	5 900	900	4 140
营业外净收入	3 000	5 000	-12 600	-17 600	-15 600
其中:营业外收入	9 000	9 000	10 500	1 500	1 500
营业外支出	6 000	4 000	23 100	19 100	17 100
利润总额	4 550 000	4 940 000	5 815 000	875 000	1 265 000

从表 5.11 可以看出，该企业2010年实际完成利润总额为5 815 000元，比计划利润总额4 940 000元增加875 000元；2010年实际利润总额比上年实际利润总额4 550 000元增加1 265 000元，所以，该企业本年利润总额计划完成得比较好。

本年利润计划的完成，主要是由于工程结算利润完成681 900元，占利润总额的77.9%(681 900÷875 000)。其次是产品销售利润完成203 068元，占利润总额的 23%。此外，作业销售利润完成3 012元、材料销售利润完成3 720元，其他销售利润完成 900 元，营业外支出则超过营业外收入，营业外净收入是-17 600元，冲减了企业的利润总额。

为了考察企业盈利水平的变动，在分析利润总额计划完成情况时，除了从绝对数进行考核外，还要从相对数即利润率来加以分析。

利润率的计算方法有两种：一是成本利润率；二是收入利润率。前者的计算基础是自行完成点交工程成本和产品、作业、材料等销售成本，后者的计算基础是自行完成点交工程价款收入和产品、作业、材料等销售收入。其计算公式如下：

$$成本利润率 = \frac{利润总额}{自行完成工程成本 + 产品、作业、材料及其他销售成本} \times 100\%$$

$$收入利润率 = \frac{利润总额}{自行完成工程价款收入 + 产品、作业、材料及其他销售收入}$$

假设上述建筑企业2010年度自行完成点交工程和产品、作业、材料、其他销售的成本和收入的计划数、实际数以及2009年度的实际见表5.12。

表5.12

项　目	2009年度实际	2010年度	
		计划	实际
(1)自行完成工程成本	17 041 460	26 000 000	26 220 000
自行完成工程价款收入	21 038 800	30 000 000	30 960 000
(2)产品销售成本	6 296 212	6 675 000	6 771 182
产品销售收入	8 284 400	8 900 000	9 215 000
(3)作业销售成本	113 293	124 500	145 333
作业销售收入	136 500	150 000	175 100
(4)材料销售成本	80 665	83 000	133 620
材料销售收入	94 900	100 000	157 200
(5)其他销售成本	14 960	42 500	64 162
其他销售收入	17 600	50 000	73 750

根据表5.11的利润数额和表5.12的资料，可以计算出下述几个指标：

①2010年度实际成本利润率 $= \frac{5\ 815\ 000}{26\ 220\ 000+6\ 771\ 182+145\ 333+133\ 620+64\ 162} \times 100\%$

$= 17.44\%$

②2010年度计划成本利润率 $= \frac{4\ 940\ 000}{26\ 000\ 000+6\ 675\ 000+124\ 500+83\ 000+42\ 500} \times 100\%$

$= 15\%$

③2010年度实际收入利润率 $= \frac{5\ 815\ 000}{30\ 960\ 000+9\ 215\ 000+175\ 100+157\ 200+73\ 750} \times 100\%$

$= 14.33\%$

④2010年度计划收入利润率 $= \frac{4\ 940\ 000}{30\ 000\ 000+8\ 900\ 000+150\ 000+100\ 000+50\ 000} \times 100\%$

$= 12.6\%$

⑤2009年度实际成本利润率 $= \frac{4\ 550\ 000}{17\ 041\ 460+6\ 296\ 212+113\ 293+80\ 665+14\ 960} \times 100\%$

$= 19.32\%$

⑥2009 年度实际收入利润率 $=\dfrac{4\ 550\ 000}{21\ 038\ 800+8\ 284\ 400+136\ 500+94\ 900+17\ 600}\times 100\%$

$=15.39\%$

从计算结果可以看出：

①本年实际成本利润率比计划提高 2.44%。

$$17.44\%-15\%=2.44\%$$

②本年实际成本利润率比上年度降低 1.88%。

$$17.44\%-19.32\%=-1.88\%$$

③本年实际收入利润率比计划提高 1.73%。

$$14.33\%-12.60\%=1.73\%$$

④本年实际收入利润率比上年度降低 1.06%。

$$14.33\%-15.39\%=-1.06\%$$

从上述可见，从利润总额计划完成来看是比较好的，具体表现在与计划比较的利润总额和盈利水平都有所增长。但是，与上年实际比较的利润总额和盈利水平来看，尚有很大潜力。

5.7.2　工程结算利润的分析

1）影响工程结算利润变动的因素

工程结算利润，是建筑企业在一定时期内点交工程价款收入减去分包单位完成的工程价款、营业税金和自行完成的工程实际成本后的金额。由于分包单位完成的工程款收入全部归分包单位，它的大小并不影响建筑企业本身的工程结算利润。因此，企业的工程结算利润实际上就是自行完成的工程价款收入减去营业税金和自行完成的工程实际成本后的部分。其计算公式如下：

工程结算利润 = 自行完成工程价款收入 − 自行完成工程实际成本 − 营业税金

式中的自行完成工程价款收入是指企业点交给建设单位的自行完成工程预算造价（或工作量），它是根据企业自行完成的工程预算成本加上按规定的计划利润率和营业税率计算的计划利润和营业税金来确定的。其计算公式如下：

自行完成工程价款收入 = 自行完成预算成本 ×（1 + 计划利润率 + 营业税率）

= 自行完成工程预算成本 + 计划利润 + 营业税金

按规定，建筑企业应缴纳的营业税允许列入工程概预算，向建设单位收取。所以，营业税率的高低和营业税额的大小并不影响企业的工程结算利润。这样，建筑企业的工程结算利润就由计划利润和自行完成工程成本降低额组成。其计算公式如下：

工程结算利润 =（自行完成工程预算成本 + 计划利润 + 营业税金）− 营业税金 − 自行完成工程实际成本

= 计划利润 + 自行完成工程预算成本 − 自行完成工程实际成本

= 计划利润 + 自行完成工程成本降低额

由于计划利润是按工程预算成本和计划利润率计算的，工程成本降低额是由工程预算成本减工程实际成本算得的。所以，自行完成工程预算成本即工程数量的大小，也与工程结算利润息息相关。在计划利润率和工程成本降低率不变的情况下，只要点交工程数量变化，工程结

算利润也会随之变动。上述各个因素归纳起来,影响工程结算利润变动的因素主要有以下3个:

①点交工程数量的变动。

②计划利润率的变动。

③工程实际成本的变动。

从这些因素可以看出,建筑企业点交的工程数量越多,计划利润率越高,工程实际成本越低,企业的工程结算利润就越多。此外,建筑企业完成的工程质量的好坏,也是影响工程结算利润高低的一个因素。

2)工程结算利润的分析方法

为了具体说明工程结算利润的各个因素变动对工程结算利润的影响,现举例说明如下。假定某建筑企业2010年度有关工程结算利润的计划和实际资料见表5.13。

表5.13　单位:元

项　目	计划数	实际数	差　异
自行完成工程价款收入	30 000 000	30 960 000	960 000
营业税金	880 000	938 100	58 100
自行完成工程预算成本	26 000 000	26 220 000	220 000
计划利润率	7%	7%	—
计划利润	1 820 000	1 835 400	15 400
工程成本降低率	5%	7.5%	2.5%
工程成本降低额	1 300 000	1 966 500	666 500
工程结算利润	3 120 000	3 801 900	681 900

从表5.13可以看出,该企业计划利润的计划数为1 820 000元,实际数为1 835 400元,实际超过计划15 400元(1 835 400−1 820 000)。工程成本降低额的计划数为1 300 000元,实际数为1 966 500元,实际超过计划666 500元(1 966 500−1 300 000)。工程结算利润的计划数为3 120 000元,实际数为3 801 900元,实际超过计划681 900元(3 801 900−3 120 000)。无论是工程结算利润,还是计划利润和工程成本降低额,都超额完成了计划。

为了进一步查明超额完成工程结算利润的原因,需要从点交工程数量变动、工程实际成本变动和计划利润率变动3个方面进行分析。

(1)点交工程数量变动因素影响的分析

点交工程数量的变动,首先会影响计划利润,这是因为计划利润是根据点交工程预算成本和计划利润率计算的。在计划利润率不变的情况下,点交工程数量增加,点交工程预算成本加大,计划利润也要相应增加。

点交工程数量变动对计划利润的影响,可以按下列公式计算:

(点交工程预算成本实际数 − 点交工程预算成本计划数) × 计划利润率

假设某企业点交工程预算成本的计划数为26 000 000元,实际数为26 220 000元,计划利润率为7%。由于点交工程数量增加,使计划利润增加:

计划利润增加 = (26 220 000 − 26 000 000) × 7% = 220 000 × 7% = 15 400 元

其次，点交工程数量的变动，可以影响工程成本降低额。这是因为工程成本中的固定费用随着点交工程量的增加，而分摊到各单位工程中的费用则逐渐减少，从而加大成本降低额。也就是说，在工程成本降低率不变的情况下，点交工程数量增加，点交工程预算成本加大，工程成本降低额也要相应增加。

点交工程数量变动对工程成本降低额的影响，可按下列公式计算：

(点交工程预算成本实际数 − 点交工程预算成本计划数) × 工程成本计划降低率

假设某企业工程成本计划降低率为 5%，点交工程预算成本实际数为 26 220 000 元，计划数为 26 000 000 元。由于点交工程数量增加，使工程成本降低额增加：

工程成本降低额增加 = (26 220 000 − 26 000 000) × 5% = 220 000 × 5% = 11 000 元

从上面分析可以看出，由于点交工程数量增加 220 000 元，使其工程结算利润一共增加 26 400元(15 400+11 000)。

(2)工程实际成本变动因素影响的分析

工程实际成本变动因素直接影响工程成本降低额的大小。在点交工程数量不变的情况下，工程成本降低额的大小取决于工程成本降低率的高低。工程成本降低率高，工程成本降低额就会增加；反之，就会减少。

工程成本降低率变动，对工程成本降低额的影响，可按下列公式计算：

点交工程预算成本实际数 ×(工程成本实际降低率 − 工程成本计划降低率)

假设某企业点交工程预算成本实际数为 26 220 000 元，工程成本实际降低率为 7.5%，计划降低率为 5%。由于工程成本降低率升高，使工程成本降低额增加：

工程成本降低额增加 = 26 220 000 × (7.5% − 5%) = 26 220 000 × 2.5% = 655 500 元

(3)计划利润率变动因素影响的分析

计划利润率变动，将直接影响计划利润。在点交工程数量(即点交工程预算成本实际数)不变的情况下，计划利润数额的大小取决于计划利润率的高低，计划利润率高，计划利润就会增加；反之，则会减少。

计划利润率变动对计划利润额的影响，可按下列公式计算：

点交工程预算成本实际数 ×(实际的计划利润率 − 计划的计划利润率)

假设某企业计划利润率没有变动，这一因素对计划利润额也不发生影响。

综上所述，将以上各个因素变动对工程结算利润的影响归总列示见表 5.14。

表 5.14　　单位：元

影响工程结算利润因素	计划利润增加	工程成本降低额增加	工程结算利润增加
点交工程数量增加	15 400	11 000	26 400
工程实际成本降低		655 500	655 500
计划利润率不变	0		0
合　计	15 400	666 500	681 900

3)投标承包项目工程结算利润的分析

建筑企业如实行投标承包办法,则中标项目的工作量就不能按照工程造价计算,而应按照中标的标价计算。

建筑企业的投标承包项目是有条件编制工程项目成本计划的。工程项目的价款收入与工程项目计划成本的差额,即为工程项目计划利润(或亏损)。如在计划年度竣工点交,即为计划年度工程结算利润计划数。工程结算利润计划数占点交工程项目价款收入的百分比,即为点交工程计划收入利润率。用公式表示如下:

$$\text{工程结算利润计划数} = \text{点交工程价款收入} - \text{点交工程计划成本}$$

$$\text{工程计划收入利润率} = \frac{\text{工程结算利润计划数}}{\text{点交工程价款收入}} \times 100\%$$

$$\text{工程结算利润计划数} = \text{点交工程价款收入} \times \text{工程计划收入利润率}$$

工程结算利润实际数是点交工程价款收入与工程实际成本的差额。工程结算利润实际数占点交工程价款收入的百分比,即为点交工程实际收入利润率。用公式表示如下:

$$\text{工程结算利润实际数} = \text{点交工程价款收入} - \text{点交工程实际成本}$$

$$\text{工程实际收入利润率} = \frac{\text{工程结算利润实际数}}{\text{点交工程价款收入}} \times 100\%$$

$$\text{工程结算利润实际数} = \text{点交工程价款收入} \times \text{工程实际收入利润率}$$

例如,某建筑企业20××年度投标承包一个工程项目。计划点交中标工程项目价款收入为4 000 000元,计划收入利润率为15%。实际点交中标工程项目价款收入为4 200 000元,实际工程成本为3 500 000元,实际收入利润率为16.7% $\left(\frac{4\ 200\ 000 - 3\ 500\ 000}{4\ 200\ 000} \times 100\%\right)$。

根据上述资料,计算如下:

$$\text{工程结算利润计划数} = 4\ 000\ 000 \times 15\% = 600\ 000(\text{元})$$

$$\text{工程结算利润实际数} = 4\ 200\ 000 \times 16.7\% = 701\ 400(\text{元})$$

工程结算利润实际超过计划101 400元。

其中:

由于点交中标工程项目价款收入增加使工程结算利润增加:

$$(4\ 200\ 000 - 4\ 000\ 000) \times 15\% = 30\ 000(\text{元})$$

由于工程成本降低,收入利润率提高使工程结算利润增加:

$$4\ 200\ 000 \times (16.7\% - 15\%) = 71\ 400(\text{元})$$

两个因素共同影响的结果,使工程结算利润增加101 400元。

5.7.3 销售利润的分析

(1)影响产品销售利润变动的因素

建筑企业的产品销售利润是实行内部独立核算的附属企业在一定时期内产品销售收入减去产品销售税金、产品销售成本的余额。因此,产品销售利润额的大小,要受产品销售收入大小、产品销售税金多少和产品销售成本高低3个因素的影响。

产品销售收入,是由产品销售数量乘单位售价所得之积。因此,产品销售数量的变动和单位产品售价的变动，都会直接影响产品销售收入，这也就构成了产品销售利润变动的因素。

产品销售税金，是由产品销售收入乘税率所得之积。由于产品销售收入是由销售数量与单位售价两个因素决定的，因此产品销售税金的大小，是由产品销售数量、单位售价和税率3个因素决定的。

产品销售成本，是由产品销售数量乘产品单位销售成本所得之积。因此，产品销售数量的变动和单位销售成本的变动，都会直接影响产品销售成本的大小，也是构成产品销售利润变动的因素。

在有多种产品销售的企业，产品销售利润的大小还要受到产品销售结构变动的影响。所谓产品销售结构，是指各种产品销售收入在全部产品销售收入中的比重。由于各种产品的单位销售成本不同、单价不同，各种产品的销售利润水平也不同。因此，在其他因素不变的情况下，各种产品销售收入在全部产品销售收入中所占的比重与计划发生变化，即销售产品的结构的变化也会引起产品销售利润额的变动。

综上所述，影响产品销售利润变动主要有以下5个因素：

①产品销售数量的变动。

②产品销售价格的变动。

③产品销售税金的变动。

④产品销售成本的变动。

⑤产品销售结构的变动。

从上述分析可知，产品销售利润的多少，由产品销售数量的多少、产品销售价格的高低、产品销售税金的多少、产品销售成本的高低，以及利润高的产品在销售中所占比重的大小决定的。也就是说，企业产品销售数量越多、售价越高、税率越低、单位销售成本越低、利润高的产品销售比重越大，企业的产品销售利润就越多；反之，销售利润则越少。

产品销售利润分析，就是在实际产品销售利润与计划产品销售利润对比的基础上，分析影响产品销售利润变动的各个因素，对企业利润计划完成情况作出恰当的评价，找到增加产品销售利润的潜力和途径。

(2)产品销售利润的分析方法

为了具体说明产品销售利润的各个因素变动对销售利润的影响，举例说明如下。假定上述某建筑企业的产品销售利润计划及其实际执行结果资料见表5.15。

表5.15　　单位：元

项　目	计划数	实际数	差　异
产品销售收入	8 900 000	9 215 000	315 000
产品销售税金	445 000	460 750	15 750
产品销售成本	6 675 000	6 771 182	96 182
产品销售利润	1 780 000	1 983 068	203 068
产品销售利润率	20%	21.52%	1.52%

从表 5.15 可以看出,该企业产品销售利润计划为1 780 000元,实际为1 983 068元,实际超过计划203 068元。计划产品销售利润率为 20%,实际产品销售利润率为21.52%,实际超过计划为1.52%。从总体来看,不论在产品销售利润额还是产品销售利润率方面都超额完成了计划。必要时,还可对产品销售利润计划完成情况作进一步的因素分析。

5.7.4 营业外收支的分析

营业外收支净额也是建筑企业利润总额的一个组成部分。营业外收支净额虽然在企业的利润总额中占的比重很小,但由于这些收支,往往反映企业财经制度和财经纪律的遵守情况,因此不得忽视。

营业外收支的分析方法,一般不采用各个明细项目的实际数与计划数对比的方法,因此有些项目是不能预先规定计划数字的,如流动资产非常损失、坏账损失等。分析时,应将营业外收支的实际数与计划数进行对比。对营业外支出的分析,由于其中有一些项目同企业的施工经营管理没有什么联系,所以对这些项目,主要是检查是否按照国家规定的项目、范围和标准列支;有没有任意增设项目和扩大开支范围;有没有将属于工程、产品成本的开支也挤入营业外支出。此外,对营业外支出的另一些项目可能同企业的施工经营管理工作好坏有一定的联系,如非常损失、坏账损失等,应查明原因,分清责任。

现仍以前述某企业为例,说明营业外收支的分析方法。其资料见表 5.16。

表 5.16　　　　单位:元

项　目	计　划	实　际
营业外收入		
收回调入职工欠款	3 000	3 000
无法支付的应付款	6 000	7 500
营业外支出		
编外人员生活费	2 000	2 000
自办技工学校经费	1 100	1 000
流动资产非常损失		15 200
坏账损失		4 000
转出调出职工欠款	900	900
营业外收支净额	5 000	-12 600

从表 5.16 可以看出,营业外收入实际比计划增加1 500元[(3 000+7 500)-(3 000+6 000)],营业外支出实际比计划多19 100元[(2 000+1 000+15 200+4 000+900)-(2 000+1 100 + 900)],其中,流动资产非常损失15 200元,坏账损失4 000元,自办技工学校经费比计划节约 100 元。营业外收支相抵后,净支出为12 600元,超过计划7 600元(12 600 - 5 000)。对于流动资产非常损失和坏账损失,应进一步查明具体原因,并采取有效措施,确保企业不再受损失。

思考与练习

1.简述施工经营管理和施工经营管理分析的区别。

2.施工经营管理分析的任务是什么?

3.简述施工经营管理分析的内容。

4.施工活动的分析应从哪几个方面进行?

5.简述提高工程质量的意义。

6.简述工程质量分析的内容。

7.简述提高劳动生产率的意义和途径。

8.简述利润分析的意义和任务。

9.影响工程结算利润变动的主要因素有哪些?

10.影响产品销售利润变动的因素有哪些?

11.概述营业外收支的分析方法。

12.某建设集团 2013 年度自行完成点交工程和产品、作业、材料、其他销售的成本和收入的计划数、实际数以及 2012 年度的实际数如表 5.17 所示。

表 5.17

项 目	2012 年度实际/万元	2013 年度	
		计划/万元	实际/万元
(1)自行完成工程成本	10 225	15 600	15 732
自行完成工程价款收入	12 623	18 000	18 576
(2)产品销售成本	3 778	4 005	4 063
产品销售收入	4 971	5 340	5 529
(3)作业销售成本	68	75	87
作业销售收入	82	90	105
(4)材料销售成本	48	50	80
材料销售收入	57	60	94
(5)其他销售成本	9	25.5	39
其他销售收入	11	30	44

根据上表资料,分别计算出下述几个指标。

(1)2013 年度实际成本利润率。

(2)2013 年度计划成本利润率。

(3)2013 年度实际收入利润率。

(4)2013 年度计划收入利润率。

(5)2012 年度实际成本利润率。

(6)2012 年度实际收入利润表。

13.某企业第一季度水泥的供应、耗用和储备情况如表 5.18 所示。

表 5.18

项　目	计　划	实　际	差　异
季初库存量/t	2 000	2 000	
本季进料量/t	7 000	6 600	
本季耗用量:			
完成混凝土工程量/m^3	20 000	22 000	
每 m^3 混凝土工程耗用水泥/t	0.35	0.34	
耗用水泥量/t			
季末库存量/t			

请将表格填完整并对超额完成任务的原因进行分析。

14.某建筑企业第一季度混凝土搅拌机的台数和能力如下:

(1)1 月 1 日至 3 月 31 日,混凝土搅拌机 1 台,搅拌能力为 0.8 m^3。

(2)1 月 3 日至 2 月 28 日,混凝土搅拌机 1 台,搅拌能力为 1 m^3。

(3)2 月 14 日至 3 月 31 日,混凝土搅拌机 1 台,搅拌能力为 1 m^3。

请根据上述资料,计算出该施工单位第一季度混凝土搅拌机的平均能力。

15.对某单位总产值计划完成情况进行分析,数据如下:

指　标	本期计划	本期实际	本期实际比计划增(+)减(-)
总产值/元	1 000 000	1 235 000	+235 000
职工人数/人	125	130	+5
全员劳动生产率/元	800	950	+150

附　录

附录一　建筑企业会计核算的案例分析①

一、企业概况

×××公司是一家以工程承包为主业，集设计、施工、设备安装、工程监理、技术咨询于一体，经营业务遍及中国大陆、港澳等地的建筑企业。企业对工程项目实行项目经理负责制，各项目经理部均实行独立核算，设立专门的会计机构或专职会计人员。

×××公司于2013年4月1日中标京福公司招标的京福高速公路F合同段，为此建立京福高速项目经理部作为项目管理机构，该项目经理部设隧道施工队、桥梁施工队、机械保障队和一个采石场，路基分包给华东公司施工。按工程项目，设置了路基、隧道、桥梁3个核算对象进行明细核算；机械保障队生产成本通过"机械作业"科目核算；采石场生产成本通过设置"辅助生产"科目核算。

二、基础资料

该工程项目包括一座800延米的桥梁、一座长度为1 500延米的隧道及3 000米的路基。合同总造价170 000 000元，工期28个月。合同规定，按计价结算的5%扣留工程缺陷保证金，提前竣工一天，业主奖励50 000元。

工程其他资料如下：

工程所需钢材和水泥由业主供应，其他材料自行采购。

在建造合同能够可靠估计的情况下，按照实际发生成本占预计总成本的比例计算完工百分比。

企业交纳各项税费的比率为：营业税3%，城市建设维护税7%，教育费附加3%。

---

① 注：本案例资料由李志远教授提供。

三、原始业务(仅考虑收入与成本相关部分)

(1)2013 年发生的经济业务

①该工程于 2013 年 5 月 1 日开工,5 月 10 日收到工程预付款 17 000 000 元。

②筹建项目经理部租用民房一栋,本年租金 20 000 元;职工食堂购置冰箱等各种必要的食堂用具开支 12 000 元;从其他项目调入员工发生差旅费共计 15 800 元;从其他项目经理部调设备发生运费 35 000 元;以银行存款支付给项目经理部职工冬季取暖补贴 100 000 元;当年职工领取独生子女费 2 800 元;丧葬补助 800 元(其中项目经理部管理人员的补贴、独生子女费、丧葬补助占 1/4)。

③征地费用开支 150 000 元,青苗补偿 50 000 元,以现金形式支付给当地河口村。

④为工程施工搭建的各队临时房屋价值共计 1 050 000 元,本年应分摊 300 000 元。

⑤全年发放工资 3 650 000 元,其中,隧道直接施工人员工资 1 500 000 元,桥梁直接施工人员 1 200 000 元,机械保障队人员工资 600 000 元,采石场 150 000 元,项目经理部管理人员工资 200 000 元。工资附加费及各项基金计提比例为:工会经费 2%,职工教育经费 1.5%,统筹养老保险 20%,住房公积金 10%,失业保险 3%。

⑥为分包的华东公司路基计价 20 000 000 元。

⑦工程所用模板成本 456 000 元,衬砌台车成本 748 000 元,定制的模板和衬砌台车均属特型,应在工期内摊销。

⑧当年施工等领用材料明细表见附表 1。

附表 1　　单位:元

项　目	原材料	机械配件	燃料	其他材料	低值易耗品	合　计
隧道队	13 850 000	0	272 000	1 050 000	1 200 000	16 372 000
大桥队	10 800 000	0	250 000	1 200 000	1 280 000	13 530 000
机械保障队	200 000	4 200 000	3 400 000	380 000	250 000	8 430 000
采石场	400 000	0	0	130 000	100 000	630 000
经理部	90 000	54 000	52 000	60 000	0	256 000
合　计	25 340 000	4 254 000	3 974 000	2 820 000	2 830 000	39 218 000

⑨隧道施工租用重型自卸车 6 辆,支付租金 800 000 元,为桥梁施工租用钻桩机 4 台,支付租金 200 000 元。

⑩项目经理部为管理施工,发生差旅费 150 000 元,办公费 100 000 元,劳动保护费 160 000元。

⑪当年共支付电费 1 000 000 元,其中:照明用电 50 000 元,机械保障队用电950 000元。

⑫提取固定资产折旧费用 800 000 元,其中管理用固定资产 80 000 元,机械保障队施工机械 720 000 元。

⑬支付施工机构调遣费 200 000 元,路基工程定位复测费 100 000 元,大桥试验检验费 200 000元,隧道施工发生材料二次倒运费 100 000 元。

⑭本年发生财务费用 100 000 元,其中银行贷款利息 150 000 元,存款利息 50 000 元,发生

利息费用符合资本化条件。

⑮业主年度计价结算工程量为 50 000 000 元，全年业主代购钢材 12 000 000 元，水泥 9 000 000元，支付工程款 30 000 000 元。业务主根据计价情况代扣税金，比例为 3.3%。按计价款 5%扣质量保证金。

⑯因隧道围岩类别改变，变更原隧道设计方案，上报变更预算 35 000 000 元，该变更预算驻地监理已经签署同意，目前业主尚未正式批复。

⑰当年采石场开采片石 26 700 方，大桥领用 8 700 方，隧道领用 18 000 方。计算分配当年片石成本。（后附计算表格）

⑱年底机械保障队统计台账显示，各施工队使用机械台班资料见附表 2，根据各核算对象耗用量分配机械作业成本。（后附计算表格）

附表 2 单位:元

项　目	运输车	装载机	输送泵	抽水机
计划台班单价	80	120	90	30
大桥	35 500	3 200	4 960	2 400
隧道	66 800	3 640	10 600	4 800
合　计	102 300	6 840	15 560	7 200

⑲按各成本核算对象直接费比例分配间接费用。

⑳年底经计划、技术、财务等部门综合测算，完成合同尚需发生成本 98 000 000 元。计算确认 2013 年该项目完工进度、合同收入与合同费用。

（2）2014 年发生的经济业务

㉑由于业主部分征地拆迁工作迟迟未予解决，当地村民不搬迁，造成路基施工机械设备和人员的窝工。经计算，项目经理部向业主上报索赔 8 000 000 元，尚未得到批复。

㉒相关成本开支资料见附表 3。

附表 3 单位:元

项　目	大　桥	隧　道	路　基	合　计
直接材料费	30 900 000	43 200 000		
直接人工费	4 800 000	6 600 000		
机械使用费	1 280 000	2 400 000		
其他直接费	860 000	12 600 000		
直接费合计	37 840 000	64 800 000	15 280 000	117 920 000
间接费用	1 200 000	2 650 000		
合　计	39 040 000	67 450 000	15 280 000	121 770 000

㉓2013 年上报的设计变更已经得到业主正式批复，增加隧道预算 28 000 000 元。

㉔业主年末计价 108 500 000 元，拨款 75 900 000 元，本年业主供应钢材 27 000 000 元。

按计价款的5%,扣质量保证金,并全额扣回预付工程款。

㉕年底经计划、技术、财务等部门综合测算,完成合同尚需发生成本14 000 000元。计算确认2008年该项目完工进度、合同收入与合同费用。

(3)2015年度发生的经济业务

㉖2015年华东公司完成路基工程量11 000 000元,中铁涿州公司已经办理了验工计价手续,工程款项尚未支付。

㉗项目经理部暂未有后续工程,至7月份所有设备全部报停,除部分人员办理有关结算事项外,大部分职工放假。结算人员本年发放工资60 000元,发生招待费50 000元,差旅费30 000元,房屋租金20 000元;休假人员发生工资100 000元,不需用但尚未调走的设备折旧费500 000元。

㉘2015年,该工程全部竣工,比合同工期提前2个月,业主已经同意支付提前竣工奖3 000 000元;征地拆迁索赔正式批复,业主同意支付索赔款3 000 000元。

㉙本年业主验工计价45 500 000元,工程款项尚未支付。

㉚计算确认2015年该项目的合同收入与合同费用。

四、要求

根据京福高速项目经理部在施工期间发生的有关支出编制相关会计分录,并计算确定路基、桥梁、隧道的工程总成本。片石的成本按照耗用量比例分配和机械作业成本,工程项目间接费按照各成本核算对象的直接费比例进行分摊。

五、账务处理(参考答案)

各年度会计业务处理分录及相关成本计算如下:

①收到工程预付款:

借:银行存款17 000 000

贷:预收账款—预收工程款(京华公司)17 000 000

②房屋租金费用20 000元:

借:工程施工—间接费用20 000

贷:库存现金20 000

职工食堂购置食堂用具开支,调入职工发生差旅费支出,因费用较小可一次性列销,若开支较大应计入待摊费用分期摊销。

借:工程施工—间接费用27 800

贷:库存现金27 800

发生调入设备运费:

借:工程施工—间接费用35 000

贷:库存现金35 000

支付给经理部职工冬季取暖补贴、独生子女费、丧葬补助开支:

借:工程施工—间接费用103 600

贷:应付职工薪酬103 600

借:应付职工薪酬 103 600

贷:银行存款 103 600

③发生征地、青苗补偿开支:

借:工程施工—间接费用 200 000

贷:库存现金 200 000

④临时房屋本年摊销:

借:工程施工—间接费用 300 000

贷:临时设施摊销 300 000

⑤发放工资及提取各项附加及保险金,分摊发放工资:

借:工程施工—合同成本(隧道,直接人工费)1 500 000

—合同成本(桥梁,直接人工费)1 200 000

机械作业—机械保障队(工资及附加)600 000

辅助生产—采石场(人工费)150 000

工程施工—间接费用 200 000

贷:应付职工薪酬 3 650 000

提取职工福利费、工会经费、职工教育经费、养老保险、失业保险、住房公积金等(职工福利费计提比例为企业自行设定):

借:工程施工—合同成本(隧道,直接人工费)757 500

工程施工—合同成本(桥梁,直接人工费)606 000

机械作业—机械保障队(工资及附加)303 000

辅助生产—采石场(人工费)75 750

工程施工—间接费用 101 000

贷:应付职工薪酬 18 432 500

⑥为华东公司路基计价:

借:工程施工—合同成本(路基,分包费用)20 000 000

贷:应付账款—应付工程款(华东公司)20 000 000

⑦计算模板和台车周转材料摊销额:月摊销额=(456 000+748 000)÷28=43 000(元)

本年应分摊额=43 000×8=344 000(元)

根据实际统计,隧道应负担 80%,275 200 元;桥梁负担 20%,68 800 元。

借:工程施工—合同成本(隧道,直接材料费)275 200

—合同成本(桥梁,直接材料费)68 800

贷:周转材料—周转材料摊销 344 000

⑧领用材料:

借:工程施工—合同成本(隧道,直接材料费)16 372 000

—合同成本(桥梁,直接材料费)13 530 000

机械作业—机械保障队(燃料及动力)8 430 000

辅助生产—采石场(物料消耗)630 000

工程施工—间接费用 256 000

贷:原材料—主要材料 25 340 000
—机械配件 4 254 000
—燃料 3 974 000
—其他材料 2 820 000
周转材料—低值易耗品 800 000

⑨租用机械:
借:工程施工—合同成本(隧道,机械使用费)800 000
—合同成本(桥梁,机械使用费)200 000
贷:银行存款 1 000 000

⑩经理部费用:
借:工程施工—间接费用 410 000
贷:库存现金 410 000

⑪电费开支:
借:工程施工—间接费用 50 000
机械作业—机械保障队(燃料及动力)950 000
贷:银行存款 1 000 000

⑫提取折旧:
借:工程施工—间接费用 80 000
机械作业—机械保障队(折旧及修理)720 000
贷:累计折旧 800 000

⑬支付调遣费等:
借:工程施工—间接费用 200 000
工程施工—合同成本(路基,其他直接费)100 000
工程施工—合同成本(桥梁,其他直接费)200 000
工程施工—合同成本(隧道,其他直接费)100 000
贷:银行存款 600 000

⑭发生利息费用无法直接资本化到具体核算对象,因此计入“工程施工—间接费用”科目。
借:工程施工—间接费用 100 000
银行存款 50 000
贷:应付利息 150 000

⑮业主计价:
借:应收账款—应收工程款(京华公司)45 850 000
应收账款—质量保证金(京华公司)2 500 000
应交税费—应交营业税 1 500 000
—应交城建税 105 000
—应交教育费附加 45 000
贷:工程结算 50 000 000

收到工程款及代购材料清单时:

借:银行存款 30 000 000

原材料 21 000 000

贷:应收账款—应收工程款(京华公司)51 000 000

⑯不用做账。

⑰采石场片石单位成本:(150 000+75 750+630 000)÷26 700≈32.05(元/方)

辅助生产成本分配:

桥梁	8 700 m^3		278 850 元
隧道	18 000 m^3		576 900 元
合计	26 700 m^3	32.05 元/m^3	855 750 元

借:工程施工—合同成本(桥梁,直接材料费)278 850

工程施工—合同成本(隧道,直接材料费)576 900

贷:辅助生产—采石场(人工费)225 750

辅助生产—采石场(物料消耗)630 000

⑱机械保障队本年度共计发生辅助生产成本 11 003 000 元,根据消耗台班统计

分配率:11 003 000÷10 261 200=1.0723

借:工程施工—合同成本(隧道,机械使用费)6 990 109.24

工程施工—合同成本(桥梁,机械使用费)4 012 890.76

贷:机械作业—机械保障队(各明细项目)11 003 000

⑲按直接费比例分配间接费用:隧道项目的直接费是 26 973 659.24 元,桥梁项目的直接费是 20 194 590.76 元,路基项目分包不必分摊间接费。

间接费用分配表省略。

间接费分配率:2 133 400÷47 168 250≈0.045 2

借:工程施工—合同成本(隧道工程,间接费用)1 219 209.40

工程施工—合同成本(桥梁工程,间接费用)914 190.60

贷:工程施工—间接费用—各明细科目 2 133 400

⑳计算完工百分比

预计总成本=工程实际发生的成本=69 401 650(隧道 28 192 868.64+桥梁 21 108 781.36+路基 20 100 000)+98 000 000(尚需发生成本)= 167 401 650(元)

合同完工百分比=69 401 650÷167 401 650×100%=41.46%

当年应确认的合同收入:170 000 000×41.46%=70 482 000(元)

应确认的合同费用:167 401 650×41.46%=69 404 724.09(元)

如果没有计算尾数差,在按照成本比例计算完工进度的情况下,当期应确认的合同费用等于当期实际发生的合同成本。

应确认的合同毛利:70 482 000−69 404 724.09=1 077 275.91(元)

借:主营业务成本 69 404 724.09

工程施工—合同毛利 1 077 275.91

贷:主营业务收入 70 482 000

计算当年应确认的营业税金及附加,按照当年业主实际计量价款 50 000 000 元计算。

借:营业税金及附加 1 650 000

贷:应交税费—应交营业税 1 500 000

—应交城建税 105 000

—应交教育费附加 45 000

㉑不用作帐务处理。

㉒企业 2008 年度发生的合同成本:

借:工程施工—合同成本(桥梁)39 040 000

—合同成本(隧道)67 450 000

—合同成本(路基)15 280 000

贷:原材料、应付职工薪酬、应付账款等 121 770 000

㉓业主计价:

借:应收账款—应收工程款(京华公司)108 500 000

贷:工程结算 108 500 000

抵扣质量保证金:

借:应收账款—质量保证金(京华公司)5 425 000

贷:应收账款—应收工程款(京华公司)5 425 000

计价拨款扣回预付工程款:

借:预收账款—预收工程款(京华公司)17 000 000

贷:应收账款—应收工程款(京华公司)17 000 000

业主代扣代交税金及附加费:

借:应交税费—应交营业税 3 255 000

—应交城建税 227 850

—应交教育费附加 97 650

贷:应收账款—应收工程款(京华公司)3 580 500

拨付计价款、代购材料款:

借:银行存款 75 900 000

原材料 27 000 000

贷:应收账款—应收工程款(京华公司)102 900 000

㉔确认本期收入、费用和合同毛利:

预计合同总成本=工程实际发生的成本=191 171 650(2007 年合同成本 69 401 650+2008 年合同成本 121 770 000)+14 000 000(尚需发生成本)= 205 171 650(元)

预计合同总收入 = 170 000 000 + 28 000 000 = 198 000 000(元)

确定合同完工百分比:191 171 650 ÷ 205 171 650 = 93.18%

本期确认合同收入 = 198 000 000 × 93.18% − 70 482 000 = 114 014 400(元)

本期确认合同费用 = 205 171 650 × 93.18% − 69 404 724.09 = 121 774 219.38(元)

本期确认合同毛利 = 114 014 400 − 121 774 219.38 =− 7 759 819.38(元)

本期确认税金 = 108 500 000 × 3.3% = 3 580 500(元)

借:主营业务成本 121 774 219.38

　贷:工程施工—合同毛利 7 759 819.38

主营业务收入 114 014 400

借:营业税金及附加 3 580 500

　贷:应交税费—应交营业税 3 255 000

　　　　　　—应交城建税 227 850

　　　　　　—教育费附加 97 650

由于该项目期末时合同预计总成本大于合同总成本,计算应计提的合同损失准备:

当期应计提的合同预计损失准备 = (预计总合同总成本 − 预计合同总收入) × (1 − 完工进度百分比) − 以前预计损失准备 = (205 171 650 − 198 000 000) × (1 − 93.18%) − 0 = 490 540.86 元

借:资产减值损失 490 540.86

　贷:存货跌价准备—合同预计损失准备 490 540.86

㉕按实际完成工程量对华东公司路基工程进行计价:

借:工程施工—合同成本(路基工程,分包费用)11 000 000

　贷:应付账款—应付工程款(华东公司)11 000 000

㉖项目经理部发生招待、差旅、房屋租金费用;

借:管理费用—业务招待费 50 000

　工程施工—间接费用 50 000

　贷:库存现金 100 000

发放工资部分,计提工资附加费及基金部分略:

借:工程施工—间接费用 60 000

　管理费用—工资及附加 100 000

　贷:应付职工薪酬 160 000

不需用但尚未调走设备当年计提的折旧:

借:管理费用—折旧及修理 500 000

　贷:累计折旧 500 000

㉗不作账务处理。

㉘业主计价:

借:应收账款—应收工程款(京华公司)45 500 000

　贷:工程结算 45 500 000

扣税金和质量保证金:

借:应交税费—应交营业税 1 365 000

　　　　　—应交城建税 95 550

　　　　　—应交教育费附加 40 950

　应收账款—质量保证金(京华公司)2 275 000

贷:应收账款—应收工程款(京华公司)3 867 500HJ

㉙确认收入、费用和合同毛利:

工程累计发生合同总成本:191 171 650+11 000 000+50 000+60 000=202 281 650(元)

合同总收入:50 000 000+108 500 000+45 500 000=204 000 000(元)

本期应确认的合同收入:

204 000 000×100%-(70 482 000+114 014 400)=19 503 600(元)

本期应确认的合同费用:202 281 650×100%-(69 404 724.09+121 774 219.38)=11 102 706.53(元)

本期应确认的合同毛利:19 503 600-11 102 706.53=8 400 893.47(元)

借:主营业务成本 11 102 706.53

工程施工—合同毛利 8 400 893.47

贷:主营业务收入 19 503 600

借:存货跌价准备—合同预计损失准备 490 540.86

贷:主营业务成本 490 540.86

确认当年应交纳的税金及附加:

借:营业税金及附加 1 501 500

贷:应交税费—应交营业税 1 365 000

—应交城建税 95 550

—应交教育费附加 40 950

工程完工,将“工程施工”和“工程结算”科目的余额冲销:

借:工程结算 204 000 000

贷:工程施工—合同成本(成本明细科目)202 281 650

工程施工—合同毛利 1 718 350

附录二 公路施工项目成本管理的案例分析

一、工程概况

A 项目是×集团公司×施工处所属的一个项目。×集团公司具有工程施工总承包一级资质，是大型国有施工企业，其下属各施工处也具备工程施工总承包一级资质。×集团公司资金、技术实力雄厚，尤其是在公路工程项目成本管理方面更是在国内处于领先地位，得到了业内及外界人士的充分认可。

A 项目作为××路的一个标段，主要承建大桥和与之相接的路基工程，全长 2.5 千米，工程总造价为 1.2 亿元，其中土方工程为 3.58 千万元。

二、项目成本管理的实施

（一）重视成本管理意识的培养

A 项目成立之后，组建了精简高效的领导班子，但项目职工对成本管理的认识不尽相同，有深有浅。因此，项目领导很注重对各管理层的人员进行成本管理意识的培养，让成本管理的观念深入到每个职工的脑海里，并将其贯彻到具体的工作中去。同时注重培养职工具备先进的成本管理理念——战略观、人本观、系统观、效益观和科技观，以及运用科学有效的成本管理方法。

（二）建立了完善的成本管理保障体系

（1）建立完整高效的组织机构

项目成立之后，立即建立了以项目经理为核心的组织机构，形成了一个高效的组织管理系统。同时，规范各部门的工作并加强部门间的协作关系，使得成本管理能较好地实施。

（2）明确各部门及各职员的职责分工

公司项目成本管理领导小组：负责管理小组及项目成本管理体系，对项目最终经营结果进行评审、考核并实行奖惩。

工程管理部门：负责项目责任成本预测，提供施工组织设计，安排项目施工生产计划。

合同预算报价部门：负责审核和签订分包合同，落实分包成本，编制施工图预算和工料机分析；计算、分析、落实和审核项目责任成本和各期项目成本收入。

人财部：负责人员管理和财务管理。

主管工程师：负责施工项目组织设计，优化施工设计，协助编制用料计划。

三、成本管理实施

在施工项目成本管理实施的过程中，A 项目充分考虑了项目成本的各影响因素，制订出相应的对策和办法，将现代成本管理理念融入其中。同时，A 项目还根据项目自身的特点，将目标成本法穿插使用，取得了良好的效果。

（一）目标成本的确定

在 A 项目中标之后，施工企业根据施工组织设计和中标后预算以及企业的整体情况，下达了一个目标利润，即要求 A 项目实现利润的最低限。但 A 项目并未根据这个目标利润制订目标成本,而是在考虑了当前市场状况和项目综合实力的基础上,重新确定成本目标。

①结合项目的实际状况和当前的市场价格,重新做出施工预算,确定施工项目的预算成本。

②在综合考虑了项目整体施工进度和施工质量后,对施工预算成本中各分部分项工程以及重要工序再次进行分析,找出能够降低成本的关键点,进行资源配置的合理优化,并根据其重新确定目标成本。如附表 4 和附表 5。

附表 4　A 项目目标成本表　　单位:万元

工程项目	工程量总计	企业下达10%的利润	企业成本目标	施工预算成本	项目目标成本
路基土方	3 583	358.3	3 224.7	2 973.9	2 809.2
总计	12 012	1 201.2	10 810.8	10 367.4	10 126.6

附表 5　预算成本与目标成本比较　　单位:万元

工程项目		预算成本	目标成本	目标成本比预算成本降低额
路基工程	人工费	104.8	99.8	5
	材料费	1 873.7	1 797.2	76.5
	机械费	535.3	471.9	63.4
	其他费用	460.1	440.3	19.8
	小计	2 973.9	2 809.2	164.7

(二)成本目标的分解

成本目标的分解必须是在对部门、岗位、班组及其作业进行综合分析的基础上进行的。

①按各分部分项工程进行成本目标分解。整个工程项目是由各个分部分项工程组成的,确定了项目的总体成本目标之后,要根据施工预算和施工组织设计,对各分部分项工程进行费用的归集,并在对各分部分项工程进行分析、剔除不必要的作业的基础上,确定每个结构工程的成本目标,如附表 6 所示。

②按工程进度进行阶段成本目标分解。A 项目的合同工期是 18 个月,在项目中标之后,必须尽快做好工程进度总体规划,排出进度计划。成本目标确定之后,就可以结合工程进度计划,将成本目标按照年、季、月进行分解。

附表 6　分项工程目标成本表　　单位:万元

工程名称		人工费	材料费	机械费	其他成本	总目标成本	备　注
路基工程	清表	3.2		6.7	2.3	12.2	
	路基填筑	42.8	1 194.3	313.1	337.9	1 888.1	
	路基开挖	5.6		51.6	10.3	67.5	
	软基处理	48.2	602.9	100.5	89.8	841.4	
	小　计	99.8	1 797.2	471.2	440.3	2 809.2	

(三)成本目标的阶段控制与分析

目标成本的确定与分解是对公司成本管理的总体规划,而真正使目标成本指标在各层次和个人都具有约束力,并准确及时予以反馈及控制,就必须实现成本全过程的动态管理。下面以 A 项目基础工程为例进行分析,如附表 7 所示。

附表 7　基础工程实际成本与目标成本对比　　单位:万元

成本项目	目标成本	实际成本	实际成本降低额	实际成本降低率/%	备　注
人工费	138.9	147.5	−8.6	−6.2	
材料费	1 474.5	1 419.9	54.6	3.7	
机械费	317.9	292.8	25.1	7.9	
其他费用	205.8	211.3	−5.5	−2.7	
合　计	2 137.1	2 071.5	65.6	3.06	

基础工程施工成本分析:基础工程的实际成本比目标成本降低了 65.6 万元,达到 3.06 个百分点。在基础工程的施工中,人工费超过目标成本较多,主要是由于天气原因,影响了施工的进度。A 项目为了保证基础工程能按进度计划完成,不影响整体工程的进度,不得不加班赶工,因此工人加班费用上升,导致人工费成本超支。A 项目材料费的节约有两个原因:一方面是由于对材料实行了严格的控制,对材料采购、保管、发放以及仓储都有严格的制度。另一方面是 A 项目与供应商取得了长期合作的协议,在价格方面享受了很多优惠。机械费的节约主要是因为项目对机械的配置结构进行了优化,从配合使用的角度进行综合考虑,提高了机械的使用效率,降低了机械费用。其他费用的增加是由于赶工造成的,增加了管理费用。

另外,在成本管理的过程中,每月按费用进行成本归集,并将其与目标进行比较,分析原因,采取相应的改进措施。如上例,A 项目×月工程实际成本与目标成本相比较,总成本降低了,但就各分项成本来看,人工费、机械费以及间接费用均超过了目标成本,而材料费、其他直接费则略有降低。A 项目就每项成本的节超进行了分析,找出了原因,并针对找出的原因,采取了相应的措施,对成本项目及其因素进行综合分析,改进和完善,使其更具有可控性。

(四)项目实际成本核算与分析

A 项目实际成本汇总表见附表 8。由附表 8 可以看出,A 项目的总成本比预算成本降低了 320.9 万元,比目标成本降低了 80.1 万元。人工费比目标成本超支 23.2 万元,主要原因有以下两个方面:一方面是因为物价上涨引起的人工费单价差,反映了在制订目标成本时,对物价上涨的影响考虑得不到位;另一方面是因为赶工期间,人工加班工资要比平时高,而且对一些临时用工控制得仍然不够严格。

附表 8　A 项目实际成本汇总表　　单位:万元

成本目标	预算成本	目标成本	实际成本	实际与预算节(+)超(−)	实际与目标节(+)超(−)	备　注
人工费	607.6	575.4	596.6	9	−23.2	
材料费	6 903.5	6 846.3	6 755.9	147.6	90.4	
机械费	1 657.9	1 561.5	1 532.2	125.7	29.3	
其他费	1 198.4	1 143.4	1 159.8	38.6	−16.4	
合　计	10 367.4	10 126.6	10 046.5	320.9	80.1	

材料费比目标成本降低了 90.4 万元,主要原因是与主材料供应商达成长期合作的协议,使得材料的价格上涨幅度比计划的要小得多。同时,A 项目对材料的管理也做得较好,避免了许多不必要的浪费,在很大程度上节约了材料费用。另外,A 项目还重视对新型材料的应用,在功能不变的情况下,用量相对减少,使得材料费用相应减少。

机械费比目标成本降低了 29.3 万元,在燃油费上涨的条件下机械费用仍然降低的原因,主要是由于项目经理部加强了对机械的管理,尤其是对机械配置结构的优化,提高了机械的利用率,降低了机械成本。其他费用比目标成本超支了 16.4 万元,主要是受到物价的影响,现场经费有所增加,同时项目经理部管理费用也有超支。在项目经理部全体管理人员的共同努力下,采取的成本管理方法和手段得到了有效的实施。A 项目发生的工程实际成本为 10 046.5 万元,比预算成本 10 367.4 万元降低了 320.9 万元,比项目目标成本 10 126.6 万元降低了 80.1 万元,实现了总体成本降低的目的。

在对 A 项目成本的分析过程中,可以看出分项工程是成本发生,也是成本分析的基本要素,对施工项目成本的管理也应以分项工程为基本单位,针对分项工程,也就是每一个基本工作,确定其实施过程的人工、材料、机械以及其他费用的消耗标准,制订成本目标。在实施过程中,随时跟踪,发现偏差,并及时纠正偏差。只有这样,才能保证项目成本管理目标的顺利实现。

附录三 施工项目经济活动分析报告

一、工程基本情况

（一）基本情况

新建向塘至莆田铁路三江镇至福州段 JX-4B 标段标段为×集团公司中标项目，位于江西抚州市境内。设计线路等级为国铁Ⅰ级，旅客列车设计行车速度为 200 km/h。其中，五公司正线长度为 27.603 km，起点里程为 DK160+818.24，终点里程为 DK188+250，合同价为 4.7 亿元。合同工期为 2008 年 10 月 1 日～2011 年 11 月。该项目建设单位为向莆铁路股份有限公司，中铁第四勘察设计集团有限公司负责设计，北京铁研监理建设有限责任公司负责工程施工过程的监督。

（二）施工任务划分

新建向塘至莆田铁路三江至福州段 JX-4B 标段由五公司、一公司、桥隧公司三个单位负责施工，物资公司负责主要材料物资供应，即甲供物资、甲控物资及自采物资。任务划分见附表 9。

附表 9 施工任务划分表

序号	施工单位	起讫里程	管段长度	主要工程
1	五公司	DK160+818.24～DK188+250	27.603	路基正线长度 16.9 千米、桥梁 20 座、涵洞 91 座、隧道工程 3 座共 660 米
2				
3				
4				
5				
6				

（三）主要工程数量

主要工程数量见附表10。

附表 10

序号	工程名称			单位	数　量
1	路基	区间土石方		m^3	3 065 914
		其中	土方	m^3	1 359 886
			石方	m^3	1 117 596
			渗水土	m^3	230 314
			改良土	m^3	299 436
			A 组填料	m^3	58 682
		站场土石方		m^3	1 992 479
		其中	土方	m^3	375 536
			改良土	m^3	61 268
			A 组填料	m^3	0
		路基附属工程		m^3	219 037
		其中	浆砌片石	m^3	148 502
			混凝土	m^3	70 535
2	桥涵	特大桥（2 座）		延长米/座	2 534.24
		大桥（16 座）		延长米/座	4 772.085
		中桥（2 座）		延长米/座	184.52
		小桥		延长米/座	
		涵洞（91 座）		延长米/座	2 955.1
3	隧道	隧道（3 座）		延长米/座	660
		其中	$L\leqslant1$ km 双线	延长米/座	660
			$L\leqslant1$ km 单线	延长米/座	
			1 km $<L\leqslant2$ km 单线	延长米/座	
			1 km$<L\leqslant2$ km 双线	延长米/座	
			$L\leqslant4$ km 单线	延长米/座	
			$L<4$ km 双线	延长米/座	

序号	工程名称			单位	数　量
4	轨道	正线铺轨		铺轨千米	
		站线铺轨		铺轨千米	5.856
		铺新岔		组	
		其中	单开道岔	组	
			特种道岔	组	
		铺道床		m^3	158 693
5	房屋	生产及办公房屋		m^2	
		居住及公共房屋		m^2	
6	大型临时设施	铁路岔线、便桥		km	
		汽车运输便道		km	20.92
		通信		km	
		电力线路		km	3.23
		电力线路（永临结合）		km	
		给水干管路		km	1.17
		制存梁场		处	4
		材料厂		处	4
		轨节拼装基地		处	

二、生产任务完成情况及其分析

(一)产值完成情况

截至2010年12月25日,累计验工产值51 489万元,占内部预算总价54 871万元的93.84%。

(二)产值完成情况分析及采取的措施

(1)产值完成情况分析

截至2010年12月25日,实际完成产值5.08亿元,占内部预算总价的92.7%。

①路基施工:目前路基土石方填筑工程量剩余级配碎石2 025方,挖方全完,剩余路基防护栅栏、电缆槽等路基少量附属工程。滞后原因是剩余段级配碎石路段为路堑改良段,路堑改良土由于土源全部为借土远运,致使改良土施工进度相对缓慢,在一定程度上制约着路基级配碎石的施工。目前路基施工重点为路基交验和道砟施工,确保铺架工期,同时力争在上道砟前最大限度地完成剩余路基附属工程,避免上砟后再施工上述工程造成成本加大。

②桥梁施工:桥梁下构全完,剩余部分桥梁附属片石砌筑。目前桥梁施工重点为桥梁交验。

(2)采取的措施

①加大路基、桥梁验交工作的力度,为道砟、铺架施工,创造更多的工作面。

②经理部班子实行领导包保责任制,靠前指挥、垂直管理,及时掌握施工现场的第一手资料,切实解决施工生产中存在的问题,全力促进生产进度。

③经理部与项目经理部签订了工期包保责任书,明确了工期节点目标及双方的责任,制订了激励奖惩办法,提高参建员工的工作积极性。

④经理部成立了现场督导组,充分发挥指导、督促、落实的作用,发现问题及时沟通,及时解决,努力加快施工进度。

三、管理人员及劳动力状况分析

五公司在向莆铁路设立五公司向莆铁路经理部,定员116人,设"五部一室",即工程管理部、安全质量部、机械物资部、财务会计部、综合部及中心试验室,现有人员905人。经理部下设3个工区。

(一)劳动生产率

全员劳动生产率见附表11。

附表11　全员劳动生产率分析表

时间	内　容	单　位	五公司	六公司	七公司	桥隧公司	线桥公司	电务公司	指挥部	合计
季度	管理人员	人	154							
	协议工人	人	751							
	合计	人	905							
	产值	万元	6 719							
	全员劳动生产率	万元/人月	2.47							

续表

时间	内　容	单　位	五公司	六公司	七公司	桥隧公司	线桥公司	电务公司	指挥部	合计
开累产值		万元	50 838							
开累全员劳动生产率		万元/人年	28.08							

(二)劳务费支出所占产值比例

劳务费支出所占产值比例见附表12。

附表12　劳务费支出所占产值比例表

序号	时间	内　容	单　位	五公司	六公司	七公司	桥隧公司	线桥公司	电务公司	物资公司	指挥部合计
1	季度	劳务费支出	万元	2 981							
2		实际完成产值	万元	6 719							
3		占产值比例	%	44.37							
4	开累	劳务费支出	万元	17 331							
5		实际完成产值	万元	50 838							
6		占产值比例	%	34.09							

(三)劳务费支出分析

劳务费支出占已完产值比例34.09%,基本趋于合理。

(四)协作队伍阶段性表现

(1)协作队伍数量(见附表13)

附表13　协作队伍数量表

时　间	内　容	单位	五公司	六公司	七公司	桥隧公司	线桥公司	电务公司	合计
本季协作队伍个数		个	50						
开累协作队伍个数		个	94						

(2)对协作队伍的评价(从质量、工期进度、合作态度等方面描述)

94个协作队伍中,表现较好的协作队伍有6个,较差的协作队伍有14个,其他协作队伍

经评审均为合格分包方。

四、物资管理分析

(一)材料费支出所占产值比例

材料费支出所占产值比例见附表14。

附表14 材料费支出所占产值比例表

时 间	内 容	单位	五公司	六公司	七公司	桥隧公司	线桥公司	电务公司	合计
开累材料费支出		万元	21 552						
开累完成产值		万元	50 838						
开累所占比例		%	42.39						

(二)材料费支出分析(见附表15)

附表15 物资消耗情况汇总表

项 目	五公司	建安房建	建安项目	桥隧	线桥	六公司	七公司
物资消耗	21 552						
周转材料摊销	1 415						
合 计	22 967						

从材料费占已完成产值比例以及结合经理部所承担的工程性质分析,五公司基本趋于合理。

(三)材料节超分析(见附表16)

附表16 物资预算与实际消耗对比分析表

编报单位:五公司经理部　　2010年3季(月)

序号	物资名称	规格型号	计量单位	计划用量	实际用量	超用节余量	差额合计
1	钢材		吨	10 954.69	11 408.32	-453.62	
2	水泥			92 089	88 549	3 540	
3	砂			145 772.4	148 788.77	-3 016	
4	碎石			600 396	603 541.64	-3 145	

(四)周转材料和临时钢结构材料管理分析

各单位均未按照×集团公司制订的直管项目大型周转材料费用编制标准及主要材料损耗率标准进行周转材料摊销。

五、机械管理分析

（一）机械费支出所占产值比例（见附表17）

附表17　机械费支出所占产值比例表

时间	内　容	单位	五公司	六公司	七公司	桥隧公司	线桥公司	电务公司	合　计
开累	机械费支出	万元	4 967						
	完成产值	万元	50 838						
	所占比例	%	9.8						

（二）机械费支出分析（见附表18）

附表18　机械使用费表

序号	单　位	自有机械			租赁机械			修理费	机械费用合计
		实际进成本	应进成本	差额	已结算	应结算	差额		
1	五公司	19 393 649	19 393 649	0	20 779 277	26 114 310	5 335 033		
2	七公司								
3	建安公司项目经理部								
4	建安公司梁场								
合　计									

六、工期情况（特别是关键节点工期情况）分析

合同工期2008年10月1日~2011年11月。

向莆铁路股份有限公司铺架工程到达五公司起点时是2011年3月22日开始铺架，2010年8月16日铺架完成，工期近5个月。其主要工程施工分析如下：

（1）路基工程

路基土石方及地基处理施工分析见附表19。

附表 19　路基土石方及地基加固施工分析表

时间	内　容		五公司	六公司	七公司	合　计
开累	路基自然段	数量	51			
		开工	51			
		主体完成	51			
	区间土石方/万 m^3	设计数量	306.6			
		累计完成	306.6			
		完成/%	100			
		剩余	0			
	站场土石方/万 m^3	设计数量	199.2			
		累计完成	199.2			
		完成/%	100			
		剩余	0			
	合计完成土石方/万 m^3	设计数量	505.8			
		累计完成	505.8			
		完成/%	100			
		剩余	13			

(2)桥涵工程

桥梁下部施工分析见附表 20。

附表 20　桥梁下部施工分析表

时间	内　容		五公司	六公司	七公司	合　计
开累	座	设计	20			
		开工	20			
		完成/%	19			
	孔桩/根	设计	1 841			
		累计完成	1 841			
		完成/%	100			
		剩余	0			
	承台/个	设计	242			
		累计完成	242			
		完成/%	100			
		剩余	0			
	墩身/个	设计	242			
		累计完成	242			
		完成/%	100			
		剩余	0			

连续梁等特殊孔跨施工分析见附表 21。

附表 21　连续梁等特殊孔跨　　单位:联

连续梁		五公司	六公司	七公司	合　计
设　计		2			
开　工		2			
合　拢		2			
合拢/%		50			
开工情况	墩位全开	8			
	墩身全完	8			
	梁部开工	8			
	梁部开工/%	100			

涵洞施工分析见附表22。

附表22 涵洞施工分析表

施工内容	五公司	六公司	七公司	桥隧公司	线桥公司	电务公司	合 计
设计/座	91						
开工/座	91						
完成/座	91						
完成/%	100						
折合横延米	2 955.1						
完成横延米	2 955.1						
完成/%	100						

(3)隧道施工分析见附表23。

附表23 隧道施工分析表 单位:m

施工内容		官昌隧道	梨树坪隧道	上山隧道
折合全断面开挖	设计	303	163	194
	完成	303	163	194
	完成/%	100	100	100
仰 拱	设计	303	163	194
	完成	303	163	194
	完成/%	100	100	100
二 衬	设计	303	163	194
	完成	303	163	194
	完成/%	100	93.9	100
折合成洞	设计	303	163	194
	完成	303	163	194
	完成/%	100	98.2	100

七、方案优化

①土石分界调整后路堑边坡由原人字型浆砌骨架防护优化为喷混植生防护,原设计在弱分化软岩坡面刻槽浆砌施工难度大,优化后累计减少浆砌石24 376 m^2,增加喷混植生24 376 m^2,所增加146.6万费用归列在II类变更内。浆砌投标单价低,为亏损项,而喷混植生投标单价高,为盈利项,因此方案优化后,不但降低了施工难度也加快了施工进度,同时增加了效益减少了亏损。

②涵洞基底换填原设计为级配碎石填筑，通过与设计及业主积极沟通，级配碎石换填可用砂夹卵石替代，从而大大降低了施工成本，此项费用节约大约95万元。

③因管段内多为强、弱分化软岩，路堑段原设计基床表层进行改良土换填，而管段内没有可利用的黏土，黏土需进行远运，造成成本加大。通过优化设计，在满足质量要求的前提下，减少了路堑基床改良土换填段落或换填深度，改良土发生变化段落共16段，减少改良土3万方，从而减少了亏损。

八、经营情况及其分析

（一）验工计价情况

（1）业主批复验工及实际完成产值情况（见附表24）

附表24　完工结算及预计收入情况

编报单位：向莆指挥部　　2010年12月25日　　单位：万元

单位或项目	已批复验工计价	已完未验	实际完成产值	剩余工程量	变更调差索赔				
					已批复已计价	已批复未计价	预计可批复	预计不可批复	小　计
合　计									
一、业主验工									
二、验工分劈情况									
（1）一公司									
（2）五公司	51 489	-651.5	50 838	6 211	63	219	1 896		2 178
（3）桥隧公司									
（4）物资站									
（5）项目经理部									
（6）集团公司									

截至2010年12月25日，五公司实际完成产值50 838万元，其中：开累批复验工51 489万元；已完未验可计价部分-651.5万元；预计剩余产值合同内产值6 211万元。

（2）对内部单位验工分劈情况（按责任成本预算确定量价分劈）

①截至2010年12月25日，五公司实际完成产值50 838万元。

②上缴集团公司总包收益合计××××万元。

③经理部经费1 065.3万元。

（3）对协作队伍结算情况（见附表25）

附表25　对协作队伍结算情况

编报单位:向莆指挥部　　　　2010年12月25日　　　　单位:万元

序　号	单　位	完成产值（万元）	对协作队伍应结算总额	劳务费占产值比	其中	备注
					1.已结算金额	2.已完未结算金额
1	一公司					
2	五公司	50 838	17 330.9	34.09	16 355.2	975.7
3	桥隧公司					
4	物资公司					
合　计						

（二）项目经理部资金收支及往来情况

指挥部对各施工单位拨款情况（见附表26）。

附表26　业主验工拨款及指挥部对子分公司验工拨款情况表

编报单位:向莆指挥部　　　　2010年12月25日　　　　单位:万元

序号	单　位	开累验工计价	开累拨款情况							超（-）欠（+）拨情况	已完未验情况	含已完未验超（-）欠（+）拨情况	返还质保金后超（-）欠（+）拨情况
			拨现款	转料款	扣质保金	税费	扣集中款	其他款项	合计				
		1	2	3	4	5	6	7	8=2+…+7	9=1-8	10	11=10+9	12=4+11
1	业主情况												
2	占验工计价比例												
3	施工单位												
4	一公司	50 838	18 392	17 158	2 574	1 647	214	4 296	5 219.5	2 353	2 178	4 531	6 636
5	五公司												
6	桥隧公司												
7	物资公司												

截至2010年12月25日，指挥部累计拨付工程款（含各项扣款）总计39 587.82万元，其中拨现款15 790.27万元，转材料款15 801.13万元，代交税费1 381.19万元，扣质保金2 104.95万元，转其他往来款项4 295.91万元，指挥部欠拨工程款2 353万元。若考虑已完未验2 178万元的因素，实际上欠拨工程款4 531万元，若返还质保金，则实际欠拨6 636万元。

（三）项目管理经费支出情况（见附表27）

附表27　项目经费支出情况表

单位：向莆指挥部　　2010年9月25日　　单位：万元

项目名称	一公司	五公司	桥遂公司	物资公司	指挥部	合计
1.管理人员职工薪酬		322.96				
2.车辆使用费		212.49				
3.办公费		205.99				
4.差旅费		80.78				
5.房租费		31.19				
6.经营费		169.26				
7.其他		42.63				
小　计		1 065.29				
实际完成产值		44 277				
项目经费占产值比		2.41%				

注：指挥部、物资公司收入为经费计划

截至2010年9月25日，五公司向莆铁路经理部累计发生经费1 065.29万元。通过上表可以看出，经费支出控制比较合理。

（四）项目利润整体情况

经调阅五公司向莆铁路经理部资料，充分了解成本发生情况，汇总项目的收入、成本及利润情况如下：

截至2010年12月末，五公司亏损541万元（详情参见附表28和附表29）。

附表 28 项目成本效益情况

编报单位:向莆指挥部　　2010 年 9 月 25 日　　单位:万元

序号		业主验工计价金额	超验工计价金额	已完未验金额	实际完成产值金额	账面发生成本费用总额	调增项目成本费用	调减项目成本费用	实际发生成本总额	项目实际利润金额	占实际完成产值比例/%	项目经费发生额度	项目经费占实际完成产值/%
		1	2	3	4=1-2+3	5	6	7	8=5+6-7	9=4-8	10=9/4	11	12=11/4
项目总计													
1	指挥部												
2	参建单位												
3	一公司												
4	五公司	42 099		2 178	44 277	45 532	2 392	3 107	44 817	-541	-0.012	1 065	2.41
5	桥隧公司												
6	物资公司												

附表 29　项目成本调整情况

编报单位：五公司向莆经理部　　　　2010 年 09 月 25 日　　　　单位：万元

序号	单位	调增项目										调减项目						调整净额
		职工工资	劳务结算	材料费	内部机械租费	外部机械租费	其他直接费	税金	财务费用	管理费用	小计	周转材料摊销	税金	预提管理费	资产减值准备	其他	小计	
	行　次	1	2	3	4	5	6	7	8	9	10	11	12	13	14	15	16	17
项目总计																		
1	指挥部																	
2	参建单位																	
3	一公司																	
4	五公司		93.53	1 833.54		533.50	-68.4				2 392					3 107.00	3 107.00	715
5	桥隧公司																	
6	物资总队																	

（五）盈亏原因分析

（1）工艺费用分析

分包单价与集团公司工艺指导价相比普遍偏高，主要原因为江西段雨季长，施工条件差，有效工作时间短，生产效率低。五公司分包价与工艺指导价对照表如附表30所示。

附表30

<table>
<tr><td colspan="2">工作内容</td><td>单　位</td><td colspan="2">工艺性指导单价</td><td colspan="2">分包单价</td></tr>
<tr><td colspan="2"></td><td></td><td>工艺指导价单价/元</td><td>工艺指导单价费用组成内容</td><td>分包单价</td><td>分包单价费用组成内容</td></tr>
<tr><td colspan="2">路基挖（弃）土方</td><td>m^3</td><td>6.5</td><td>施工准备、机械挖装、1 km内运输、清理（含完成本工作内容的所有油耗）</td><td>6.3</td><td></td></tr>
<tr><td rowspan="2">路基挖（弃）石方</td><td>不需爆破直接装运</td><td>m^3</td><td>13</td><td>Ⅳ类石爆破、机械挖装、1 km内运输、修整边坡及底面（含火工品、油耗）</td><td>7.5</td><td></td></tr>
<tr><td>需爆破</td><td>m^3</td><td>15.6</td><td>Ⅴ、Ⅵ类石爆破、机械挖装、1 km内运输、修整边坡及底面（含火工品、油耗）</td><td>14.5</td><td>炸药按10 000元/吨，雷管、导爆管、导火索按甲方进场价核算</td></tr>
<tr><td colspan="2">挖（弃）淤泥</td><td>m^3</td><td>7</td><td>施工准备、机械开挖、1 km内运输、清理（含完成本工作内容的所有油耗）</td><td>8</td><td></td></tr>
<tr><td rowspan="4">石方填方</td><td>爆破挖装运软石方（≤1 km运输）</td><td>m^3</td><td>13</td><td>Ⅳ类石爆破、机械挖装、1 km内运输、修整边坡及底面（含火工品、油耗）</td><td rowspan="2">18</td><td rowspan="2">炸药按10 000元/吨，雷管、导爆管、导火索按甲方进场价核算</td></tr>
<tr><td>爆破挖装运次坚石、坚石（≤1 km运输）</td><td>m^3</td><td>15.6</td><td>Ⅴ、Ⅵ类石爆破、机械挖装、1 km内运输、修整边坡及底面（含火工品、油耗）</td></tr>
<tr><td>每增运1 km</td><td>m^3</td><td>1.1</td><td>含完成本工作内容的所有油耗</td><td></td><td></td></tr>
<tr><td>不需爆破直接装运</td><td>m^3</td><td></td><td></td><td>11</td><td></td></tr>
</table>

续表

<table>
<tr><th colspan="2">工作内容</th><th>单　位</th><th colspan="2">工艺性指导单价</th><th colspan="2">分包单价</th></tr>
<tr><th colspan="2"></th><th></th><th>工艺指导价单价/元</th><th>工艺指导单价费用组成内容</th><th>分包单价</th><th>分包单价费用组成内容</th></tr>
<tr><td>1 km 以外每增运 100 m 运费</td><td>土方</td><td>元/(方·100 m)</td><td>0.9</td><td>含完成本工作内容的所有油耗</td><td rowspan="2">0.1</td><td rowspan="2"></td></tr>
<tr><td>1 km 以外每增运 100 m 运费</td><td>石方</td><td>元/(方·100 m)</td><td>1.1</td><td>含完成本工作内容的所有油耗</td></tr>
<tr><td rowspan="2">软基</td><td>搅拌桩</td><td>元/m</td><td>9</td><td>桩机就位、喷浆钻进搅拌、提升、成桩、移位</td><td>11</td><td>工、机</td></tr>
<tr><td>砂浆桩</td><td>元/m</td><td>10</td><td>桩机就位、灌浆钻进、提升、成桩、移位</td><td>57.5</td><td>工、料、机</td></tr>
<tr><td rowspan="6">加固、支挡防护</td><td>干砌片石</td><td>元/方</td><td>50</td><td>搭拆跳板、挂线找平、选修砌筑片石、填缝</td><td></td><td></td></tr>
<tr><td rowspan="4">浆砌片石</td><td rowspan="4">元/方</td><td>75</td><td>搭拆跳板、挂线找平、选、修、砌筑片石、砂浆拌制运输、勾缝、养护(骨架、天沟、吊沟≤10 m)</td><td rowspan="4">230</td><td rowspan="4">工、料、机</td></tr>
<tr><td>90</td><td>搭拆跳板、挂线找平、选、修、砌筑片石、砂浆拌制运输、勾缝、养护(骨架、天沟、吊沟>10 m)</td></tr>
<tr><td>65</td><td>搭拆跳板、挂线找平、选、修、砌筑片石、砂浆拌制运输、勾缝、养护(地面排水沟)</td></tr>
<tr><td>60</td><td>搭拆跳板、挂线找平、选、修、砌筑片石、砂浆拌制运输、勾缝、养护(护坡、挡土墙)</td></tr>
<tr><td>锚索制安与张拉</td><td>t</td><td>800</td><td>成型预应力锚索的制作、运输、安装、张拉</td><td>595</td><td>工、机</td></tr>
</table>

续表

工作内容		单　位	工艺性指导单价		分包单价	
			工艺指导价单价/元	工艺指导单价费用组成内容	分包单价	分包单价费用组成内容
加固、支挡防护	锚杆制安	元/m	40	钻孔、锚杆制安、制压浆(含浆液料费;ϕ70)	100	工、料、机
			80	钻孔、锚杆制安、制压浆(含浆液料费;ϕ100)		
	钢筋制安	元/t	650	成型钢筋的制作、半成品运输、安装(锚杆)	500	工、机
	现浇混凝土	元/方	180	模板安装、拆除、混凝土灌注振捣、养护(含模板摊销费用)	500	工、料、机
绿色防护	手播草籽	元/m^2			2	工、料、机
	喷播草籽	元/m^2			3	工、料、机
	喷混植生	元/m^2			55	工、料、机
	绿霸三维排水防护	元/m^2			190	工、料、机
凿除桩头		个	150		150	按凿除每个桩头单价,乙方负责设备、电费
基坑挖土方	基坑挖土方深≤6 m无水	元/方	5	机械开挖、坑壁及坑底修整、土方就近平整(含油料费)	6	乙方负责设备及整修,乙方负责设备
	基坑挖土方深>6 m无水		8.5	机械开挖、坑壁及坑底修整、土方就近平整(含油料费)		
	基坑挖土方深≤6 m有水		7	机械开挖、抽水、坑壁及坑底修整、土方就近平整(含油料费)		
	基坑挖土方深>6 m有水		10.5	机械开挖、抽水、坑壁及坑底修整、土方就近平整(含油料费)		

续表

<table>
<tr><td colspan="2">工作内容</td><td>单　位</td><td colspan="2">工艺性指导单价</td><td colspan="2">分包单价</td></tr>
<tr><td colspan="2"></td><td></td><td>工艺指导价单价/元</td><td>工艺指导单价费用组成内容</td><td>分包单价</td><td>分包单价费用组成内容</td></tr>
<tr><td rowspan="4">基坑挖石方</td><td>基坑挖石方深≤6 m无水</td><td rowspan="4">元/方</td><td>30</td><td>机械开挖、坑壁及坑底修整、石方就近弃运(含火工品、油料费)</td><td rowspan="4">8</td><td rowspan="4">乙方负责设备及整修</td></tr>
<tr><td>基坑挖石方深>6 m无水</td><td>34</td><td>机械开挖、坑壁及坑底修整、石方就近弃运(含火工品、油料费)</td></tr>
<tr><td>基坑挖石方深≤6 m有水</td><td>32</td><td>机械开挖、抽水、坑壁及坑底修整、石方就近弃运(含火工品、油料费)</td></tr>
<tr><td>基坑挖石方深>6 m有水</td><td>36</td><td>机械开挖、抽水、坑壁及坑底修整、石方就近弃运(含火工品、油料费)</td></tr>
<tr><td>基坑回填</td><td></td><td>元/方</td><td>4</td><td>原土装、运、卸、夯实</td><td>4</td><td>乙方负责设备及夯实</td></tr>
<tr><td>钢筋制作</td><td>大电</td><td>元/t</td><td rowspan="2">320</td><td rowspan="2">成型钢筋的制作、运输、安装(含电费及电焊条等辅助材料)</td><td>410</td><td>甲方解决大电,电费由乙方支付,含损耗,甲方只提供钢筋</td></tr>
<tr><td>钢筋制作</td><td>自发电</td><td>元/t</td><td>430</td><td>含损耗,原材和加工场地</td></tr>
<tr><td>基础(承台)混凝土灌注</td><td></td><td>元/方</td><td>60</td><td>模板安拆、混凝土灌注、振捣、养护(含模板摊销费用)</td><td>48</td><td>甲方提供模板</td></tr>
<tr><td>基础(承台)混凝土灌注</td><td></td><td>元/方</td><td></td><td></td><td>60</td><td>乙方自备模板</td></tr>
<tr><td>钢筋制作</td><td>大电</td><td>元/t</td><td rowspan="2">320</td><td rowspan="2">成型钢筋的制作、运输、安装(含电费及电焊条等辅助材料)</td><td>410</td><td>甲方解决大电,电费由乙方支付,含损耗</td></tr>
<tr><td>钢筋制作</td><td>自发电</td><td>元/t</td><td>430</td><td>含损耗</td></tr>
</table>

续表

工作内容		单 位	工艺性指导单价		分包单价	
			工艺指导价单价/元	工艺指导单价费用组成内容	分包单价	分包单价费用组成内容
实心墩(台身)混凝土灌注	高度≤15 m	元/方	65	模板安拆、混凝土浇筑、振捣及养护,施工接缝处理、脚手架搭拆	85	甲方只提供吊车、输送泵及墩身模板
实心墩(台身)混凝土灌注	15 m<高度≤30 m		90		90	
空心墩混凝土灌注	高度≤15 m		90	模板、工作平台制安拆,模板提升、定位,混凝土浇筑、振捣及养护,施工接缝处理、脚手架搭拆	135	
空心墩混凝土灌注	15 m<高度≤30 m		120		180	
空心墩混凝土灌注	高度>30 m		150		250	
实心墩托盘、顶帽、垫石及桥台耳墙	高度≤15 m		65	模板安拆、混凝土浇筑、振捣及养护,施工接缝处理、脚手架搭拆	220	
	15 m<高度≤30 m		90			
空心墩托盘、顶帽、垫石及桥台耳墙	高度≤15 m		90	模板、工作平台制安拆,模板提升、定位,混凝土浇筑、振捣及养护,施工接缝处理、脚手架搭拆		
	15 m<高度≤30 m		120			
	高度>30 m		150			
连续梁混凝土		元/方	260	模板、支架制安拆,混凝土灌注、养护,泵管安拆、冲洗、码放(悬灌现浇)	800	混凝土浇注、振捣、养护;钢筋制作、安装,钢绞线及精扎螺纹制安、张拉、压浆、封锚等连续梁施工的一切直接或间接工序
钢筋制作	大电	元/t	600	成型钢筋的制安、运输、支座预埋校正(含电费及电焊条等辅助材料;悬灌现浇)		甲方解决大电,电费由乙方支付,含损耗,甲方只提供钢筋

续表

工作内容		单　位	工艺性指导单价		分包单价	
			工艺指导价单价/元	工艺指导单价费用组成内容	分包单价	分包单价费用组成内容
钢筋制作	自发电	元/t				含损耗，原材和加工场地
连续梁	钢绞线制安、张拉、压浆、封锚	元/t	1 300	成型钢绞线的制安、运输、张拉、压浆、封锚		
挖孔桩	ϕ1.00 m挖孔桩	m^3	75	挖孔、垂直运输、水平运输 50 m，支撑防护，修整桩孔	370 元/m	大电接入
	ϕ1.00 m挖孔桩	元/m			430	自发电
	ϕ1.5 m挖孔桩	元/m			900	
	虚桩	元/m			370	
钻孔桩	ϕ1.00 m钻孔桩(钻孔软塑土、可塑土)	元/m	210	挖泥浆池、沉淀池，设置泥浆循环系统、钻机及钻具安拆、移位、造浆、钻进、提钻、换浆、清孔、清除废浆渣等沉淀物，混凝土灌注、配合下钢筋笼，含水电费	380	电经理部负责
	ϕ1.00 m钻孔桩(钻孔硬塑土、卵砾石)		300			
	ϕ1.00 m钻孔桩(钻孔石)		500			
	虚桩	元/m			380	超出 2 m 部分，2 m 以内不计量

续表

工作内容		单 位	工艺性指导单价		分包单价	
			工艺指导价单价/元	工艺指导单价费用组成内容	分包单价	分包单价费用组成内容
基础	基础混凝土灌注	元/方	60	模板安拆、混凝土灌注、振捣、养护(含模板摊销费用)	80	1.由于管段内涵洞孔径在2.5 m孔径以下的涵洞有59道,分布在27.6 km,且大多集中在沟壑、山谷且周边环境较差、各种材料难以运进地段,施工困难,造成成本加大; 2.部分涵洞由于图纸到位时间晚、所处地理环境极差、混凝土方量少,而又得在规定的节点工期内将其施工完毕,以保证后续工程(路基成段、涵背级配碎石填筑及早完成),因此不得不提高人工费
涵身	混凝土灌注	元/方	180	模板安拆、混凝土灌注、振捣、养护(含模板摊销费用)	350	
基础	基础混凝土灌注	元/方			80	为加快西坪特大桥施工进度,保证西坪大桥基础、下构在2010年春节济广高速封闭前施工完毕,提高工费
墩台身	实心墩混凝土灌注	元/方			100	
明挖	挖土方	m^3/元			6	
	挖石方	m^3/元			8	不需爆破
衬砌	拱墙衬砌	m^3/元	55	模板安拆、混凝土泵送、浇筑、振捣及养护	100	
	仰拱、底板、填充	m^3/元	25	模板安拆、混凝土浇筑、振捣及养护		
	钢筋	t/元	400	成型钢筋的制作、运输、安装(含电费及电焊条等辅助材料)	450	

续表

工作内容		单　位	工艺性指导单价		分包单价	
			工艺指导价单价/元	工艺指导单价费用组成内容	分包单价	分包单价费用组成内容
暗挖	挖土方	m^3/元			40	
	挖石方	m^3/元			65	
衬砌	二衬	m^3/元			90	
	仰拱及填充	m^3/元			50	
	钢筋	t/元			430	
初期支护	喷射混凝土	m^3/元	165	脚手架搭拆，安拆、转移机具设备，混凝土制作、运输、喷射及养护	260	
	锚杆	m/元	8	脚手架搭拆、钻进、砂浆制作、灌浆、安装附件、锚固（含砂浆料费；中空锚杆）	9	
			7	脚手架搭拆、锚杆及附件制作、钻孔、砂浆制作、灌浆、安装、锚固（含砂浆料费；砂浆锚杆）		
	钢筋网	t/元	450	成型钢筋网的制作、运输、挂网、点焊、加固（含电费及电焊条等辅助材料）	500	
	钢架（型钢）	t/元	550	成型钢架及联接钢筋的制作、运输、安装（含电费及电焊条等辅助材料）	550	
超前支护	钻孔长度	m/元	13	钢管制作、布眼、钻孔、顶管	10	锚杆、小导管
洞口长管棚	钻孔、安装、压浆	m/元	85	钻孔、顶管等全部内容（不包括料）	85	
	钢筋加工	t/元			500	
	导向墙混凝土	m^3/元			105	

续表

工作内容		单 位	工艺性指导单价		分包单价	
			工艺指导价单价/元	工艺指导单价费用组成内容	分包单价	分包单价费用组成内容
临时支护	喷射混凝土	m^3/元			260	
	锚杆	m/元			9	
	型钢加工及安装	t/元			550	
	超前锚杆	m/元			9	
回填	浆砌	m^3/元	35	选修片石、安砌、养护	160	含材料费
	干砌	m^3/元	20	选修石、安砌	120	含材料费
	夯填土石	m^3/元	2	分层回填、夯实(挖装运6.5元/m^3)	8	
边仰坡防护	喷射混凝土	m^3/元			145	
	钢筋网	t/元			500	
	锚杆	m/元			9	
水沟及电缆槽	沟槽身混凝土	m^3/元	90	模板安拆、混凝土浇筑、振捣及养护(含模板摊销费用)	120	
	预制盖板	m^3/元	120	模板制安拆,混凝土浇筑、振捣、抹平、养护;构件修整、安装(含模板摊销费用)	150	
	钢筋	t/元			500	

(2)材料费分析

①在孔桩施工过程中,流沙及涌泥造成坍塌现象严重,导致混凝土超耗严重。

②由于受气候及地质(软岩)影响,施工便道经常维修,造成材料消耗偏大。

③喷射混凝土回弹率较高,自然坍塌、超挖、预留沉降量及回弹造成材料消耗大。

④施工进场后受高速公路施工影响,地材单价高于预算单价,造成成本加大。

九、工程变更索赔情况

五公司Ⅰ类变更为强夯及填料级配改良,按照业主要求对已填筑的软岩路堤进行强夯补

强，补强后用级配改良填料填筑，引起的费用约 1 300 万；Ⅱ类变更多为涵洞增加及土石分界引起的，引起的费用约 700 万。目前Ⅱ类变更随工程进度陆续完善，Ⅰ类变更发生的工程量已经现场监理确认，进一步工作正在完善上报中。

（一）施工图量差

设计文件完善后，经理部应根据施工图数量尽早组织施工图量差全面清理，确定施工图合价与清单价之差额、核备数量的差值，以便做好调差索赔资料。（一般情况下，设计单位会优先考虑由于地方原因增加的涵洞、改河、改沟等原因引起的变更，建设单位提出的房建面积增加等，最后形成与核备数量差控制在铁道部规定的范围内。）

（二）Ⅰ类变更设计

根据铁建设（2005）146 号《铁路建设项目变更设计管理办法》第十条第一款明确："同一工点或同一病害引起的不可分割的一次性变更，为一项变更设计"。

项目预计Ⅰ类变更设计 1 项，Ⅰ类变更为强夯及填料级配改良，按照业主要求对已填筑的软岩路堤进行强夯补强，补强后用级配改良填料填筑，引起的费用约 1 300 万。

（三）Ⅱ类变更设计

截至 2010 年 9 月 25 日，累计发生Ⅱ类变更 28 项，其中路基 17 项、桥梁 1 项、涵洞 9 项、隧道 1 项，未形成计量支付。

（四）政策性调差

合同约定"按国家和铁道部有关政策允许调整并经原设计部门批准调整的内容可作价格调整"。本项目按照铁建设（2006）113 号《铁路基本建设工程设计概（预）算编制办法》编制概算，铁建设（2009）46 号《关于铁路建设项目实施阶段材料价差调整的指导意见》明确："以 113 号文编制概算的建设项目，验工计价中的钢材（钢筋、钢绞线、型钢、钢板、钢件、钢梁及桥梁钢板、伸缩调节器、锚具）、桥梁放水材料、桥梁支座、水泥、混凝土外加剂、粉煤灰、电杆、识别设备、红外设备、防水板、止水带、燃油、道碴、隔离栅栏）由施工方采购的，按照铁道部经规院发布的《铁路工程建设主要材料价格信息》当期信息价与编制期概算价之差计算差价"。"施工合同约定有风险包干费的，概算中材料价格变化幅度（以批准编制期概算价为准）在±5%以内部分，由施工方承担，超出部分纳入概算并由建设单位承担""材料差价半年调整一次"。

（五）施工配合费

铁道部批复的初步设计概算中，第十一章其他费中计列沿线跨河（海事费、恢复费等）、既有道路（过渡工程、安全配合费、使用费、赔偿费、恢复费等）、既有铁路（过渡工程、安全配合费等）、既有水系过渡（过渡工程、赔偿费、恢复费等）等因第三方产权单位发生的费用，但不会将此费用分劈到施工合同的工程量清单中，最终会以与产权单位签订的协议、付款凭证等作为清算的依据。

经理部发生了浛湾危桥补偿费 65.8 万元，目前没有与业主进行清理。

十、后期情况预测

后期预计收入 12 772 万元。预计成本 14 767 万元，亏损 1 995 万元，整个项目亏损 2 536 万元（见附表 31）。

附表 31

序号	内　容	单位	五公司	六公司	七公司	桥隧公司	电务公司	线桥公司	物资公司	指挥部	合计
一	后期收入	万元	12 772								
1	合同内	万元									
2	合同外	万元									
二	后期成本	万元	14 767								
三	后期盈(+)亏(-)	万元	-1 995								
四	整个项目盈(+)亏(-)	万元	-2 536								

后期主要亏损项目有防护栅栏预制安装、路基电缆槽的预制安装、桥面系施工、附属混凝土(混凝土侧沟、混凝土挡墙、混凝土骨架护坡挡水堰、混凝土护肩墙)等项目。

其中防护栅栏预制安装实测成本 310 101.2 元/ km,共计 1 206.3 万元,内部预算测定成本 144 845.95 元/ km(采用综合系数法),共计 563.4 万元,预计该项亏损 642.9 万元。

路基电缆槽实测成本 216 818.5 元/ km,路基电缆槽工程量 38.9 km,共计 843.3 万元;内部预算测定成本 145 329.97 元/ km(采用综合系数法),共计 565.3 万元,预计该项最终亏损 278 万元。

桥面系实测成本 2 352.3 元/m,共计 1 762 万元,内部预算测定成本 1 854.24 元/m(特大、大、中桥加权平均),共计 1 388.9 万元,预计该项最终亏损 373.1 万元。

附属混凝土(混凝土侧沟、混凝土挡墙、混凝土骨架护坡挡水堰、混凝土护肩墙)等数量计 26 381 立方米,责任成本单价为 418.03 元/m^3,成本总价 1 102.8 万元;实际成本为 580.45 元/m^3,单价差为 162.42 元/m^3,实际成本总价 1 531.3 万元,预计该项最终亏损 428.5 万元;目前完成附属混凝土 9 001 方,亏损 146 万。

十一、资金收支及债权债务情况

(一)资金收支情况

截至 2010 年 9 月 25 日,五公司向莆经理部累计资金来源 16 039 万元,其中:业主拨款 15 790万元,子分公司本部借款 100 万元;资金支出 15 973 万元,上缴现款 47 万元,支付工程款 10 837 万元,材料款 2 093 万元,设备款 152 万元,职工工资 91 万元,“五险一金”207 万元,机械租费 640 万元,经营费 175 万元,购置周转材料 142 万元,管理费用 997 万元,其他支出

592 万元;库存资金 66 万元(详见附表 32:项目资金收支情况明细表)。

(二)债权债务情况(见附表)

(1)债权总额 6 692 万元。

①局指欠拨工程款 6 636 万元,其中:局指欠拨工程款 2 353 万元,已完未验 2 178 万元,局指欠质保金 2 105 万元。

②备用金 31 万元。

③保证金及押金 24.5 万元。

(2)债务总额 7 152 万元。

①工程款 2 881 万元。

②材料款 1 998 万元。

③机械费 1 858 万元。

④税金 69 万元。

⑤"五险一金"及工资 139 万元。

⑥其他 207 万元。

(三)项目资金整体分析(见附表 32 和附表 33)

若不考虑剩余工程量的盈亏及资金节余情况,截至 2010 年 9 月 25 日,五公司向莆铁路项目未来资金流入总量为 11 719.6 万元,资金存量为 313.95 万元(库存资金 66.3 万元+库存物资总额 247.65 万元),可使用资金总量 9 928.55 万元(截止目前质保金 2 105 万元暂不可使用);未来资金流出总量 15 227 万元,资金短缺 5 298.45 万元(向莆项目质保金全额为 2 743.6 万元,该金额暂不可使用,导致资金短缺大)。

(四)资金短缺原因分析

①向莆项目中标价过低,项目开工后,集团公司虽下发内部预算单价,但资金仍不能及时到位,目前指挥部仍欠拨项目经理部工程款约 2 300 多万。

②向莆经理部由于地理条件的限制,前期发生大临费用远高于投标所分劈费用。

③由于本地雨季时间较长,导致大量的人员、机械设备不能有效利用,工期一拖再拖,加大了施工生产所需的人员、机械设备、办公等固定费用支出过大。

④I、II 类变更发生的费用已发生,目前仍没有完全及时验工,导致目前资金短缺。

(五)各参建单位应缴已缴款情况(见附表 34)

(1)应缴上级单位款项

截至 2010 年 09 月 25 日,向莆铁路项目累计应缴上级单位款项 1 716.83 万元,其中:会费及"五险一金"270.76 万元,代付设备款 150.11 万元,应缴折旧 34.93 万元,内部借款 105 万元,内部租费 1 111.38 万元,其他款 44.64 万元。

(2)已缴上级单位款项

截至 2010 年 09 月 25 日,向莆铁路项目累计已缴上级单位款项 1 105.93 万元,其中:上缴现款 53 万元,购置机械设备 568.74 万元,会费及"五险一金"205.67 万元,其他款项 64.12 万元。

附表 32　向莆铁路项目资金收支情况明细表

编报单位:向莆指挥部　　2010 年 09 月 25 日　　单位:万元

序号	单位	资金收入					资金支出																	资金结余
		收入合计	业主拨款	公司贷款	保证金	其他	支出合计	上缴公司	偿还借款	工程款	材料款	购置设备	职工工资	奖金	五险一金	机械租费	税费	经营费	周转材料	材料租费	管理费用	其他		
	行次	1	2	3	4	5	6	7	8	9	10	11	12	13	14	15	16	17	18	19	20	21	22	23
项目总计																								
1	指挥部																							
2	参建单位																							
3	一公司																							
4	五公司	16 039	15 790	100	37	112	15 973	47		10 837	2 093	152	91		207	640		175	142		997		592	66
5	桥隧公司																							
6	物资公司																							

附表 33　向莆铁路项目债权债务情况

编制单位：向莆指挥部　　2010 年 9 月 25 日　　单位：万元

序号	单位	外部债权分类情况表								外部债务分类情况表											债权债务差	库存资金总额	库存物资总额	资金净节超
		业主款项往来情况				备用金	保证金及押金	其他	债权总额合计	参加单位款项往来情况				材料款	机械物资租费	税金	工资“五险一金”	设备款	其他	债务总额合计				
		业主欠拨工程款	已完未验工程款	业主欠拨质保金	业主款项往来小计					外欠工程款	已完未验工程款	扣拨质保金	外欠款项往来小计											
行次		1	2	3	4	5	6	7	8	9	10	11	12	13	14	15	16	17	18	19	20	21	22	23
集团公司总计																								
1	指挥部																							
2	参建单位																							
3	一公司																							
4	五公司	2 353	2 178	2 105	6 636	31	24		6 692	2 881			2 881	1 998	1 858	69	139	207	207	7 152	-460	66	248	-146
5	桥隧公司																							
6	物资公司																							

备注：超支-，节约+

附表 34 向莆铁路项目应缴已缴资金情况

编制单位:向莆指挥部　　　　2010 年 9 月 25 日　　　　单位:万元

序号	单位	实际完成产值金额	应上缴上级单位款项情况									已上缴上级单位款项情况							超(-)欠(+)缴情况	扣除代付设备款及内部借款实际上缴	上缴资金占产值比例/%
			核实实现利润	会费五险一金企业部分	代扣集中款	代付设备款	上缴折旧	内部借款	内部租费	其他	小计	上缴现款	购置机械设备款	垫付工资	代缴集中款	会费五险一金企业部分	其他	小计			
	行 次	1	2	3	4	5	6	7	8	9	10	11	12	13	14	15	16	17	18	19	20
项目总计																					
1	指挥部																				
2	参建单位																				
3	一公司																				
4	五公司	44 277		270.76		150.11	34.93	105	1 111.36	4 464	1 716.83	53.04	568.74		214.35	205.67	64.12	1 105.93	610.9	850.82	2
5	桥隧公司																				
6	物资公司																				

十二、管理经验总结和需要整改的具体措施

（一）管理经验

①狠抓前期策划。进场后针对沿线情况和工程实际，认真调查了解，按照科学合理、经济节约的原则，确定了水、电、材料等的供应方案，大小临时工程的设置方案及标准化建设实施方案等，做到有计划、有目标、按步骤实施。

②按照“六位一体”的管理要求，积极推行标准化建设，坚持走项目管理规范化、生产组织精细化、过程控制标准化的管理道路。

③机械物资管理严格按照集团公司项目管理纲要的规定，实行物资集中采购；紧紧围绕施工生产，强化材料基础管理，合理组织调配资源；组织各项目经理部物资管理人员进行物资管理软件的培训。通过培训，使每一位物资管理人员都基本掌握了物资管理软件的使用，提高了物资管理人员的业务素质，不仅满足了生产需求，而且提高了物资管理的信息化水平。

④积极推行精细化管理，实行周计划周总结制度，实行问题清单制度，发现问题，及时处理，及时解决。

⑤按照“工厂化”施工的要求，全线小型预制构件实行集中预制，既节约了成本，又保证了施工质量和施工进度。

⑥按照项目管理办法的各项要求，按季度进行经济活动分析。

（二）整改措施

①按照工程经济部的各项管理办法，积极开展经济活动分析。

②采取强硬措施推行单项工程物资消耗管理，建立单项工程物资消耗台账。必须坚持分工号核算，但工号列分要合理，要结合项目实际（如结构多少、劳务分包等情况）合理确定成本核算对象，一般应以 10 个左右工号为宜，如项目管理人员掌控能力许可，可以在大工号下再划分小工号进一步深入核算。

③数据的真实性和准确性要进一步核定：经理部在本期经济活动分析完成后，要对 26 个主表、10 个支持扩展表格及分析报告中的数据进一步梳理、核查，并组织经理部各部门对参建分部进行逐项审查，保证经济分析数据的真实和准确，为下一期的经济活动分析打好基础。

④下一步成本管理工作要根据报表规定数据格式要求开展，在过程中随时收集、整理各项基础数据。

⑤在经济活动分析过程中要加强沟通，充分交流，集思广益，充分发挥团队优势。在各部门报表数据完成后先由项目主管领导或财务部门组织召开碰头会，各对应数据完全一致后，由项目经理组织召开经济活动分析会，讨论形成经济活动分析报告。

十三、其他需说明的问题

（一）工程、材料及劳务结算盘点

每季度验工截至日期后进行工程、材料及劳务结算盘点，保证验工的工程进度与材料盘点、劳务结算数量相吻合，真实反映工程成本，并做到经理部与项目经理部材料收支平衡，材料与财务账项及价值相一致。

(二)经济活动分析

积极探索项目经济活动分析工作,进度决定成败,每周认真分析生产任务完成情况,分析工期情况特别是关键节点工期,优化施工方案,加强管理人员及劳动力状况分析、物资管理分析、机械管理分析,以工料机分析为基础,进行项目经营情况分析,研究项目调差索赔方案,并对后期情况进行科学预测,使项目的经济活动始终处于可控状态。

参考文献

[1] 吴泽.建筑经济[M].北京:中国建筑工业出版社,2007.
[2] 程淮中.基础会计[M].北京:高等教育出版社,2008.
[3] 姚梅炎.建筑企业财务成本管理[M].北京:中国建筑工业出版社,2011.
[4] 全国一级建造师执业资格考试用书编写委员会.建设工程经济[M].北京:中国建筑工业出版社,2013.
[5] 黄如宝.建筑经济[M].上海:同济大学出版社,2008.
[6] 全国造价工程师执业资格考试培训教材编审组.工程造价管理基础理论与相关法规[M].北京:中国计划出版社,2013.
[7] 张学英.工程财务管理[M]. 北京:北京大学出版社,2009.
[8] 任汉波,李书源.建设项目成本控制与案例[M].北京:中国铁道出版社,2011.
[9]《建筑工程施工项目管理丛书》编审委员会.建筑工程施工项目成本管理[M].北京:机械工业出版社,2003.
[10] 张宝岭. 施工项目成本管理与控制[M].北京:机械工业出版社,2009.
[11] 全国二级建造师执业资格考试用书编写委员会. 建筑工程管理与实务[M].北京:中国建筑工业出版社,2013.
[12] 唐菁菁.建筑工程施工项目成本管理[M].北京:机械工业出版社,2009.